한국어 관형어의
중국어 대응 표현 연구

李正實 (LI ZHENGSHI)

中國長春大學 日本語學科 學士
韓國仁川大學 韓國語國文學科 碩士
韓國忠北大學 對外韓國語敎育學科 博士
吉林外國語大學 韓國語學科 敎授 (現在)

Add: No.3658 Jingyue Street Changchun, Chiana
Zip COde: 130117
Email: 2750635591@qq.com

해외한국학연구총서 K067

한국어 관형어의 중국어 대응 표현 연구

초판 인쇄 2019년 11월 15일
초판 발행 2019년 11월 20일

지은이 이정실 펴낸이 박찬익
펴낸곳 도서출판 주소 서울시 동대문구 천호대로 16가길 4
전화 02) 922-1192~3 팩스 02) 928-4683 홈페이지 www.pjbook.com
이메일 pijbook@naver.com 등록 1991년 3월 12일 제1-1182호

ISBN 979-11-5848-539-9 (93710)

* 이 책은 China Scholarship Council의 지원으로 발간되었음.
* 책값은 뒤표지에 있습니다.

吉林外国语大学学术著作出版基金资助出版

對應

한국어 관형어의
중국어 대응 표현 연구

李正實 著

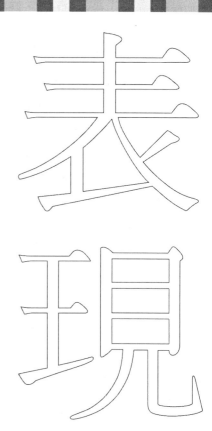

表現

(주)박이정

이 책은 2019년 8월 충북대학교 대학원에 제출한 박사학위 논문을 깁고 더해 엮은 것이다. 주지하다시피, 관형어는 발화에서 뒤에 오는 단어를 수식하는 성분이기 때문에, 그 사용 빈도가 높고 범주는 넓으며 형태 또한 다양하다.

한국어와 중국어는 서로 다른 계통의 언어이다. 따라서 관형어도 여러 면에서 큰 차이를 보이고, 중국인 학습자들이 한국어 관형어를 사용할 때에 많은 어려움을 겪는다. 나는 중국의 교육 현장에서 이런 어려움을 목격할 때마다, 대조언어학의 관점에서 한국어 관형어와 이에 대응하는 중국어 대응표현을 비교하여 지도하면 보다 효과적인 교수-학습이 이루어질 것이라고 생각해 왔다.

지난 몇 년 간 충북대학교 대학원 박사과정에서 한국어학을 공부하면서, 나는 교육 현장에서 부딪혔던 이런저런 문제들에 대해 많이 고민해 왔다. 그러나 한국어 관형어의 효율적인 지도 방안에 대한 관심에서 벗어난 적은 거의 없었다. 심사숙고한 끝에 지도교수님께 한국어 관형어와 중국어 대응표현을 연구 주제로 삼아 천착해 보겠노라 말씀을 드렸고, 쾌히 허락을 받게 되었다.

나는 박범신의 장편소설 『숲은 잠들지 않는다』와 양귀자의 연작소설 『원미동 사람들』의 한국어 원본과 중국어 번역본을 텍스트로 삼아, 한국어 관형어와 중국어 대응표현을 비교하게 되었다. 한·중 두 언어의 용례를 꼼꼼히 비교하여 학위논문을 완성하기까지 3년이란 시간이 흘렀다. 오늘 그 노력의 결과를 세상에 내놓게 되니, 뿌듯하기도 하지만 한편 부끄럽기 짝이 없다. 한국어의 관형어는 그 종류가 다양하고, 또 중국어에서 여러 가지 표현으로 대응되기 때문에 이 한 권의 책이 그 대응표현의 특징들을 모두 담아냈는지, 또 연구 과정에서 내가 발견하지 못한 오류는 없었는지 걱정이 많다.

이 책이 완성되기까지 여러 선생님들의 도움을 받았다. 박사과정 지도교수이신 김진식 교수님께서는 주제 선정에서부터 학위논문 완성까지 아낌없는 조언을 베풀어 주셨다. 한국어 문법에 정통하지 못해 늘 쩔쩔매던 나에게 학문적인 가르침은 물론, 끝까지 해낼 수 있는 용기까지 심어주셨다. 특히 이 책이 출판되어 나오기까지 머리말에서부터 참고문헌까지 꼼꼼히 읽고 잘못된 곳을 바로잡아 주신 점 머리 숙여 감사를 드린다.

학위논문 심사과정에서도 여러 선생님들의 귀중한 가르침을 받았다. 자상한 가르침으로 심사를 이끌어주신 서원대학교 정민영 교수님은 어진 스승이셨다. 큰 문제에서부터 작은 내용까지 정확하게 지적해 주신 충남대학교 김정태 교수님과 충북대학교 장충덕 교수님은 나의 학문적 모델이셨다. 특히 중국어 번역본의 용례와 중국어 문법에 대해 하나하나 짚어주신 충북대학교 중어중문학과 최병덕 교수님의 은혜도 결코 잊을 수 없다.

또한 이 책은 吉林外國語大學學術研究成果로 학교의 출판지원을 받아 출판한 것이다. 3년간의 학위과정을 원만하게 마칠 수 있도록 특별한 관심과 도움을 주신 吉林外國語大學 秦和 총장님과 윤윤진 교수님을 비롯한 모든 관계자들께도 감사 인사를 드린다. 또한 『숲은 잠들지 않는다』의 역자이신 길림대학교 권혁률 교수님께도 특별한 감사의 말씀을 드린다.

그러나 무엇보다도 든든한 남편의 무한한 지원과 사랑스런 딸의 굳건한 믿음이 없었다면 이 책은 결코 완성되지 못했을 것이다. 한국어에 대한 중국인들의 관심이 더욱 높아지는 오늘날, 이 책이 한·중 양국의 문법 연구와 언어 교육에 유용하게 쓰이기를 바라면서 머리말로 갈음한다.

2019년 11월 1일
충북대학교 연구실에서
저자 이정실

표 목차

I

서 론

I. 서 론

1.1. 연구 목적 및 필요성

본 연구는 언어 대조 분석의 관점에서 한국어 관형어와 이에 대응되는 중국어 대응 표현을 제시하고자 한다. 이를 통해 한국어 관형어와 중국어의 대응표현 체계를 밝힘으로써 한국어와 중국어를 제2언어로 배우는 학습자들이 한국어 관형어 및 그의 중국어 대응 표현을 체계적으로 이해하고 실제 문장이나 발화에서 관형어 사용상 오류를 줄이고 더 능통하게 사용할 수 있도록 도움을 주고자 하는 데 목적이 있다.

중국과 한국은 지리적으로 인접한 나라이므로 옛날부터 정치, 경제, 문화 등 다양한 분야에서 교류가 빈번하였다. 오늘날 한·중 수교 이래 교류가 더욱 활발히 진행되고 있는 가운데 양국의 언어 교류도 많이 증진되고 있다. 따라서 한국어와 중국어의 언어 대비, 언어 대응 표현 등에 관한 연구도 활발해지고 있다. 한국어와 중국어는 어휘 측면에서 유사한 점이 많지만, 한국어와 중국어는 서로 다른 계통의 언어에 속하므로 문장 구조, 문장성분의 구성 등 여러 면에서 많은 차이점을 보이고 있다. 관형어는 한국어와 중국어에서 모두 다 문장 안에서의 주어, 목적어, 주제어 등 문장성분을 수식하는 역할을 하는 성분으로서 일상 언어생활에서 사용 빈도가 높다. 그 범주도 아주 넓고 형태도 다양하다. 한·중 관형어의 구성 성분이 대부분은 명사, 형용사, 동사 등으로 될 수 있고 그와 피수식어의 의미 관계에서도 비슷한 면이 많다. 그러나 형태적인 면에서 두 관형어가 큰 차이점을 보이고 있다. 한국어는 교착어로서 동사와 형용사는 관형사형 어미와 결합해 관형어를 구성하는데, 중국어는 고립어로서 구조조사 '的'와 결합하여 관형어를 구성한다. 중국어는 한국어의 체언 관형어와 비슷한 양상을 보여 준다. 따라서 한국어와 중국어를 제2언어로 배우는 학습자들은 많은 어려움을 겪을 수밖에 없다.

학습자들이 외국어를 배우는 데 어려움을 겪는 원인 중의 하나는 학습자의 모국어와 서로 다른 구조를 가진 통사 체계를 제대로 인식하지 못하는 것이다. 모국어 영향 때문에 자신의 모국어와 다른 새로운 외국어의 구조를 익히는 것은 결코 쉬운 일이 아니다. 언어 대조 분석에 관한 논의가 현재까지 많은 비판을 받았으나 외국어를 습득하는 과정에서 모국어가 목표어의 학습에 주는 간섭을 부정할 수 없는 것은 사실이다. 따라서 본 연구에서는 언어 대조 분석의 관점에서 한국어 관형어와 이에 대응되는 중국어 대응 표현을 제시하고자 한다.

본 연구의 필요성에 대해서는 다음과 같이 제시한다.

첫째, 한국어 관형어와 중국어 대응어의 체계와 유형을 보면 대부분 비슷한 의미 기능을 가지고 있으나 문장 문맥에 따라 특별한 의미 특성을 나타내기도 한다. 이럴 때 한국어 관형어와 관련된 중국어 표현은 절대적으로 일대일로 대응할 수 있는 것이 아니라 이들이 관형어를 구성할 때 통사적 정보가 완전히 다르게 나타날 경우도 있다. 한국어 관형어와 중국어 대응 표현에 대한 정확한 이해가 필요하며, 특히 한국어와 중국어를 제2언어로 배우는 학습자들에게 관형어의 용법과 기능을 익히게 하는 것은 소홀할 수 없는 일이다. 한 언어를 정확하게 이해하려면 무엇보다 목표어와 모국어를 비교 대조 분석하여 두 언어의 공통점과 차이점을 밝혀 내고 목표어에만 있는 특징을 찾아내는 것이 가장 중요하고 효과적이다.

둘째, 외국어로서의 한국어 교육 현장에서 중국인 한국어 학습자들이 한국어 관형어를 사용하거나 한국어 관형어를 중국어로 번역하는 데 오류를 많이 범하는 현상이 나타난다. 학습자가 관형어에서 범하는 오류 양상은 대부분 한국어 관형어와 중국어 대응 표현의 다양한 의미 특성을 인식하지 못하거나 문법적인 통사정보에 관한 인식이 부족한 데에서 기인한다(오경화 2011:28). 또한 교육 현장에서 사용되는 교재도 관련 분야의 내용이 다양한 문맥에 따라 의미 특성의 차이 및 문법 제약에 차이를 보인다는 점을 밝히지 못하고 있고, 대부분이 하나의 주된 의미만 제시하는 단계에 머물고 있다. 따라서 한·중 관형어를 대조 분석하는 것은 학문적 연구 뿐만 아니라 교육적 면에서도 의미가 있다고 할 수 있다.

셋째, 선행연구를 살펴보면 한·중 언어에 관한 대비 연구는 많지만 관형어에 관한 대비 연구는 드물다. 특히 관형사 혹은 관형사형 어미 등 한 분야에서의 연구가 많으나, 관형어에 대한 전면적인 대응 표현 연구는 극소수이다. 따라서 한·중 관형어에 대한 전면적이고 체계적인 대비 연구의 필요싱이 대두된다.

넷째, 한국어 관형어와 중국어 대응 표현에 관한 기존 연구들을 살펴보면 사전과 모국어 화자의 직관에 많이 의존하는 연역적 연구가 거의 대부분이며 실증적인 대조 연구가 부족하다. 실제 언어 자료를 연구하는 것은 실제적인 언어 사용 양상을 직접적으로 관찰할 수 있다는 것이다. 또한 사용 오류나 임의의 예문보다는 실제 사용 실태와 출처 분명하고 믿음성이 있는 고정적인 텍스트에서 추출한 예문에 의한 연구가 필요하다. 따라서 본 연구에서는 화자의 직관에 근거한 연구 한계를 보완하기 위하여 출판된 소설 원본과 번역본 용례를 통하여 한국어와 중국어의 관형어 대응 양상을 파악하고자 한다. 아울러 번역본의 번역 용례를 기반으로 한국어 관형어와 중국어의 대응 양상 등을 파악하여 한국어 혹은 중국어의 관형어 교육에 도움이 되도록 논의할 필요성이 있다.

1.2. 선행 연구 검토

본 절에서는 한국어 관형어에 대한 기존 연구와 한·중 관형어 대조에 대한 선행 연구를 살펴보고, 본 연구의 논의 방향을 명확히 하고자 한다. 우선 한국어 관형어에 대한 선행 연구들을 정리하면 다음과 같다.

1.2.1. 한국어 관형어에 대한 연구

한국어 관형어에 대한 연구로 우선 한국어 관형어의 정의 및 특징에 대한 내용을 먼저 검토하고 관형어의 문법적 구성, 즉 관형어를 구성하는 관형사, 체언 관형어, 용언 관형어, 관형어가 겹쳐 형성되는 복합관형어에 관한 기존 연구 내용을 차례대로 고찰하고자 한다.

한국어 문법론 연구 초기에는 학자들이 관형어를 따로 설정하지 않고 부사어와 함께 처리하였다. 1950년대 이후부터 비로소 문법서에서 관형어와 부사어를 구분하여 처리했다[1]. 관형어와 부사어를 따로 분류한 이후 1960년대에 들어서 한국어 관형어에 대한 연구가 활발히 진행되기 시작하였다. 관형어의 문법적 기능 및 특징에 대해 정열모(1946)은 관형어가 '얹힘'의 기능을 하고 관형어와 피수식어의 관계는 '얹힘 관계'라고 설명하였다. 최현배(1985)는 관형어가 '매김말'의 기능을 한다고 하였다. 그 후에 관형격조사 '의'에 대한 대표적인 연구는 성광수(1972), 김광해 (1981), 김봉모(1983) 등이 주목된다. 이어서 김봉모(1992)는 관형어의 기능을 '꾸밈' 기능으로 보고 '제한'과 '비제한'으로 구분하여 설명하였고, 신효필(1994)는 '의미 관계 및 기술'의 관점에서 '내용 기술', '제한 기술'

---

1) 관형어의 명칭은 금이듬(주시경 1910), 딸림감(김두봉 1924), 얹힘말(정열모 1946), 매김말(최현배 1959), 부체어(김민수 1971), 관형어(박태권 1979) 등으로 다양하다. 본고에서는 '관형어'로 부르겠다.

로 수식 기능의 유형을 구분하였다. 또한 김영송(1973), 김봉모(1978), 김창식(1984), 송효빈(1999) 등은 관형어의 겹침 구조에 대한 연구를 하였고, 홍선희(1988), 김봉모(1992), 김기복(1999), 김선효(2002/2011) 등은 관형어 전반에 대한 연구를 하였으며, 신효필(1994)는 관계 구문을 대상으로 통사와 의미구조를 연구하였다[2].

관형어의 기존 연구를 살펴보면 관형어의 문법적 구성을 관형사 관형어, 체언 관형어, 용언 관형어, 겹침 구조 관형어 등으로 구분하여 진행하였다는 것을 알 수 있다.

우선 관형사에 대한 연구로는 대표적으로 김영태(1972), 도수희(1976), 이현규(1979), 한영목(1980/1985), 정영주(1989), 조미경(1992) 등을 들 수 있는데, 그중 정영주(1989)는 관형사와 체언의 결합 관계, 관형어 사이의 수식 관계 등 통사적 기능을 고찰하였으며 관형사의 문법적 특성을 전반적으로 연구하였다. 조미경(1992)는 사전 분류를 중심으로 한국어 관형사 분류 기준의 타당성을 검토하고 관형사 목록을 재분류하였다.

김영태(1972), 이현규(1979), 심재기(1982), 이강주(1993), 이정택(2003) 등은 관형사 품사 설정에 관한 논의를 하였다. 최근 최웅환(2013)은 관형사의 품사 설정에 찬성하고 관형사의 문법적 규정 문제에 대해 논의하였다. 관형사의 특성 및 접두사의 한계 설정에 관련된 논의는 김창근(1979), 한영목(1980), 조미경(1992), 최유택(2002), 김민국(2009) 등이 있다. 또한 지시 관형사 '이', '그', '저'에 대한 논쟁도 많았으나 도수희(1976)에서 관형사인 것이 확인되었고, 수사와 수 관형사의 구분 문제에

---

2) 신효필(1994)는 기존의 관형구성의 이분법적인 분류, 즉 관계구성과 동격구성을 지양하여 새로운 분류체계가 필요함을 지적하였다. 보충어와 첨가어라는 관점에서 관계화에 접근하고 있다.

대해 정인승(1968), 한송화(1999) 등 학자들이 인정설과 부정설, 그리고 부분 인정설을 내세우면서 심도 있는 논의를 진행하였다.

체언 관형어에 관한 연구로는 정열모(1946), 최현배(1961/1985), 김형기(1964), 서정수(1968), 홍윤표(1969), 김민수(1971), 성광수(1973), 이광호(1976), 서정목(1977), 김봉모(1979/1992), 김광해(1981), 홍순성(1981), 임홍빈(1981), 민현식(1982), 이운태(1987), 김명희(1987), 왕용문(1989), 김기혁(1990), 이병모(1995), 최경봉(1995/1998), 강연임(1996), 이현우(1995), 정희정(2000), 신선경(2001), 변정민(2008) 등을 들 수 있는데, 주로 '의'의 통사론적 입장 및 의미론적 입장에서 활발한 논의를 진행하였다. 그 중 최현배(1985)는 '의'의 의미를 12개로 제시하였고, 김봉모(1992)는 '의'를 매김 표지로 보고 'N의'의 4개 추상 의미를 제시하였다. '의'를 통사론적으로 연구한 김형기(1964)는 '의'를 체언의 관형격 표지로 보고 선행 체언 뒤에 붙어 후행 체언의 뜻을 한정해 주는 역할을 하지만 생략될 수도 있다고 지적하였다. 한편, 이병모(1995)는 '의'가 통사적 기능과 의미적 기능을 모두 가지고 있다고 제시하였다.

또한 '의'의 연구에서 '의'의 생략에 관한 연구도 하나의 관심사였다. 김광해(1981)은 '의'의 zero화와 환경과 필수적 출현 환경 등에 대하여 고찰하였고, 의미론적 공기가 가능한 두 체언 사이의 '의'는 생략될 수 있다고 제시하였다. 최근 임홍빈(1981), 왕문용(1989), 김기혁(1990), 김선효(2002) 등은 관형격 구성 'N1의 N2'에서 '의'의 생략 구조와 'N1 N2'의 명사 수식 구조를 대비하여 그들 간의 차이를 밝히는 데 노력을 기울였다.

용언 관형어 구성은 변형생성문법 이론이 도입되면서 관형어 어미의 시제 등 문제에 대한 논의가 이루어졌다. 최현배(1961), 나진석(1971), 양동휘(1978), 안동환(1981), 김차균(1990)은 관형어 어미의 시제에 대

해 연구하였으며, 심재기(1979), 서태룡 (1979), 장경희(1986) 등은 관형
사형 어미의 양태적 의미에 대해 연구하였다. 심재기(1981), 김봉모
(1982), 감명윤(1992) 등은 '-ㄴ/은', '-ㄹ/을'만을 관형사형 어미로 보
고 박기덕(1983), 이익섭·임홍빈(1983), 장석진(1993) 등은 '-는', '-
던'까지를 관형사형 어미로 보았다. 강명윤(1992)은 관형사형 어미에는
'-ㄴ, -ㄹ'뿐만 있고, '-는'은 관형적 기능을 가진 보문소라고 하였다.
이익섭·임홍빈(1983:271)은 관형사형 어미는 문장을 관형절로 바꾸는
기능과 시제를 나타내는 기능을 가진다고 하였으며, '-는'은 현재시제,
'-ㄴ/은'은 과거시제, '-던'은 과거미완, '-ㄹ/을'은 추측이나 의지의 의
미를 나타낸다고 하였다.

관형어의 겹침 현상에 대한 연구도 활발히 진행되어 왔다. 김봉모
(1978/1992), 송효빈(1998), 김기복(1999), 김선효(2002) 등이 대표적인
연구이다. 그 중 김봉모(1978/1992)는 관형어의 겹침 구조들의 수식 관
계를 살펴보고 기본 어순을 제시하였다. 송효빈(1998)은 관형어 겹침 구
조를 모두 14개 유형으로 나누어서 연구하였다. 김기복(1999)는 관형어
의 겹침 현상을 대체로 '[관형어[관형어[피수식어]]]'와 '[[관형어[관형어]]피
수식어]'로 나누어 연구하였다. 김선효(2002)는 관형어의 겹침 현상을 관
형사 관형어의 겹침 현상, 용언 관형어의 겹침 현상, 그리고 복합한 겹침
현상으로 나누어 연구하였다.

지금까지 주로 관형어의 의미 기능, 문법적 구성, 복합 겹침 구조 등을
중심으로 한국어 관형어에 관한 연구를 살펴보았다. 본 연구에서는 이러
한 기존 연구를 바탕으로 하여 관형어를 관형사 관형어, 체언 관형어,
용언 관형어, 복합 관형어 네 가지로 구분한다. 다음은 한국어 관형어와
중국어 관형어의 대조에 대한 기존 연구를 살펴보고자 한다.

1.2.2. 한국어와 중국어 관형어 대조에 대한 연구

우선 한국어 관형사와 중국어 대응어 대조에 대한 연구를 살펴보겠다. 유효려(2006), 이사교(2009), 조순애(2011), 호결(2011), 임룡(2013) 등은 한국어 지시사와 중국어 지시대사의 대조 연구를 진행하여 그들 간의 공통점과 차이점을 제시하였다. 吳善子(2006), 최청화(2014)는 한국어 관형사와 중국어 구별사에 대한 대조 분석을 통해 그들의 공통점과 차이점을 밝힘으로써, 그 부분 어휘들의 특징들을 이해할 수 있도록 하였다. 그리고 중국어 수사에 대해서는 노순점(2005), 김영복(2005), 진봉매(2010) 등이 여러 가지 측면으로 연구를 진행하였고, 한·중 수사 대조 연구는 근보강(2010), 진봉매(2010) 등이 세밀한 대조로 그 상이점을 밝히고자 하였다. 이상에서 살펴본 기존 연구는 모두 나름대로의 성과를 거두고 있으나 총체적으로 보면 관형사의 하위 분류에서의 한·중 대조 연구의 범주에 속하는 것으로서, 주로 품사, 의미, 명사구의 구성 등 측면에서 단순 대조에 치중하고 있다. 따라서 이러한 연구들은 그 분야에서만 보면 어느 정도 별로 좋은 결과를 거두었고 앞으로의 연구에 도움이 된다고 하겠으나, 전반적이고 총체적인 측면에서 보면 관형어 시각에서의 대응 표현이 제시되지 않아 약간의 한계가 있다고 할 수밖에 없다. 특히 한국어는 관형어가 월등히 많아 중국어 대응어와 일대일로 대조하는 것은 불가능하다. 한국어의 관형사나 관형어가 중국어에서 다른 품사나 다른 문장형식으로 나타나므로 한·중 관형어의 대조는 다면적인 대조가 필요하며, 이러한 점에서 상기 연구는 일부 한계를 드러낸다고 할 수밖에 없다.

지금까지 관형사 전체에 대한 대조 연구 성과는 그리 많지 않다. 김군(2013)은 한국어 관형사의 하위 분류에 대하여 고찰하고 형태와 통사론적 측면에서 중국어와 대조 분석하였다. 중국어의 품사 체계에 비추어 한국어 관형사와 대응되는 중국어 표현을 분석하고, 형태적 및 통사적인 양상을 연구하였다. 그 결과로는 한국어 '지시 관형사'는 중국어 '대사'에 대응되고, '수 관형사'는 중국어 '수사'에 대응되고, '성상 관형사'는 중국 어 '형용사'에 대응된다는 대응 양상과 법칙을 제시하여 형태적, 및 통사 적인 측면에서의 한·중 대조 연구에 성과를 거두었다. 하지만 한국어 관형사와 명사의 결합 양상에 대응되는 중국어 표현에 대한 연구는 미흡 한 부분이 적지 않고 어떤 대응 양상에 대해서는 제시하지 못한 부분이 있어 한계를 드러냈다. 예를 들어 한자어 수 관형사 결합 양상에 대응하 는 중국어 표현의 경우, '수사＋양사＋명사'의 경우만 제시하였는데, 사 실 이 표현에 대응되는 중국어 표현은 이 외에도 또 '수사＋양사＋的＋ 명사'의 대응 양상이 있다. 또 한자어 성상 관형사의 결합 양상에 대응하 는 중국어 표현의 경우, '형용사＋的＋명사'는 제시하였으나 '형용사＋명 사'와 같은 대응 양상에 대해서는 누락되어 있다.

최근의 연구 성과로 또 朱偉(2018)이 있는데 여기에서는 한·중 말뭉 치 자료를 통해 사전적 의미와 말뭉치 용례를 분석하였다. 한국어 관형사 와 후행 체언과의 결합 양상, 중국어 대응 표현 양상 등을 살펴보고 한국 어 관형사와 중국어 대응어 간의 대조 분석을 통해 그들의 공통점과 차이 점을 밝혔다. 따라서 이 연구는 자료의 신빙성과 연구 내용의 중요성, 연구 방식의 특이성으로 이목을 끌고 있다. 그러나 한국어 관형사를 고유 어 관형사와 한자어 관형사로 나누어서 연구하지 않았으며, 관형사에 대 응하는 중국어 표현이 모두 단어로 대응되는 것이 아니라 일부는 구절로 대응되는 경우가 있는데 이러한 경우를 누락하여 연구상의 아쉬움을 남 기고 있다.

이상에서 한국어 관형사와 중국어 대응어 대조에 대한 기존 연구를 살펴보았다. 그런데 위에서 보다시피 지금까지의 연구는 모두 연구 대상을 특정한 부분에 한정하고 그 대응에 대한 연구를 진행하였다는 것을 알 수 있다. 이것은 한·중 관형사 연구에 아직도 많은 연구 공간이 있다는 것을 말해 준다. 특히 한국어 관형사 관형어에 대응하는 중국어의 표현이 다양한데 그 다양한 표현 방식에 관한 연구는 거의 진행되지 않은 상태이다. 따라서 본 연구에서는 먼저 한국어 관형사의 범주 설정, 하위분류 등의 문제점을 넘어서서 형태론, 통사론적인 측면에서 관형사의 품사, 의미, 그리고 후행 명사와의 결합 구조 등에 대응하는 중국어 표현을 일일이 제시함으로써 한국어 관형사 관형어와 중국어의 다양한 대응 양상 연구에 일조하고자 한다.

다음은 한국어와 중국어 체언 관형어 대조에 대한 기존 연구 성과 부분이다. 체언 관형어의 연구에는 주로 한국어 관형격 조사 '의'의 첨가 여부와 중국어 구조조사 '的'의 첨가 여부 문제에 대한 연구에 집중되어 있다.

한국어 '의'와 중국어 '的'에 대한 대조 연구는 조영임(1990), 김소정(2007), 정향란(2007), 김정화(2008) 등이 있는데 주로 교육적인 관점에서 진행되어 왔다. 조영임(1990)은 조사 '的'가 관형어 표지로 사용되거나 어말에서 어감을 나타내는 기능을 갖는 등 면에서 한국어의 '의'와 다르게 사용되는 용법을 고찰하여 해당 성과를 거두었다. 김소정(2007)은 중국어 '的'의 구조와 의미를 한국어와의 대조 분석을 하였다. 그는 조사 '的'의 난이도와 학습자들의 '的' 사용빈도를 조사하였으며, 한국인 학습자의 조사 '的' 사용 오류 분석을 통해 '的'의 교육 순서를 제시하여 해당 교육에 상당한 도움을 주었다. 정향란(2007)은 조사 '의'의 구성에 해당되는 중국어 표현을 살펴보고 공통점과 차이점을 분석하여 교육방안을 제시하였다. 김정화(2008)은 한국어 조사 '의'와 중국어 대응 표현인 '的'에 대한 대조 분석을 하였으며, 한국어 '의'의 사용에 나타나는 중국인 한국어 학습자들의 오류 양상과 원인을 분석하고 교육방안을 모색하였다.

그리고 경연(2011)은 '의'와 '적', 그리고 중국어 '的'의 여러 가지 기능과 특성을 대비 연구하였다. 왕옥주(2011)은 한국어 '의'와 이에 대응하는 중국어 표현 '的'를 통사·의미적 측면에서 대조 분석함으로써 유사점과 차이점을 밝혔다. 주천(2012)는 한국어 '의'와 중국어 대응 표현 '的'의 의미와 실현과 생략 환경에 대해 기술하고 공통점과 차이점을 분석하였다. 이광연(2013)은 조사 '的'의 특성, 한국어 조사 '의'와 중국어 구조 조사 '的'의 대조, 조사 '의'의 실현 양상 및 대응 관계 등 세 가지로 나누어 대조 연구하였다.

이상 한국어 조사 '의'와 중국어 구조 조사 '的'에 관한 기존 연구를 살펴보면 대부분 교육적인 관점에서 그들의 실현 양상을 논의해 왔다. 그러나 대조언어학적인 관점에서의 연구는 상대적으로 소수에 불과하다는 것을 알 수 있다. 또한 관형어 측면에서의 대응 표현 제시와 연구는 부족한 상황이다. 따라서 본고는 통사·의미론적 관점에서 '의'에 대응하는 중국어 표현을 제시함으로써 한국어와 중국어 교육에 체계적이고 이론적인 자료를 보완하는 데 도움이 될 수 있을 것이다.

계속하여 한국어와 중국어 용언 관형어 대조에 대한 기존 연구를 살펴볼 것이다. 기존 연구에서는 한국어 관형사형 어미를 독립적으로 연구한 논문이 많지 않다. 특히 관형사형 어미가 시제 기능도 하기 때문에 대부분 시제에 관한 연구에서 부차적으로 제시되는 경우가 허다했다.

한·중 용언 관형어 대조 연구는 주로 관형사형 어미에 대한 연구들이 많다. 이진경(2006)은 한국어 학습자가 관형사형 어미를 사용하는 데 범하는 오류의 유형, 오류의 원인 등을 분석하고 교육 방안을 제시했다. 최서원(2009)과 조수현(2010)은 대치오류를 중심으로 중국어권 학습자들의 관형사형 어미 사용 오류를 분석하였다. 조수원(2010)은 대조언어학적인 관점에서 중국인 한국어 학습자의 관형사형 어미 오류 양상을 분석하였다. 장춘뢰(2012), 이빙청(2013)은 중국인 한국어 학습자가 한국어 관형사형 어미를 사용하는 데 나타나는 오류를 분석하고, 한국어 관형사형 어미에 대응하는 중국어 표현을 제시하였다. 또한 이를 바탕으로 중국인 한국어 학습자를 위해 한국어 관형사형 어미의 교육 방안을 제시하였다. 장천(2014)도 중국인 한국어 학습자의 한국어 관형사형 어미 사용 오류에 대해 연구하였으며 한·중 관형사형 어미 대조를 통한 오류 대책을 세우는 데 노력하였다. 관흔흔(2016)은 한국어의 관형사형 어미 '-던'과 '-었던'을 연구 대상으로 삼고 '-던'과 '-었던'에 대응하는 중국어 대응 양상을 고찰하고, 한국어 '-던'과 '-었던'에 대응하는 중국어 표현을 제시하였다.

이상 한국어와 중국어 관형사형 어미에 관한 기존 연구를 살펴보면, 논제가 주로 오류 분석을 통해 한국어 학습자들에 대한 관형사형 어미를 교육하는 방법에 치중하고 있음을 알 수 있다. 한·중 관형사형 어미의 대조 연구가 그 교육적인 측면에서 진행되는 것은 당연한 일이지만 관형사형 어미에 대한 독립적인 대응 연구도 필요할 것이다. 왜냐하면 이 부분에서 중국어는 여러 가지 복잡한 형태로 대응되기 때문이다. 따라서 이 부분에 대한 연구는 상당한 의미를 가지고 있다.

계속하여 한국어와 중국어 복합 관형어 대조에 대한 기존 연구를 살펴볼 것이다. 이 부분의 연구는 주로 두 개 또는 그 이상의 관형어가 겹쳐 있는 관계로, 연구 초점이 어순에 집중되어 있다.

안씬(2009), 許婷(2014), 浦馨予(2014), 應叢杉(2015), 영정정(2018)은 중국인 혹은 한국인을 대상으로 한중 관형어 어순 오류에 대해 연구하였으며 오류 상황과 분석 결과에 따른 효과적인 교육방안을 제시하였다. 그러나 이러한 논의는 교육적인 차원에서는 상당한 의미를 지닌다고 하겠으나, 그 연구가 주로 오류 분석에 기댄 논의들이므로 전면적이고 정확한 대응관계와 그 법칙을 정립하는 데 있어서는 한계를 드러낼 수밖에 없다. 따라서 여기에는 아직도 정확한 대응관계 정립에 의한 이론적 측면에서의 한 단계 높은 차원에서의 연구가 진행되어야 할 필요성이 제기된다.

유군(2002)는 한·중 관형어의 겹침 구조의 수식 관계와 어순에 대해 대비하였으며 그들 간의 공통점과 차이점을 제시하였다. 하지만 예문을 일일이 제시하면서 분석을 하지 않은 탓으로 그 대응 법칙에 대한 연구에 많은 아쉬움을 남겼다. 혜정(2012)는 한국어와 중국어 어순을 문장 성분과 관련하여 주어와 어순, 서술어와 어순, 목적어와 어순, 보어와 어순, 부사어와 어순, 관형어와 어순 등 모든 어순을 대조 연구하여 한국어와 중국어의 어순 문제에 대한 체계를 세우고자 하였다. 그러나 관형어 어순에 대한 연구가 미진하여 결과는 관형어 어순에 체계적인 연구가 시도되었다고 하기 어려운 실정이다. 반면 叶玉龍(2015)는 관형어와 부사어, 보어 어순에 대해 대조 연구하였으나 거시적인 측면에서 한·중 관형어의 일반 어순에 대한 대조에만 한정시켰고 유형별의 세부적인 대조와 특수 경우의 어순 대응도 제시하지 않은 한계를 남겼다.

한국어와 중국어 관형어 전반에 대한 대조 연구는 다음과 같다. 한국에서 김민정(2009)는 한국어와 중국어 관형절 사용빈도 통계를 통해서 한국어와 중국어 번역에서 관형절의 쓰임에 대해 대조해 보아 의미 있는 연구 결과를 내놓았다. 그러나 그 뒤로는 한·중 관형어에 관한 대비 연구는 그 동안 거의 천착되지 않고 있는 상황이다. 한편 중국에서 柳英綠(1992)는 중국어와 조선어의 문법을 대비하는 중 관형어를 대비 연구하였으며, 李德胜(2008)은 중국어와 조선어의 관형어 어순에 대해 대비 연구하였다. 그 외에 崔美敬(2009)는 한·중 관형어의 대비 분석을 통해 한국인 중국어 학습자들의 관형어 사용 오류 양상과 원인을 분석하였다. 안연령(2011)은 현대 한국어와 중국어를 대상으로 형태, 통사, 의미적 측면에서 관형어의 정의, 기능, 구조, 어순 등 문법적 현상을 대비하였다. 그러나 거시적인 측면에서 한·중 관형어의 공통점과 차이점을 분석하였으나 더욱 심층적인 고찰이 필요하다. 또한 한국어 관형어에 대응하는 다양한 중국어 표현을 일일이 제시하지 않았다.

한·중 관형어 연구를 더욱 폭넓고 포괄적으로 진행하기 위해 필자는 우선 한국어 관형어 기준을 정하고 그것에 대응되는 중국어 표현들을 하나하나 점검하면서 한국어 관형어 대응 연구를 진행해 나갈 것이다. 기존 연구가 예문을 임의로 선정하여 설득력이 약화하다는 약점을 보완하고, 예문의 신빙성과 객관성을 보장하기 위해 본 논문에서는 출판된 소설과 번역본을 기본 텍스트로 삼고 거기에서 예문을 선정할 것이다. 번역 용례 분석을 통하여 한국어 관형어와 그에 대응하는 중국어 양상을 파악하고 그 대응 법칙을 탐구해 볼 것이다.

1.3. 연구 대상 및 방법

1.3.1. 연구 대상

본 연구는 한국어 관형어의 중국어 대응 표현을 연구 대상으로 삼고, 그들의 사용 양상을 분석하여 거기에서 나타나는 법칙을 제시해 보는 데 목적을 둔다. 이렇게 하기 위해서는 우선 한국어 관형어의 유형과 범위를 한정해야 하는데 한국어 관형어의 기준과 유형을 결정하는 것은 그리 쉬운 일이 아니다. 지금까지 학계에서는 한국어 관형어의 정의를 비롯하여 그 특징, 범주, 유형 등에 관한 논의를 적지 않게 진행하였고 또 그 연구도 꾸준히 이루어져 왔다. 국어 문법론의 초기 단계의 경우에는 관형어의 범주를 따로 설정하지 않고 부사어로 다루었다. 그러다가 1950년대 이후 관형어와 부사어를 구분하여 처리했고 그 명칭도 논자에 따라 금이듬(주시경 1910), 딸림감(김두봉 1923), 엇힘말(정열모 1946), 꾸밈람(김윤경 1946), 매김말(최현배 1959), 부체어(김민수 1971), 관형어(박태권 1979) 등으로 다양하게 불렸다. 그뿐만 아니라 관형어를 구성하는 중요한 품사인 관형사 목록도 논자에 따라 큰 차이를 보이며 각종 사전에서의 관형사 목록도 서로 다른 양상을 보이고 있다. 따라서 본 연구에서는 상기한 관형어의 정의, 분류보다는 기존 연구에서 제시한 관형어의 하위 분류에 따라 한국어 관형사 관형어, 체언 관형어, 용언 관형어, 관형어가 겹쳐 실현되는 복합 관형어를 연구 대상으로 할 것이다. 그리고 관형사 목록도 기존 연구에서 제시한 목록을 근거로 하여 이에 대응하는 중국어 표현을 연구할 것이다. 본 연구에서는 한국어 단어의 의미와 품사 정보는 국립국어원(1999)에서 간행한 『표준국어대사전』을 따른다.

또한 본 연구에서 대조 연구의 목표 언어인 중국어를 이차적 연구 대상으로 삼고, 한국어 관형어의 중국어 대응 표현을 분석할 때 中國社會科學院語言硏究所詞典編輯室(2005)에서 편집한 『現代漢語詞典』(제7판)에 따른다. 중국어 단어의 의미와 품사 정보는 『現代漢語詞典』의 뜻풀이 정보를 참고한다.

1.3.2. 연구 방법

Johansson & Hofland(1994:25)는 대조언어학은 이론언어학과 응용언어학의 양면성을 지니며 그 목적 또한 다르다고 하였다. 즉, 대조 언어학을 이론과 응용의 두 개 측면으로 나누는데 그 대조 목적이 서로 다르다는 것을 말한다. 그러나 구체적인 사용에 있어서 이론과 응용에서의 성과가 모두 중요하며 교육에서의 상황은 더욱 그러하다. 따라서 대조 연구는 이론과 응용의 두 가지측면을 결합하는 방식으로 진행할 수도 있다. 이러한 상황에 근거하여 본 연구는 기존 대조 분석의 이론을 바탕으로 하여 대조의 단계를 아래와 같이 나눈다.

가. 대조의 범위 설정
나. 문헌 자료 수집과 정리
다. 대조의 틀 확립
라. 번역 용례 선정
마. 대조 분석
바. 정리

강현화 외(2003)은 대조분석 시 반드시 기준 언어를 설정해야 한다고 하였다. 보통 기준 언어는 학습자의 모국어로 정하고 대비되는 언어는 학습자의 목표 언어로 정한다. 본 연구에서 한국어를 기준 언어로 삼는 가장 큰 이유 중의 하나는 한국어 관형어의 특수성 때문이다. 한국어는 교착어에 속하므로 어미와 어형 변화로 상호 간의 관계를 나타낸다. 이러한 특징으로 긴 문장이 많다. 중국어는 고립어로서 어형 변화가 없고 주로 어순과 허사를 통해 문법 관계를 나타낸다. 이러한 특징으로 한국어와 반대로 짧은 문장들이 많다. 특히 한국어에서 관형어가 겹쳐 복합 관형어로 실현된 긴 관형절 내포문이 문장에서 아주 많이 나타난다. 한국어는 여러 가지 형태로 구성된 관형어를 허락하는 반면 중국어는 관형어가 길 경우 오류가 나타날 확률이 상당히 높으므로 긴 관형어를 기피한다. 그러므로 중국인 한국어 학습자들은 이러한 긴 복합 관형어를 이해하기 어려울 뿐만 아니라 중국어 대응 표현을 찾기가 쉬운 일이 아니다. 따라서 본고는 이러한 한국어 관형어 특성으로 인해 한국어 관형어를 기준 언어로 설정하고 이에 대응하는 중국어 표현과 그 대응법칙을 살펴보고자 한다.

기존 대조 연구는 사전과 모국어 화자의 직관에 근거하여 연구하는 경우가 많았다. 실제 언어 자료 분석을 통한 대조 연구는 언어의 공통점과 차이점을 밝히는 데 더 실증적 근거를 제공할 수 있다. 따라서 본고는 한국어 박범신의 장편소설 『숲은 잠들지 않는다』와 양귀자의 연작소설집 『원미동 사람들』의 원본과 번역본의 관형어 용례를 선정하고 분석함으로써 한국어 관형어와 중국어 대응 표현 간의 차이와 그 대응 법칙을 고찰하고자 한다.

본고에서 선정한 한국 소설 작품과 중국어 번역 작품의 정보는 다음과 같다.

〈표 1〉 선정한 소설 작품

	작가/역자	원본/번역본	출판연도	출판사
A	박범신	『숲은 잠들지 않는다 1』 『숲은 잠들지 않는다 2』	2003년	세계사
	權赫律	『叢林不眠』	2013年	湖南人民出版社
B	양귀자	『원미동 사람들』	1994년	문학과지성사
	丁玟聲 王策宇	遠美村的人們	2005年	百花文藝出版社

소설 작품을 기본 텍스트로 선정한 이유는 다음과 같다. 첫째, 관형어는 문체에 한정되지 않고 모든 문체에 다 나타난다. 즉 관형어는 신문기사, 소설, 연설문, 시 등 모든 문체에 다 나타나는데 그 형식은 기본적으로 같다. 둘째, 이 두 작품의 번역본은 이미 중국에서 공식적으로 출판된 것이다. 원문의 경우 박범신과 양귀자는 모두 한국 당대의 저명한 작가이

고 한 사람은 남성, 다른 한 사람은 여성으로 대표성을 띤다고 할 수 있다. 중국에서 출판된 번역본을 보면 가장 많은 것이 바로 소설책의 번역이다. 『숲은 잠들지 않는다』의 번역본은 2013년에 출판되었고 『원미동 사람들』의 번역본은 2005년에 출판되었다. 『원미동 사람들』은 좀 오래된 소설이지만 소설 내용에 옛말과 방언이 많아서 옛말 관형사와 방언 관형사 연구에 필요하므로 선택한 것이다.

물론 본고는 한국어 관형어의 중국어 대응 표현을 연구하는 데 치중하므로 번역본에 나타난 생략, 첨가, 의역 등 번역 기법을 사용한 번역 용례는 제외하기로 하였다.

본고는 한국어 관형어를 우선 기존 연구의 관형어 유형에 따라 분류를 한 다음에 또 각각 하위 분류의 세부 유형에 따라 이에 대응하는 중국어 표현을 찾는다. 여기에서의 대응은 형태적인 대응일 뿐만 아니라 의미적, 통사적 대응이기도 한다. 대응되는 중국어가 단어일 경우에는 품사와 의미를 밝히고 또한 구체적으로 관형어로서 각각 후행 체언과 어떤게 결합하는지, 중국어 대응 양상이 무엇인지에 대하여 분석하고 그 대응양상과 법칙을 밝힐 것이다.

따라서 본 연구는 구체적으로 다음과 같은 방법으로 연구를 진행하도록 한다.

제1장에서는 우선 연구 목적과 의의 및 연구 필요성, 그리고 연구 대상과 방법에 대해 서술하고 이어서 선행 연구에 대한 분석도 진행한다. 선행 연구에서는 한국어 관형어에 대한 선행 연구와 한국어와 중국어 관형어 대조에 관한 선행 연구로 나누어서 살펴볼 것이다.

제2장에서는 한국어와 중국어 관형어에 대한 이론들을 정리해 보았다. 우선 선행연구를 바탕으로 한국어 관형어의 정의, 기능 등 특징에 대해 살펴보고 다음은 한국어에서의 관형어의 문법적 구성에 대해 고찰하였

다. 여기에서는 관형사 관형어 구성, 체언 관형어 구성, 용언 관형어 구성, 그리고 관형어가 겹쳐 실현되는 복합 관형어 등 네 가지 유형으로 구분해서 자세히 고찰하였다. 다음은 중국어 관형어의 정의, 기능 및 특징에 대한 이론들을 정리하였다. 구체적으로 명사성 관형어, 동사성 관형어, 형용사성 관형어 등 유형으로 나누어서 고찰하였다.

제3장에서는 한국어 관형사 관형어의 중국어 대응 표현과 대응 법칙에 대해 분석하도록 한다. 여기에서는 박범신과 양귀자의 소설 원본과 중국어 번역본 용례를 통해 기존 연구에서 제시한 관형사의 하위 분류에 따라 관형사를 지시 관형사, 수 관형사, 성상 관형사로 나눈 다음에 또 고유어 관형사와 한자어 관형사로 나누어서 분석함으로써 이에 대응하는 중국어 대응 표현을 제시하고 대조 분석하고자 한다.

제4장에서는 한국어 체언 관형어의 중국어 대응 표현과 대응 법칙에 대해 분석하도록 한다. 여기에서는 기존 연구에서 제시한 체언 관형어 양상을 근거로 하여 한국어 체언 관형어를 '체언＋의' 관형어, 'N－적' 관형어 등 두 가지로 나누어서 번역본의 번역 예문을 분석함으로써 이에 대응하는 중국어 대응 표현을 제시하고 대조 분석할 것이다.

제5장에서는 한국어 용언 관형어의 중국어 대응 표현과 대응 법칙에 대해 분석하도록 한다. 여기에서는 박범신과 양귀자의 소설 원본과 중국어 번역본의 용례를 통해 한국어의 용언 관형어를 관형사형 어미 '－(으)ㄴ', '－는', '－ㄹ', '－던/었던'의 네 가지 형태별로 나눈 후 다시 동사, 형용사, 서술격조사 '이다' 등의 품사별로 나누어 분석하여 한국어 관형사형 어미에 대응되는 중국어 표현을 제시하고자 한다.

제6장에서는 한국어 복합 관형어의 중국어 대응 표현과 대응 법칙에 대해 분석하도록 한다. 여기에서는 '관형사＋관형사' 관형어, '관형사＋체언 관형어' 관형어, '용언＋관형사' 관형어, '체언 관형어＋용언', '용언

＋용언' 관형어의 다섯 가지 형태별로 나누어 이에 대응되는 중국어 대응 표현을 제시하고 대조 분석을 하고자 한다.

제7장에서는 결론 부분으로 본 연구의 내용을 정리하고 부족한 점과 문제점 및 앞으로의 연구 방향을 제시한다.

Ⅱ

이론적 배경

Ⅱ. 이론적 배경

한·중 관형어의 대응 표현 연구에 앞서 양국 두 관형어의 전반적인 내용에 대해 고찰할 필요가 있다. 구체적으로 한국어 관형어의 정의, 기능 등 특징에 대해 살펴보고, 한국어에서의 관형어의 문법적 구성에 대해 고찰할 것이다. 그리고 중국어 관형어의 개념과 특징, 또한 중국어 관형어의 문법적 구성에 대해 고찰할 것이다.

2.1. 한국어 관형어

2.1.1. 한국어 관형어의 개념과 특징

한국어 문법에서 한국어 관형어의 의미와 기능, 특징, 구조 등에 대하여 많은 학자들이 연구해 왔다. 한국어 관형어의 중국어 대응 표현 연구에 앞서 먼저 출발언어인 한국어 관형어의 체계를 알아보아야 하며, 한국어 관형어의 유형과 범위를 한정해야 한다. 그러나 한국어 관형어의 기준과 유형을 결정하는 것은 그리 쉬운 일이 아니다. 따라서 이 장에서는 한국어 관형어의 개념과 특징, 구성에 관한 이론적 배경을 자세히 살펴보고자 한다. 지금까지 한국어 관형어의 개념에 대해 많은 학자들이 정의를 내렸다. 앞에서 언급했듯이 초기 한국어 문법에서는 관형어를 부사어와 함께 꾸밈말의 범주로 처리하였다. 1950년대 관형어와 부사어를 분류한 이후 한국어의 관형어에 대한 연구가 활발히 진행되어 왔다. 그중에서 대표적인 학자의 논의를 정리해 보면 다음과 같다.

김봉모(1983)는 관형어 기능을 꾸밈 기능으로 보고 기능면에서 제한적 속성과 비제한적 속성으로 구분하였다. 피수식어의 지시체가 첨가되는 수식구에 서만 표시될 수 있는 부류의 한 구성원일 때 그 수식은 제한적이고, 지시체가 고유하거나 별도로 표시되는 부류의 한 구성원일 경우는 비제한적이 된다고 하였다. 김봉모(1992:39-54)는 관형어는 피수식어 수식에 따라 제한적, 비제한적으로 나누고 있다. 의미론적으로 그 관형어가 어떤 특정한 사물 또는 사람이 같은 부류에서 '어떠한'이라는 의미로 한정해 주는 기능을 제한적 기능이라 하고, 피수식어에 관련된 정보를 덧보태 주는 기능을 비제한적 기능이라고 하였다.

이익섭·남기심(1988)은 관형어를 명사를 꾸미는 문장 성분이라 하며, 관형어의 기능이 관형사와 공통된다는 점을 들어 관형어라는 정의를 설명하고 있다.

왕문용·민현식(1993)은 관형어는 명사, 대명사 등 체언 앞에 위치하여 그 체언을 꾸며 주는 역할을 하는 문장성분이라고 설명하였으며, 서정수(1994)는 관형어란 체언을 수식하여 명사구를 이루는 요소라고 설명하면서, 명사구의 맨 앞에 위치하는 수식 요소를 관형어라 정의하였다. 관형어는 명사구를 구성하는 필수적인 요소가 아니지만 구체적인 문장 속에서는 체언이 홀로 쓰이는 일이 그리 많지 않기 때문에 관형어가 명사구에 첨가될 경우 그것은 명사구의 형태를 풍부하게 만든다고 설명했다.

신효필(1994:123)은 관형어 수식 기능의 유형에 대한 연구를 하였으며, 그 유형을 '의미 관계 및 기술'이라고 규정하면서 '내용 기술적' 또는 '제한 기술적'으로 구분하였다.

고영근·남기심(1995)는 관형어는 뒤에 오는 명사와 대명사로 된 주어, 목적어 등 문장 성분을 꾸며 주는 구실을 하는 말이라고 정의를 내렸다. 이때 관형어의 꾸밈을 받는 명사와 대명사 등이 중심이 되고 관형어는 그의 부속 성분이라고 설명을 했다.

이관규(1999)는 현행 학교문법을 근거로 관형어는 하나의 문장성분으로 명사, 대명사 등 체언을 수식해 주는, 문장에서 없어도 되는 부속 문장 성분이라고 하였다. 또한 이관규(2002)는 관형사가 문장 속에서 아무런 변화 없이 그 형태 그대로 관형어가 되는 경우, 체언에 관형격 조사 '−의'가 붙어 '체언+의'의 형태로 되어 관형어가 되는 경우, 용언 어간에 관형사형 어미가 붙어 '용언 어간+관형사형 어미'의 형태로 실현되는 경우, 관형격 조사 '−의'가 생략되면서 '체언+체언'의 형태로 실현되는 경우로 나누어 보고 있다.

이러한 연구들에 의하여 관형어의 정의와 특징을 다음과 같이 제시한다(정희진 1999:14-18).

첫째, 관형어는 명사와 대명사 등 체언 앞에 붙어서 그것을 꾸며 준다.
둘째, 관형어가 명사, 대명사 등 체언만 꾸며준다.
셋째, 관형어는 체언을 수식하거나 제한적 기능을 한다.
넷째, 관형어는 부속성분임으로 문장을 구성하는 데 필수적인 요소는 아니다.
다섯째, 관형어의 위치는 반드시 체언 앞에 와야 한다.

2.1.2. 한국어 관형어의 구성

한국어 관형어 구성 성분의 범주에 대하여 많은 학자들이 논의를 했으나 조금씩 다른 의견을 보인다. 서정수(1994)는 '두, 세'와 같은 수사를 수 관형사로 설정하지 않고, 수사의 관형사형으로 보고 용언의 관형사형도 따로 분류하지 않고 하나의 절로 분류하였다. 또한 왕문용·민현식(1993), 이관규(1999) 등은 전통문법체계와 달리하면서 체언의 관형격 조사 '의'를 별도로 분류하여 관형어의 범주를 셋 또는 넷으로 나누어 구

분하였다. 그 외에 김기복(1999), 남기심(2009) 등은 전통문법대로 한국
어 관형어를 관형사 관형어, 체언 관형어, 용언 관형어, 그리고 관형어의
겹침 구성 등으로 나누어 관형어의 구성 성분을 설정하였다. 최근에 들어
최유택(2014)는 한국어 관형어의 겹침 구성을 복합 관형어라고 부른다[1].

> (1) 가. 그 두 사람
> 나. 철수는 새 집을 샀다.
> 다. 친구 집에 놀러 갔다.
> 라. 이 가방은 영수의 가방이다.
> 마. 이 학교는 내가 다니던 학교이다.
> 바. 이 시장에는 싼 물건이 많다.
> 사. 나는 영수가 일본에 간 사실을 모르고 있다.

(1)의 밑줄 친 예문을 보면 (1가, 나)는 지시 관형사와 수 관형사, 성상
관형사로 구성된 관형사 관형어이고, (1다, 라)는 체언 단독, '체언＋의'로
구성된 체언 관형어이고, (1마, 바)는 동사 '다니다'와 형용사 '싸다'에 어
미 'ㄴ'이 결합한 용언관형어이고, (1사)는 관형사절로 구성된 복합 관형
어이다.

본 논문에서는 기존 연구를 바탕으로 한국어 관형어의 이 네 가지 구성
을 연구 대상으로 삼고 이에 대응하는 중국어 표현을 제시하고자 한다.
따라서 다음은 이 네 가지 구성 성분의 문장에서의 구체적인 실현 양상과
그의 특징에 대해 살펴보도록 한다.

2.1.2.1. 관형사 관형어

한국어에서 관형사는 명사구 안에서 명사 앞에 놓여 그 명사를 수식해

---

1) 본 논문은 최유택(2014)에 따라 한국어 겹침 관형어 구성을 복합 관형어라고 부르기로
한다.

주는 역할을 하는 품사이다. 이익섭(2005:24)는 명사 앞에서 명사를 꾸미는 것이 관형사의 첫 번째 조건이고 어미나 조사가 첨가되지 않는 것, 즉 형태적인 변화가 없는 것이 관형사의 두 번째 조건이라고 하였다. 남기심·고영근(1993)은 관형사를 명사 앞에서 그 명사의 뜻을 분명하게 제한하는 품사이며 명사 이외의 다른 품사를 꾸밀 수 없다고 규정하고 있다. 한영목(1985/2004:99)는 자립어가 발화 과정에서 의미를 가지고 홀로 말해 질 수 있는 어떤 요소이지만 관형사는 홀로 쓰일 수는 없다고 했다. 최유택(2002:23)은 관형사는 문장에서 조사와 같이 자립적으로 쓰일 수 없으며 오직 한 어기만으로 이루어지는 단어라고 하였다. 또한 최유택(2014:28)에서는 관형사의 문법적 기능을 논하면서 그 가장 중요한 기능은 체언 앞에 위치하여 뒤에 오는 체언을 수식, 한정해주는 점이라고 하였다.

따라서 관형어로서 관형사의 특징을 정리해 보면 다음과 같은 결론을 얻을 수 있다.

첫째, 관형사의 형태적 특성은 조사나 어미를 취하지 않는 '불변어'로서 굴절하지 않는다는 특징을 지닌다.

둘째, 관형사는 명사구를 형성할 때 구체적인 어휘적 의미를 가지고 있다는 점에서 어휘형태소로서의 관형사와 문법형태소로서의 접두사를 변별할 수 있는 특징을 가진다.

셋째, 관형사의 기능적 특성은 문장에서 항상 체언 앞에 위치하여 그 체언을 수식한다는 점이다.

다음은 관형사의 유형에 대해 살펴보도록 한다. 남기심·고영근(1993)은 관형사의 의미적 특징에 따라 지시 관형사, 수 관형사, 성상 관형사로 하위분류를 하였으며, 또한 형태적 기원에 근거하여 고유어 관형사, 한자어 관형사로 나누었다. 본 논문에서는 관형사의 의미와 기능, 그리고 형태·통사적인 특징을 바탕으로 하여 관형사를 지시 관형사, 수 관형사, 성상 관형사의 3분 체계를 따른다[2]. 특정한 대상을 지시하는 관형사를 지시 관형사라고, 사물의 수와 양을 표시하거나 종류, 범위 등을 표시하는 관형사를 수 관형사라고, 사람이나 사물의 모양, 상태, 성질을 나타내는 관형사를 성상 관형사라고 하고 논의를 전개할 것이다. 그럼 지시 관형사, 수 관형사, 성상 관형사가 각각 관형어로서 어떠한 특성을 가지고 있는지 그 명사와의 결합 양상을 살펴보도록 하겠다.

2.1.2.1.1. 지시 관형사

지시 관형사는 '특정 대상을 지시하여 가리키는 관형사'를 말한다. 남기심·고영근(1985:168 – 169)는 지시 관형사를 하위분류하였는데, '이', '그', '저', '이런', '그런', '저런', '어느', '무슨' 등을 고유어 지시 관형사로 분류하였고, '해(該)', '귀(貴)', '본(本)', '동(同)', '현(現)', '모(某)' 등을 한자어 지시 관형사로 분류하였다. (2)와 같이 지시 관형사란 발화 현장이나 문장 속에 있는 것이 아니라 그 밖에 존재하는 대상을 가리키는 관형사이다. (2가)는 고유어 관형사이고 (2나)는 한자어 관형사이다.

> (2)　가. 이, 그, 저, 이런, 저런, 그런, 어느, 무슨, 웬······
> 　　　나. 귀(貴) (회사), 전(前) (대통령), 모(某) (학교)······

지시 관형사 '이', '그', '저'의 기본적인 기능은 현장 지시 기능이다. '이'를 근칭 대명사, '그'를 중칭 대명사, '저'를 원칭 대명사라고 지칭하고 있

---

2) 관형사의 하위 분류로 2분 체계와 4분 체계도 존재한다. 북한의 조선어 문법은 관형사를 분량 관형사와 성질 관형사로 구분하였다. 한편 서정수(1994)는 관형사를 지시 관형사, 수 관형사, 성상 관형사, 의문 관형사로 구분하였다.

으며 '이'는 화자에게 가까움을 나타내고 '그'는 청자에게 가까움을 나타
내고 '저'는 화자와 청자 모두에게 멀다는 것을 나타낸다.

(3) 가. 어제 눈이 내렸다. 그 영향으로 오늘은 길이 미끄럽다.
     나. 이 돈이라는 게 무엇인지?
     다. 그 어느 날

지시 관형사의 기능으로 현장 지시 기능 외에 (3가)처럼 대용 기능을
갖는다. 대용 기능은 앞의 문장 속에서 이미 제시된 어떠한 내용이나 사
실을 대신하여 지시하는 것을 말한다. '저'는 '이'나 '그'와 달리 대용 기능
을 갖지 않는다. (3나)는 '이'가 '돈'의 의미를 강조하는 강조 기능을 갖고
있다는 것을 보여 준다. (3다)는 원래 '그'가 지시 기능을 가지고 있었으
나 '어느'가 삽입되면서 지시성이 중화되어 조응 관계를 나타내는 기능을
한다.

2.1.2.1.2. 수 관형사

사물의 수량이나 종류, 범위 등을 표시하는 관형사를 수 관형사라고
한다. 수 관형사는 뒤에 붙어 오는 명사의 수량을 표시하거나 분류사와
결합해서 앞에 오는 명사의 수량을 나타낸다. 한국어에서 수 관형사의
설정에 대하여 많은 연구자들이 언급하여 왔다. 특히 수사와 수 관형사가
모두 수를 의미하므로 혼돈하기 쉽다. 남기심·고영근(1993:173)은 수
관형사를 정수와 부정수 관형사로 하위 분류하였다.[3] 그러나 '한', '두',
'세', '네' 등은 학자에 따라 견해가 다르다. 최현배(1961), 김민수(1971),
김봉모(1992), 남기심·고영근(1993)은 이것을 관형사로 보고 있지만,

---

3) 정수(定數) 관형사: 한, 두, 다섯, 여섯, 아홉, 열, 스무 등.
　부정수(不定數) 관형사: 한두, 두세, 너댓, 여러, 모든, 온 등

서병국(1967), 한영목(1985), 이현규(1987), 정영주(1989), 이익섭(2005) 등은 이것을 수사의 이형태로 보기도 한다. 학교문법에는 수사와 수 관형사는 조사와 결합하느냐 체언과 결합하느냐에 의해 수사와 수 관형사로 구분한다. 정희진(1999:26-28)도 수적으로는 같은 양을 나타내지만 체언을 꾸며주면 수 관형사라고 보고, 뒤에 조사가 붙으면 수사로 보는 것이 일반적이라고 하였다. 따라서 본 연구에서는 학교문법에 따라 '한', '두', '세', 네' 등도 한국어 수 관형사의 하위 범주로 보고 연구를 진행하겠다.

(4) 가. 한, 두, 세, 네, 모든, 온갖, 여러, 몇…
     나. 일(一), 이(二), 삼(三), 사(四), 근(近), 전(全) …

수 관형사는 (4)와 같이 대부분 단위성 의존명사와 결합하여 사물의 수량을 표시하는 관형사이다. (4가)는 고유어 수 관형사이고 (4나)는 한자어 수 관형사이다. 그럼 관형어로서의 수 관형사가 명사와의 결합 양상은 어떻게 되어 있는지 한번 살펴보도록 하자.

(5) 가. 한 사람, 두 집, 여러 나라
     나. *한 사랑, 두 물, 여러 남대문
     다. *한 너, 두 누구, 여러 우리

김봉모(1992:69)는 수 관형사의 한정을 받는 피수식어는 반드시 가산명사가 되어야 하며, 그렇지 아닐 경우에는 수식 관계가 성립되지 않는다고 논술하였다. (5가)는 수 관형사가 가산 명사에 결합되어 있으므로 수식 관계가 자연스럽지만 (5나)는 가산성 명사와 결합하지 않았으므로 비문이 된다. (5다)는 수 관형사와 대명사가 결합되어 비문이 된다.

(6) 가. 모든 물, 모든 공기, 모든 사랑

나. *모든 개, 모든 마리, 모든 그루
다. 한 개, 몇 마리, 여러 권

'모든'은 (6가)의 '물', '공기', '사랑' 등의 물질명사나 추상명사와의 결합은 자유롭지만 (6나)처럼 분류사와의 결합은 자유롭지 못하다. 이것은 수량 단위에서 한정된 일부를 가리키는 '한', '두', '몇' 등 관형어와는 달리 전체를 나타내는 '모든', '온'은 구태여 그 단위수를 가리킬 필요가 없으므로 분류사와 결합하는 것은 제한적이라고 파악된다(최유택 2014:24). (6다)는 수량 단위를 나타내는 단위성 의존명사는 반드시 수 관형사를 필요로 한다는 것을 알 수 있다.

2.1.2.1.3. 성상 관형사

성상 관형사는 사람이나 사물의 모양, 상태, 성질을 나타내는 관형사를 말한다. 성상 관형사의 특징으로는 항상 뒤에 오는 명사를 수식한다. 또한 의미적으로 성질, 상태를 나타내야 하고, 형태적인 변형이 없어야 하며, 독립적인 사용이 불가하여야 한다.

(7) 가. 새 (옷), 헌 (집), 옛 (친구), 맨 (앞)…
     나. 고(故), 구(舊), 만(滿), 순(純), 신(新)…

성상 관형사는 (7)에서 제시한 것과 같이 뒤에 오는 체언의 성질이나 상태를 제한하는 관형사이다. (7가)는 고유어 성상 관형사이고 (7나)는 한자어 성상 관형사이다. 다음은 관형어로서의 성상 관형사가 체언과 어떻게 결합하는지 살펴보고자 한다.

(8) 가. 그는 새 옷을 샀다.
     나. 영수는 헌 가방을 들고 학교에 갔다.
     다. 오늘 나는 옛 친구를 만났다.

라. <u>무슨</u> 일이 생겼니?

마. *<u>헌</u> 친구를 만나다.

바. *<u>새</u> 첫째

사. *나는 <u>옛</u> 너를 기억한다.

　(8가, 나, 다, 라)에서 '새', '헌', '옛', '무슨'은 뒤에 오는 '옷', '가방', '친구', '일'의 성질이나 상태를 수식, 한정하는 성상 관형사이다. 그러나 (8마, 바)의 예문을 보면 성상 관형사가 문장에서 선택할 수 있는 체언은 제한되어 있다는 것을 알 수 있다. 성상 관형사와 보통명사의 결합은 자유롭지만 항상 가능한 것은 아니다. (8마, 사)처럼 '친구'는 성상 관형사 '새'와는 결합하지만 그 반대의 뜻을 나타내는 '헌'과는 결합하지 못하고, '옛'은 '옛 친구', '옛 추억', '옛 모습' 등의 명사와의 결합은 자유롭지만 '나', '너'와 같은 인칭대명사와는 결합이 불가능하다. (8마, 바)는 성상 관형사는 대명사나 수사와 결합되지 않는다는 것을 알려 준다.

〈표 2〉 한국어 관형사 분류표

의미적 ╲ 통사적	고유어 관형사	한자어 관형사
지시 관형사	갖은, 고, 고까짓, 고깟, 고따위 고런, 고만, 그, 그까짓(그깟), 그따위(그딴), 그런, 그만, 까짓, 네까짓(네깟), 다다음, 다른, 딴, 무슨, 바른, 아무, 아무런, 아무아무, 어느, 어떤, 어인, 여느, 오른, 왼, 요, 요까짓(요깟), 요따위, 요런, 요런조런, 요만, 웬, 이, 이까짓(이깟), 이내, 이따위(이딴), 이런, 이런저런, 이만, 저, 저까짓(저깟), 저따위(저딴), 저런, 저만, 전, 전전, 제까짓(제깟), 조, 조까짓, 조따위, 조런, 지지난……	각(各), 귀(貴), 당(當), 동(同), 모(某), 모모(某某), 매(每), 본(本), 전(前), 전전(前前), 타(他), 현(現)…

수 관형사	너, 넉, 네, 네다섯, 네다섯째, 넷째, 다섯, 다섯째, 닷, 대, 대여섯, 대여섯째, 댓, 두, 두서너, 두서너째, 두석, 두세, 두세째, 두어, 두어째, 둘째, 마흔, 모든, 몇, 몇몇, 서, 서너, 서너째, 서른, 석, 세, 셋째, 쉰, 스무, 스무나문, 스무째, 스물둘째, 아홉, 아홉째, 여남은, 여남은째, 여덟, 여덜아홉, 여덟째, 여든, 여러, 여섯, 여섯째, 열, 열두째, 열째, 열한째, 엿, 예, 예닐곱, 예닐곱째, 예수남은, 예순, 온, 온갖, 일고여덟, 일고여덟째, 일곱, 일곱째, 일백, 일흔, 첫, 첫째, 한, 한두, 한두째……	구(九), 구(溝), 구십(九十), 근(近), 기만(幾萬), 기백(幾百), 기백만(幾百萬), 기십(幾十), 기십만(幾十萬), 기천(幾千), 만(萬), 만만(萬萬), 백(百), 백만(百萬), 사(四), 사십(四十), 사오(四五), 삼(三), 삼사(三四), 삼십(三十), 수만(數萬), 수백(數百), 수백만(數百萬), 수삼(數三), 수십(數十), 수십만(數十萬), 수억(數億), 수억만(數億萬), 수조(數兆), 수천(數千), 수천만(數千萬), 수천수만(數千數萬), 십(十), 십만(十萬), 양(兩), 억(億), 억만(億萬), 억조(億兆), 억천만(億千萬), 오(五), 오륙(五六), 오만(五萬), 오십(五十), 육(六), 육덕(六德), 육십(六十), 육칠(六七), 이(二), 이삼(二三), 이십(二十), 일(一/壹), 일이(一二), 일천(一千), 일백(一百), 전(全), 조(兆), 조만(兆萬), 천(千), 천만(千萬), 총(總), 칠(七), 칠십(七十), 칠팔(七八), 팔(八), 팔구(八九), 팔십(八十) ……
성상 관형사	고얀, 긴긴, 난장맞을, 난장칠, 넨장맞을, 넨장칠, 대모한, 만, 맨, 먼먼, 몹쓸, 뭇, 빌어먹을, 새, 옛, 오랜, 외딴, 제밀할, 젠장맞을, 젠장칠, 허튼, 헌……	고(故), 구(舊), 단(單), 만(滿), 모모하(某某 —), 별(別), 별의별(別 —別), 순(純), 약(約), 염병할(染病 —), 일대(一大)……

따라서 선행 연구에 따라 관형사 목록을 정리해 보면 다음과 같다.[4]

---

4) 김선효(2002:63)을 참조하여 관형사 목록을 다시 정리하였다.

2.1.2.2. 체언 관형어

체언 관형어는 선행하는 명사가 후행하는 명사를 수식하는 구성을 말한다. 즉 후행하는 명사의 의미를 선명하게 하기 위해 그 명사 앞에 수식 기능을 가지는 체언 관형어가 붙어서 이루어지는 관형어 구성을 말한다. 체언 관형어는 관형어를 구성할 체언 뒤에 관형격 조사 '의'가 붙어 관형어를 구성한다. 관형격 조사 '의'가 선행 체언과 후행 체언 두 체언을 이어주고 선행 체언을 관형어로 되게 해 주는 기능을 한다. 물론 각 단어의 의미 자질이나 의미관계에 따라 관형격 조사 '의'가 실현되는 경우, 실현되지 않는 경우, 그리고 실현 여부가 상관없는 경우가 있다. 이러한 '체언+의' 구성 외에 명사에 한자어 접미사가 첨가되어 '명사+적'의 형태로 이루어지는, 명사와 명사가 결합한 형태이면서 문장에서 주로 관형어 역할을 하는 'N-적 관형어' 구성도 있다. 즉 한국어 체언 관형어를 '체언+의' 관형어, 'N-적' 관형어 등 두 가지 유형으로 분류하였다. 본 논문은 최유택(2014)에서 제시한 체언 관형어의 구성 유형에 따라 연구를 진행하기로 한다. 따라서 다음은 체언 관형어의 이 두 가지 구성에 대해 그의 기능과 특징 등을 살펴보도록 한다.

2.1.2.2.1. '체언+의'

'체언+의' 관형어는 일번적으로 관형어를 구성하는 체언에 관형격 조사 '의'가 붙어서 관형어 기능을 실행한다. 관형격 조사 '의'가 체언과 체언을 이어주어 선행 체언이 수식언으로서의 기능을 하게 해 준다. 최유택(2014:39)는 관형격 조사 '의'에 대해 필수적으로 실현되는 경우인 'N1의+N2'와 수의적으로 실현되는 경우인 'N1∅+N2'와 어떤 경우에는 '의'가 첨가되지 않아야만이 더 자연스러워지는 경우 'N1+N2' 구성이 있다고 하였다. 즉 체언 관형어 구성을 'N1의+N2, N1∅+N2, N1+N2' 세 가지로 나누었다.

'N1의＋N2' 구성은 두 체언이 연결할 때 관형격 조사 '의'가 필수적으로 실현되어야 하는 체언 관형어 구조이다. 김기복(1999)는 이런 구조를 '의'의 출현이 필수적인 체언의 관형 구조로 보면서, 이때 '의'는 의미적으로 상관성이 적거나 없는 두 체언을 연결시키는 구실을 한다고 보았다.

'N1∅＋N2' 구성은 두 체언 사이에 관형격 조가 '의'가 수의적으로 실현되는 경우를 말한다. 즉, 관형격 조사 '의'가 두 체언 사이에 끼이는 것과 끼이지 않는 경우를 비교할 때 큰 의미 차이가 없는 구성이다. 예를 들어 '언니의 가방'과 '언니 가방'은 '의'가 출현하든 출현하지 않든 문장의 의미에 큰 영향을 주지 않는 것으로 보인다. 굳이 이 두 구조의 차이점을 말한다면, '의'가 첨가된 구조는 선행명사의 의미를 더 강조했다고 해야 할 것이다. '언니의 가방'일 경우 '언니가 보유하고 있는 가방'이라는 의미를 강조한 것이고, '언니 가방'일 경우는 가방이 전제가 되며 '가방'의 의미가 더 강조되는 것이다. 즉, '의'가 첨가된 경우에는 선행명사의 지시적 의미가 더 선명해지고 그것의 통사적 기능이 강조된다고 할 수 있다(김기복 1999:45-48).

'N1＋N2' 구성은 체언에 의한 관형어의 한 구성이다. 김기복(1999)에서는 'N1＋N2' 구조를 조사 '－의'의 생략 구조와 다른 별도의 구조인 명사 수식 구조로 구분하였다[5]. 본 구성은 앞에 살펴 본 'N1의＋N2'과 'N1∅＋N2'의 두 구성과 달리 관형격 조사 '－의'가 실현되지 않는다. '의'가 실현되면 문장이 비문이 된다. 'N1＋N2' 구성에서 두 체언 사이의 의미 관계가 아주 긴밀하고 고정적이므로 고정 표현으로 볼 수 있을 정도이

---

5) 김기복(1999)는 'N1＋N2'로 나열된 체언들 사이에는 수식과 피수식의 관계가 나타나며 명사의 수식 기능이 확인된다고 보고, 이런 수식 기능을 한국에서 '관형'이라 불러왔다. 다만 영어에서는 'N1'을 형용사적 명사(noun adjective)로 설명할 수 있다고 하였다.

다. 이러한 구성은 관형사와 비슷한 기능을 한다. 선행명사가 후행명사의 상태나 성질 등 따위를 표시하거나 그 관련 대상을 지시하는 역할을 한다.

(9)　가. 우리는 <u>청춘의 괴로움</u>을 알게 되었다.
　　　나. 우리는 <u>선생님∅ 집</u>으로 간다.
　　　다. 나의 <u>의사 친구</u>가 그렇게 말했다.

(9가)는 관형격 조사 '의'가 실현된 구성이다. 여기에서 '의'가 생략되면 '청춘 괴로움'이 되는데 이것은 비문이 된다. 관형격 조사 '의'의 실현이 필수적이므로 'N1의＋N2'의 구성에 속한다. (9나)는 관형격 조사 '의'가 생략된 구성이다. 여기에서 '선생님∅집'은 '선생님의 집'으로 환원할 수 있으므로 관형격 조사 '의'가 수의적으로 실현되는 'N1∅＋N2' 구성에 속한다. (9다)는 관형격 조사 '의'가 실현되지 못하는 구성이다. 관형격 조사 '의'가 삽입되어 '의사의 친구'로 되면 표현하는 의미가 다르므로 'N1＋N2' 구성에 속한다.

2.1.2.2.2. 'N – 적'

'–적'은 일부 명사 혹은 명사구 뒤에 위치하여 '그 성격을 띠는', '그와 관계된', '그 상태로 된' 등의 의미를 더해주는 접미사이다. 이러한 접미사 '–적'과 결합된 'N–적'의 통사적 특징에 대한 연구는 활발히 진행되고 있다. 한국에서 '–적'에 대해 최초로 연구한 최현배(1961)은 '–적'을 그 기능에 따라 관형사와 명사로 구분하였다. 이익섭(1968)은 한자어 접미사라는 각도에서 '–적'을 연구했는데 '–적'의 생산력이 워낙 강하기 때문에 이것과의 결합이 파생적인가 하는 점에 의심을 했다. 김재윤(1976)은 '–적'류 어휘의 형태적, 통사론적 특징을 검토하였으며, '–적'류 어휘들을 명사와 부사로 구분하였다.

현행 학교문법에서는 '–적'의 품사를 명사, 관형사, 부사 3가지로 통용하는 입장을 취하고 있다.

(10)　가. 우리는 <u>합리적</u> 사고를 갖도록 하자.
　　　　나. 우리는 <u>합리적인</u> 사고를 갖도록 하자.
　　　　다. <u>가급적</u> 빨리 와라.

학교 문법에서는 통사상의 기능에 따라 (10가)의 'N적＋명사'에서의 'N적'은 관형사로 처리하고, (10나)의 'N적＋조사'에서는 'N적'은 명사로 처리하며, (10다)의 'N적＋조사'에서는 'N적'은 부사로 처리하고 있다.

'–적'의 기능에 대한 연구로는 김용석(1986)과 김광해(1995)가 있다. 김용석(1986)은 '–적'을 어휘 생성 기능을 하는 접사, 또는 통사적 기능의 의미 등으로 설명하였다. 그는 '–적'의 선행요소가 품사인가에 대한 논의는 무의미하다고 강조하고 'N적'의 용법은 분명치 않고, 그 형식이 임의적이라는 결론을 내렸다. 김광해(1995)는 '–적'을 그 실현 환경에 따라 (11)과 같은 세 가지 유형으로 구분하였다.

(11)　가. 제Ⅰ류: N1적(인) ＋ N2 ↛ N2가　N1적이다
　　　　나. 제Ⅱ류: N1적(인) ＋ N2 → N2가　N1적이다
　　　　다. 제Ⅲ류: N적＋VP

제Ⅰ류의 '–적'은 관형화소로 기능을 하는 것으로 보았고 제Ⅱ, Ⅲ류의 '–적'은 명사화소의 의미 기능을 하고 있으며 '–적'류 어휘의 대부분이 제Ⅱ류에 속한다고 분석하였다.

권우진(2000:11-60)은 '–적'은 통사적 의미를 갖고 있는 '–적1'과 어휘적 의미를 갖고 있는 '–적2'로 나누고 'N적 N', 'N적이다', 'N적으로'

세 가지로 나누어 분석하였다. 변형 가능성의 여부, 어휘 교체의 수용 여부가 '-적'을 구분해 내는 변별 요소라고 논술하였으며 '-적1'과 '-적 2'는 선행요소와 후행요소의 특성을 달리 한다고 제시하였다.

최유택(2014:80)은 관형어 기능을 하는 'N적'의 품사에 대해 관형사, 명사, 부사 등 다양하게 보았던 입장을 부정하고 명사를 보고 있다. 다만 그것들이 문장에서의 기능에 따라 관형어, 부사어, 서술어 등 여러 가지 문장성분으로 사용되는 것으로 보았다.

2.1.2.3. 용언 관형어

용언에 의한 관형어는 동사, 형용사의 어간에 관형사형 어미 '-(으) ㄴ', '-는, -ㄹ', '-던' 등이 결합하여 피수식어를 수식하는 것을 가리킨 다. 용언 관형어의 경우 용언이 다른 수식이 없이 단독으로 관형어로 되 기도 하지만 내포된 문장에 관형사형 어미가 붙어 관형절로 되어 뒤의 피수식어를 수식하기도 한다.

> (12) 가. 싼 것이 더 좋다.
> 나. 그는 밥을 먹는 동생을 바라보았다.
> 다. 이따가 영화관에 갈 예정이다.
> 라. 영희가 읽던 책이 아주 재밌다.

(12가)는 형용사 '싸다'의 어간에 '-ㄴ'이 붙어 단독으로 의존명사 '것' 을 수식한다. (12나)는 관형절 '밥을 먹는'이 관형어가 되어 피수식어 '동 생'을 수식하고 있으며, (12다)는 관형절 '영화관에 갈'이 피수식어 '예정' 을 꾸미고 있다. 또한 (12라)는 '영희가 읽던'이 명사 '책'을 수식한다. 즉 밑줄 친 동사, 형용사 혹은 관형절이 관형사형 어미 '-ㄴ', '-는', '-ㄹ', '-던' 등과 결합하여 용언 관형어를 형성한다.

용언 관형어 구조에서 관형사형 어미가 아주 중요한 역할을 한다. 남기심(1972), 서정수(1996), 이익섭·임홍빈(1983), 이효상(1995) 등은 관형사형 어미의 형태를 '-(으)ㄴ', '-는', '-(으)ㄹ', '-던'의 네 가지로 본 입장을 취한다. 이러한 관형사형 어미는 용언이나 서술격 조사 뒤에 붙어 관형화시키고 후행의 피수식어를 수식하는 통사적 기능을 한다.

또한 용언 관형어는 관형사, 체언에 의한 관형어와 달리 관형절(冠形節)의 시제적 의미 기능을 나타내기도 한다(최현배 1991). 한국어에서 관형사형 어미 '-는'은 보통 동사와 결합하여 발화시를 기준으로 현재 또는 현재 진행의 뜻을 나타낸다. 그리고 동사와 형용사 특성을 다 가진 '있다', '없다'도 동사일 경우 관형사형 어미 '-는'과 활용할 수 있는 것이다.

(13)   가. <u>읽는</u> 책
         나. 교실에 <u>없는</u> 학생
         다. *<u>예쁘는</u> 사람

(13가)는 동사 '읽다'의 어간에 '-는'이 붙어 현재 진행의 시제를 나타낸다. (13나)는 '없다'가 '-는'과 결합하여 관형어를 이루어 뒤의 '학생'을 수식한 것이다. (13다)의 형용사 '예쁘다'는 앞에서 언급한 바와 같이 '-는'과의 결합이 불가능하기 때문에 비문이 된 것이다. 즉 '-는'은 현재 또는 현재 진행의 의미나 상태를 나타내며 일반적으로 동사에만 적용된다. '있다, 없다'가 현재를 나타낼 경우에는 동사처럼 '-는'과 활용할 수 있다(김기복 1999:76-77).

또한 관형사형 어미 '-던'은 용언의 어간, '이다/아니다'의 어간, 또는 어미 '-으시', '-었-', '겠-' 뒤에 붙어서 체언을 수식하여 관형어를 만들고 어떤 일이 과거에 완료되지 않은 상태에서 중단되었다는 의미를

나타내거나 과거 상황을 회상하는 의미를 나타내는 관형사형 어미이다
(정소영 2007:27).

(14) 가. 내가 <u>읽던</u> 서설이 아주 재미있다.
      나. 내가 <u>살던</u> 고향으로 돌아간다.
      다. 내가 <u>먹었던</u> 사과
      라. 몹시 <u>춥던</u> 날씨가 점점 풀어진다.
      마. <u>사장이던</u> 그가 어쩌다 이렇게 됐니?

(14가)의 '내가 읽던 소설'은 소설을 다 읽지 않았다는 미완의 뜻을 표현한다. '-던'은 어떤 일이 과거에 완료되지 않은 상태에서 중단되었다는 미완의 뜻을 나타내기 때문이다. (14나)에서는 지속성을 지닌 동사 '살다'가 '-던'과 결합하여 과거에 그 고향에서 계속 살았다는 사실을 회상하는 것이다. (14다)는 관형사형 어미 '-던'에 과거 완료의 뜻을 나타낸 선어말어미 '-었'이 붙어 '먹다'는 행위가 완전히 완료된 상태를 회상하는 것이다. (14가, 나, 다)는 모두 동사와 '-던'의 결합 양상이고 (14라)는 형용사와의 결합이고 (14마)는 서술격 조사와의[6) 결합이다. (14라, 마)처럼 형용사와 서술격 조사가 관형절에서 과거의 뜻을 나타내려면 '-던'이나 '-었던'을 사용한다.

남기심(2001:353-354)는 관형사형 어미 '-(으)ㄴ'은 동사와 결합하면 선어말어미 '-았/었-'과 같이 과거의 일이나 과거에 완료된 일의 지속 상태를 나타내며, 형용사와 결합하면 현재 상태를 나타낸다고 하였다. 또한 정소영(2007:27)은 서술격조사 '-이다'와 결합할 경우에도 현재 상태를 의미한다고 하였다. 즉 '-(으)ㄴ'은 동사 어간에 붙어 과거 혹은

---

6) '-이다'는 한국어에서 체언 뒤에 붙어 그 체언을 서술어로 만들게 하는 서술격 조사이다. 서술격 조사는 다른 조사와 달리 활용한다는 특징이 있다.

완료의 뜻을 나타내거나 완료 지속의 의미를 나타내고, 형용사 어간이나 서술격 조사에 붙어 현재의 뜻을 나타낸다.

(15) 가. 이 영화를 <u>본</u> 사람이 누구냐?
　　　나. 치마를 <u>입은</u> 언니가 예쁘다.
　　　다. 오늘은 <u>따뜻한</u> 날씨다.
　　　라. <u>작가인</u> 그는 많은 작품을 썼다.

(15)의 예문을 보면 (15가)에서 동사 '보다'의 어간 '보-'에 '-ㄴ'이 붙어서 과거 시제를 나타내며 '영화를 보다'는 행동이 이미 끝나고 완료된 의미를 나타낸다. (15나)에서는 '입다' 어간에 '-은'이 연결되어 '언니가 치마를 입었다'는 과거의 의미를 나타내면서 그 완료된 상태가 지속된 모습도 나타내는 것이다. (15다)는 형용사가 관형사형 어미 '-ㄴ'과 결합하여 현재의 날씨가 지금 따뜻하다는 상태를 의미하는 것이다. (15라) 는 명사인 '작가'가 서술격 조사인 '이-'에 '-ㄴ'이 연결되어 '지금은 작가이다'라는 현재의 사실을 의미한다.

'-(으)ㄴ'은 이미 완료되고 확정된 대상을 수식할 경우에 쓰이는 반면 '-(으)ㄹ'은 미래나 미확정된 대상을 수식할 때 쓰이는 관형사형 어미이 다. 허웅(1983:236)은 관형사형 어미 '-ㄹ'는 아직 결정되지 않거나 추 측적인 일을 나타내는데, 때로는 시간 표현을 적극적으로 할 뜻이 없을 때에도 쓰인다고 하였다. 여기서 '-(으)ㄹ'은 미래나 미확정된 일을 의미 하거나 추측, 의지를 나타내며 관형어로 구성한다. '-(으)ㄹ'은 보통 동 사나 서술격 조사 어간에 붙는다.

(16) 가. 그가 <u>다닐</u> 학교가 바로 이 학교다.
　　　나. 난 다음 달에 미국에 <u>갈</u> 거야.
　　　다. 선생님은 내일부터 <u>바쁘실</u> 거야.

라. 곧 눈이 올 것 같다.
마. 지금 교실에 있을 학생들에게도 알려라.

(16가)는 동사 어간에 '－ㄹ'이 연결되어 '미래'의 일을 의미한 것이고 (16나)도 동사 어간에 '－ㄹ'이 연결되었지만 예정 혹은 의지, 의도의 뜻을 나타내고, (16다, 라)는 각각 형용사, 동사 어간에 '－ㄹ'이 붙어 문장에서 추측의 의미를 나타낸다. (16마)의 '있을'은 부사 '지금'과 같이 쓰이면서 미래 시간이 아니라는 것을 분명히 알려 주었지만 '있을지도 모르다'의 의미로 추측의 뜻을 나타낼 뿐이다.

지금까지 용언 관형어에 관한 내용들을 살펴보았다. 용언인 동사와 형용사가 관형사형 어미와 결합하여 관형어를 구성한다. 관형사형 어미는 동사나 형용사, 서술격 조사에 붙어 관형화시키고 후행하는 명사를 수식하는 통사적 기능을 한다. 관형사형 어미는 일반적으로 '－(으)ㄴ', '－는', '－(으)ㄹ', '－던/－었던' 네 가지로 구분하며 현재, 미래, 과거, 회상 등의 시제의 의미를 나타내기도 하지만 서법이나 양태의 의미를 나타내기도 한다(최유택 2014:87).

2.1.2.4. 복합 관형어

위에서 살펴본 바와 같이 한국어 관형어는 관형사 관형어, 체언 관형어, 용언 관형어의 형태로 피수식어를 수식하거나 제한하는 기능을 한다. 그러나 관형어가 홀로 피수식어 앞에 나타나기도 하지만 상황에 따라 여러 개의 관형어가 피수식어 앞에 나타나서 같이 피수식어를 수식하는 경우도 많다. 이런 경우를 한국어에서는 겹친 구성이라고 한다(김기복 1999:88). 최유택(2014)는 이러한 겹친 구성의 관형어를 복합 관형어라고 부른다. 본 연구에서는 기존의 연구를 토대로 하여 복합 관형어의 겹친 구조를 '관형사＋관형사', '관형사＋체언 관형어', '용언＋관형사', '체

언 관형어＋용언', '용언＋용언'의 다섯 가지로 나누어 유형에 따른 현상
과 특징을 살펴보고자 한다.

김봉모(1992:190-196)은 관형사와 관형사 간의 겹침은 일반적으로 피
수식어를 수식하는 구조가 '지시－수량', '수량－성상', '지시－성상', '지
시－수량－성상'의 순서로 나타난다고 하였다.

    (17)   가. <u>그 두</u> 사람
            나. <u>모든 새</u> 옷
            다. <u>이 새</u> 신발
            라. <u>저 모든 헌</u> 옷

    (17') 가. *<u>두 그</u> 사람
            나. *<u>새 모든</u> 옷
            다. ? <u>새</u> # <u>이</u> 신발
            라. <u>모든</u> # <u>저 헌</u> 옷

(17가)는 '지시－수', (17나)는 '수－성상', (17다)는 '지시－성상', (17
라)는 '지시－수－성상' 순서로 배열된 관형사 겹친 구조들이다. 그리고
(17가, 나, 다, 라)에서 보듯이 이러한 구조들이 자리가 도치되면 비문이
되거나 휴지를 두어야 자연스러운 경우도 있다.

관형사와 체언 관형어의 겹침 구조에서는 관형사가 체언 관형어를 수
식하고, 이런 확장된 관형어가 다시 피수식어를 수식하는 수식어의 확장
된 겹침구조를 보인다(안연령 2011:36).

    (18)   가. <u>이</u> 학교의 문화
            나. <u>그</u> 사람의 가방
            다. <u>어느</u> 나라의 문화

(18') 가. 학교의 이 문화 (10')

　　　나. 사람의 그 가방

　　　다. 나라의 어느 문화

(18가, 나, 다)처럼 관형사(Det)와 체언 관형어(N1의)가 겹치면 'Det-N1의-N2'의 어순으로 되며 'Det'가 'N1의'를 수식하고 확장된 관형어 'Det+'N1의'가 피수식어를 수식하는 것이 기본 구조이다. (18')처럼 어순이 바뀌면 문장이 성립되기는 하지만 수식구조와 의미구조가 모두 바뀐다. 또한 (18)은 관형사 '이', '그', '어느'가 뒤에 오는 명사 '학교', '사람', '나라'를 수식하는지 명사구 '학교의 문화', '사람의 가방', '나라의 문화'를 수식하는지 분명하지 않으나 (18')과 같이 관형사가 피수식어 바로 앞에 오면 먼저 관형 구성을 이루므로 중의적 의미가 해소된다, 이는 관형사가 체언 관형어보다 우선적으로 피수식어를 수식하기 때문이다.

　　용언 관형어와 관형사가 겹칠 경우에는 일반적으로 관형사가 피수식어에 가까이 위치한다. '용언 관형어+관형사'와 '관형사+용언 관형어' 구조는 모두 관형어의 복합 겹침 구조로 본다.

(19) 가. 그 멋진 남자

　　　나. 저 춤추는 사람

(19') 가. 멋진 그 남자

　　　나. 춤추는 저 사람

(20) 가. 춤추는 두 사람

　　　나. 예쁜 새 옷

(20') 가. 두 # 춤추는 사람

　　　나. 새 # 예쁜 옷

(19가, 나)는 '관형사＋용언 관형어' 겹침 구조의 예문이고 (20가, 나)는 '용언 관형어＋관형사' 겹침 구조의 예문이다. (19)와 (19')의 '관형사＋용언 관형어' 겹침 구조는 관형사의 수식을 받는 중심구가 용언 관형어와 피수식어를 중심구로 확장된 경우이며 모두 자리 도치가 가능하다는 것을 알 수 있다. (20)과 (20')의 예문을 보면 '용언 관형어＋관형사' 구조는 휴지를 두는 전제하에 자리도치가 가능하다는 것을 알 수 있다.

'체언＋용언' 관형어 겹침 구조는 '체언＋용언' 관형어와 '용언＋체언' 관형어의 두 배열 순서 모두 가능하다. 김기복(1999:106)은 체언 관형어가 앞에 위치하고, 용언 관형어가 피수식어 가까이 위치하는 '체언 관형어＋용언 관형어＋피수식어' 구조가 관형어 통사 구조를 이루는 데 훨씬 능률적이라고 하였다.

    (21)   가. 영희의 웃는 모습
                나. 영희의 예쁜 얼굴

    (21')   가. 웃는 # 영희의 모습
                나. 예쁜 # 영희의 얼굴

(21가)는 "체언 관형어 '영희'＋동사 관형어 '웃는'＋피수식어 '모습'"의 겹침 구조이고 (21')처럼 자리 도치하면 두 관형어 '웃는'과 '영희' 사이에 주술관계가 성립하므로 모두 바른 문장이다. (21나)는 체언 관형어가 앞에 위치한 구조로 형용사 관형어 '예쁜'＋피수식어 '얼굴'이 중심구를 형성한 후 체언 관형어 '영희'의 수식을 받는 겹침 구조이다. 그리고 '예쁜'과 '얼굴' 사이에 주술 관계가 성립되거나 (21')처럼 휴지를 두면 자리 도치도 가능하다.

    (22)   가. 예쁜 영희의 얼굴

나. <u>깊은</u> 부모님의 사랑

(22') 가. <u>영희의</u> # 예쁜 얼굴
      나. <u>부모님의</u> # 깊은 사랑

(22가, 나)는 모두 형용사 관형어 '예쁜', '깊은'이 앞에 위치한 겹침 구조이다. 두 관형어가 형용사 '예쁘다', '깊다'가 피수식어 '얼굴', '사랑'과 주술관계가 성립되고, (22'가, 나)처럼 휴지를 두면 자리 도치도 가능하다.

(23) 가. *음악 <u>듣는</u> <u>춤추는</u> 아이
     나. 음악 <u>듣고</u> <u>춤추는</u> 아이
     다. 유학을 <u>떠날</u> <u>잠자는</u> 아이
     라. <u>아름다운</u> <u>빨간</u> 꽃
     마. <u>춤추는</u> <u>멋진</u> 아이
     바. <u>멋진</u> # <u>춤추는</u> 아이

용언 관형어 간의 겹침 구조에서는 두 동사가 동일 시제에 나타나면 동일한 사태나 행동이 동일한 시간에 연속적으로 나타나는 것이므로 (23가)처럼 비문이 된다. 반면에 (23나)처럼 동사의 관형 표지가 연결형으로 바뀌면 자연스러운 문장이 될 수 있다. 그러나 (23다)처럼 두 동사의 시제가 서로 다르고 연속적으로 나타나면 별개의 행동으로 인식되므로 바른 표현이 되는 것이다(김선효 2011:175).

또한 (23라)에서 보인 것과 같이 두 형용사 간 겹치는 경우에는 동사와 달리 자연스럽게 문장을 구성할 수 있다. 그러나 보통 형용사 관형어는 각각 피수식어를 수식하는 구조로 보고 같은 유형의 관형어가 겹치는 경우는 각각 피수식어를 꾸미는 것으로 본다(김기복 1999:88-89). (23마,

바)는 동사와 형용사가 겹치는 경우이다. 이 때 (23마)처럼 일반적으로 형용사가 피수식어의 가까이에 위치한다. 즉, '동사＋형용사＋피수식어' 순서의 구성이 많이 쓰인다. 반면에 '형용사＋동사＋피수식어' 구조일 경우에는 (23바)처럼 형용사 뒤에 휴지를 넣어야 자연스러운 문장이 된다 (송효빈 1998:68-71).

2.2. 중국어 관형어

2.2.1. 중국어 관형어의 개념과 특징

2.2.1.1. 중국어 관형어의 개념

중국어에서는 한국어 관형어를 정어(定語)라고 부르고 관형어의 수식을 받는 명사나 명사구를 중심어(中心語)라고 부른다. 본 논문에서는 한국어 용어와 통일해서 중국어 정어를 관형어라고 부르고 중심어를 피수식어라고 부르기로 한다.

중국어에서는 80년대 이전까지 문장성분이나 어법형식의 연구보다는 품사의 분류나 기능 등에 초점을 두었다. 그러다가 80년대 이후 문장 성분 연구가 시작되었는데, 관형어에 대한 연구가 크게 두 가지로 나뉜다. 朱德熙(1982), 劉月華(1984) 등에서와 같이 부사어와 관형어의 구별을 중심으로 관형어의 특징과 유형을 체계적으로 분류하는 연구이고, 潘曉東(1981), 廖秋忠(1992), 馬慶株(1995) 등 관형어의 어순이나 위치 문제에 대한 연구이다.

중국어 관형어의 개념에 대한 연구로, 洪心衡(1981)은 관형어는 명사 앞에 위치하여 여러 면에서 사람과 사물의 범위를 한정한다고 정의를 하였다. 김근(1988)은 관형어는 보통 누구, 어떤 것, 얼마 등의 물음에 대답할 수 있는 문장 성분이라고 하였다. 朱德熙(1999)는 체언성 피수식어 앞에 위치하는 수식어가 관형어라고 하였다. 劉月華 외(2001)은 관형어는 주로 명사를 수식하지만, 동사(구), 형용사(구)가 주어나 목적어로 쓰일 경우 이것의 수식어 또한 관형어라고 정의하였다. 陸慶和(2006)은 관형어는 대부분 형용사, 형용사성구, 대사 명사와 명사성구에 의해 구성된다고 하였다. 劉月華 외(2005)는 중국어 관형어는 피수식어와 결합하여 피수식어의 소속, 수량, 범위, 시간, 처소, 상태, 용도 등 다양한 의미를 나타낸다고 하였다.

이상을 정리하면 중국어 관형어는 문장 안에서 명사성 피수식어 앞에 위치하여 피수식어를 한정하고 수식하는 문장 성분이라고 정의할 수 있다.

2.2.1.2. 중국어 관형어의 특징

중국어 관형어와 피수식어 사이에는 일반적으로 구조조사 '的'가 첨가된다. 그러나 중국어의 '的'는 한국어의 '의'처럼 체언과 체언 사이에만 쓰이는 것이 아니라 동사, 형용사 등도 '的'를 동반해야 하는 경우도 있다. 따라서 구조조사 '的'는 중국어에서 관형어의 문법표지라고 할 수 있다. 그러나 관형어 구성에서 구조조사 '的'가 꼭 나타나야 하는 것은 아니다. 여러 상황에 따라 구조 조사 '的'가 필수적으로 실현해야 하는 경우도 있고 생략되는 경우도 있다. 관형어 뒤 구조조사 '的'의 실현 여부는 관형어로 쓰이는 어구의 성질과 어법적 의미에 따른다(劉月華 외 2005). 요컨대 중국어 관형어의 구조조사 '的'는 쓰이는 범위가 한국어보다 훨씬 넓고 '的'의 첨가 여부 문제도 많이 복잡하다.

또한 중국어 관형어의 위치는 한국어와 마찬가지로 피수식어 앞에 있는 것이 일반적인 경우지만 후치 현상도 나타난다. 문장 문맥에 따라 관형어를 강조하거나 피수식어를 보충 설명하기 위해 관형어가 피수식어 뒤에 오기도 한다[7]. 이러한 현상을 임명순(1992)에서는 '정어후치(定語 后置, 관형어후치)'라고 하였다.

> (24) 가. 我買了一件衣服, 紅色的。
>   난 옷 한 벌 샀어. 빨간색
>
>   나. 我買了一件紅色的衣服
>   난 빨간 옷을 한 벌 샀어.

(24가)와 (24나)의 예문을 보면 거의 같은 의미로 쓰인다. 하지만 (24가)에서 관형어 '紅色的'를 뒤에 위치해 옷이 빨간 색이라는 것을 더 강조하였다. 다시 말하면 관형어 후치 현상은 문장에서 상대적으로 일반적인 관형어보다 단어의 의미를 강조하는 역할을 한다.

그러나 이화범(2002)에서는 관형어의 후치 실행에는 일정한 구조적인 규칙이 있다고 밝혔다. 그의 견해를 간략하게 정리하면 다음과 같다.

첫째, 후치된 관형어는 피수식어 뒤에 와야 하며 관형어와 피수식어 사이에 다른 성분이 첨가되지 않는다. 둘째, 관형어가 후치될 경우에는 서면에서는 쉼표로 표시되며, 발음할 때는 피수식어와 후치 관형어 사이에 휴지를 둔다. 셋째, 후치된 관형어는 구조조사 '的'가 삽입되어야 한다.

---

7) 이화범(2002)는 중국어 관형어 후치의 역할을 세 개로 나누어 설명했다. 첫째는 색다른 문형을 통한 주의력 집중의 역할, 둘째는 장문을 간결하고 선명한 구조로 전환하는 역할, 셋째는 단어의 의미를 강조하는 역할을 한다고 밝혔다.

2.2.2. 중국어 관형어의 구성

중국어 관형어의 구성 성분은 상대적으로 넓은 것으로 보인다. 중국어의 명사(구), 동사(구), 대사, 수사, 양사, 구별사 등이 모두 관형어를 구성할 수 있다. 강병진(2005:10)에서도 중국어 관형어를 구성하는 성분을 크게 명사성 관형어, 동사성 관형어, 형용사성 관형어의 세 가지로 분류하였다. 이를 다시 정리하여 표로 제시하면 다음 〈표 3〉과 같다[8].

〈표 3〉 중국어 관형어의 구성 성분 분류표

	관형어의 성분	하위 분류
중 국 어 관 형 어 의 구 성 성 분	명사성 성분	명사, 명사구
		수량사, 수량사구
		인칭대사, 의문대사, 지시대사
	동사성 성분	동사, 동사구
	형용사성 성분	형용사, 형용사구
		구별사
		의성사, 의성사구
	기타	전치사구, 고용어구……

이 절에서는 위의 분류표에 따라 중국어 관형어의 구성을 명사성 관형어, 동사성 관형어, 형용사성 관형어 등 세 가지로 나누어 살펴보고자 한다.

2.2.2.1. 명사성 관형어

중국어 명사성 관형어는 한국어 체언 관형어와 비슷하게 명사, 대사, 수량사의 세 가지로 분류할 수 있다. 본 절에서는 중국어 명사성 관형어

---

8) 안연령(2011:44)를 참조하여 다시 정리하였다.

를 명사, 수량사, 대사로 나누어 그들의 문장에서의 쓰임과 구조형태를 살펴보고 구조조사 '的'의 첨가 여부 문제도 살펴보겠다.

1) 명사로 된 관형어

(25) 가. <u>總經理的</u>辦公室在三樓。
　　　　사장님 사무실이 3층에 있다.

　　나. <u>海邊的</u>月夜很美。
　　　　바닷가 달빛이 아름답다.

　　다. 根据<u>市場</u>需求設計産品。
　　　　시장 수요에 따라 제품을 디자인해야 한다.

　　라. 提高<u>員工</u>素質。
　　　　직원의 소양을 높이다.

　중국어에서는 거의 대부분의 명사가 관형어를 형성할 수 있으나 그의 구성 형태는 명사가 직접 피수식어를 수식하는 경우가 있고 구조조사 '的'와 같이 관형어를 형성하는 경우도 있다. 위의 예문 (25)를 보면 (25가, 나)는 구조조사 '的'가 필수적으로 필요한 경우가 있고, (25다, 라)는 '的'가 수의적으로 생략되는 경우이다. 그럼 어떤 경우에 구조조사 '的'가 꼭 필요하고 어떤 경우에 '的'가 생략되는 것인가 한번 살펴보도록 하겠다.

　첫째, 일반적으로 명사로 된 관형어와 피수식어의 관계가 종속과 피종속, 한정과 피한정의 관계를 나타낼 경우에는 명사 뒤에 '的'가 필수적으로 실행된다. 이러한 관형어의 명사는 일반적으로 생명력을 가지거나 기계의 원동력을 가지고 있는 사물 또는 사람을 기리키는 명사이다(김군 2013:28).

(26) 가. 王浩的腿在這次交通事故中受傷了。
이번 교통사고에서 왕호가 다리를 다쳤다.

나. 王浩的儿子五歲了。
왕호의 아들은 다섯 살이다.

다. *王浩儿子五歲了。
왕호 아들은 다섯 살이다.

(26가)의 '다리'는 '왕호'의 '다리'를 나타내 다른 사람과 구별하는 한정과 종속의 의미를 가진 것이다. (26나)의 피수식어 '아들'은 '왕호'의 '아들'를 나타내 다른 사람과 구별하는 종속과 피종속의 관계를 나타낸다. (26나)처럼 '왕호'와 '아들' 사이에 있는 구조조사 '的'를 생략하면 '왕호'와 '아들'이 같은 사람을 지칭한 의미로도 나타날 수 있으므로 왕호의 아들인지 아들의 이름이 왕호인지 의미가 명확하지 않아서 비문이 되는 것이다. 이처럼 명사 관형어와 피수식어 사이에 한정과 종속의 관계를 나타낼 경우에는 '的'가 생략되면 문장의 의미가 변하거나 비문이 될 수 있는 것이다.

둘째, 명사에서 처소사와 시간사가 관형어로 될 경우는 일반적으로 '的'가 필수적으로 실현된다. 강병진(2005:33)에서는 사물의 장소나 사물과 관련되는 시간을 설명하는 경우에는 '的'가 동반된다고 하였다.

(27) 가. 北方的冬天很冷。
북방의 겨울은 아주 춥다.

나. 在學校周圍的飯店吃飯吧。
학교 근처 음식점에서 식사하자.

다. 四年的大學生活就要結束了。
4년 대학교 생활이 곧 끝나게 된다.

라. 今天的會議取消。
오늘 회의는 취소한다.

(27가, 나)의 '북방'과 '학교 근처'는 피수식어인 '겨울'과 '음식점'의 처소를 나타내고 (27다, 라)의 '4년'과 '오늘'은 피수식어인 '대학교 생활'과 '회의'의 시간을 나타낸다. 이처럼 처소사나 시간사가 피수식어를 수식하는 경우에는 구조조사 '的'가 필수적으로 실현된다.

셋째, 명사로 된 관형어가 '的'를 필요로 하지 않는 경우를 살펴보겠다. 명사 관형어와 뒤에 오는 피수식어가 의미적으로 긴밀한 관계를 나타내 두 어휘가 마치 한 어휘로서의 역할을 하는 경우에는 구조조사 '的'가 실현되지 않는다(劉月華 2005:54).

(28)　가. 大學敎授
　　　　　대학교 교수

　　　나. 楠木桌子
　　　　　녹나무 책상

　　　다. 智能手机
　　　　　스마트폰

(28')　가. *大學的敎授
　　　나. *楠木的桌子
　　　다. *智能的手机

(28'가, 나, 다)처럼 명사 관형어와 피수식어가 긴밀한 관계를 갖고 있어 마치 하나의 집단 단위로 쓰일 경우에 구조조사 '的'가 첨가되면 비문이 되거나 어색한 문장이 된다.

2) 수량사로 된 관형어

중국어에서 수사(數詞)와 양사(量詞)는 일반적으로 합쳐서 수량사(數量詞)로 불려 '수사+양사'의 순서로 관형어를 구성한다.

(29) 가. 還給圖書館兩本書。
　　　도서관에 책 두 권을 반납했다.

　　나. 去市里順便去了一趟朋友家。
　　　시내에 나가는 김에 한번 친구 집에 다녀왔다.

　　다. 教室里坐着一位老人。
　　　교실에 노인 한 분이 앉아 계신다.

　　라. 我買了一件衣服。
　　　난 옷 한 벌 샀다.

(29)를 보면 수량사가 관형어로 쓰일 때 주격조사 '的'가 첨가되지 않는다는 것을 알 수 있다. 중국어에서 수량사가 관형어로 될 경우에는 '的'가 생략되는 것이 일반적인 원칙이다. 그러나 상황에 따라 특수한 경우도 몇 가지 존재한다.

(30) 가. 我租了一間20平米的房子。
　　　20평방미터의 집 한 칸을 구했다.

　　나. 買了五斤的大西瓜。
　　　5근짜리 큰 수박을 하나 샀다.

　　다. 喝了500毫升的啤酒。
　　　맥주 500cc를 마셨다.

위의 (30가, 나, 다)를 보면 모두 '的'가 첨가되어 뒤에 오는 피수식어의 도량(度量)을 나타낸다. 중국어에서 수량사 관형어가 도량사(度量詞)[9] 일 경우에는 구조조사 '的'가 필수적으로 나타나는 것이 일반적이다. 즉, 수량사 관형어가 뒤에 위치하는 피수식어의 도량(度量)을 묘사할 경우에는 '的'를 첨가해야 한다(맹주억 1992:248).

(31) 가. 開了一下午的會議。
　　　오후 내내 회의를 했다.

　　　나. 打完乒乓球后出了一身的汗。
　　　탁구를 하고 나서 온 몸에 땀이 났다.

　　　다. 一屋子的人都在爭論。
　　　온 방안 사람들이 논쟁하고 있다.

(32) 가. 一片片的雪花。
　　　바람 속의 눈송이들

　　　나. 一群群的人
　　　여러 무리의 사람들

　　　다. 一堆堆的粮食
　　　곡식 여러 무더기

　(31가, 나, 다)를 보면 '下午', '身', '屋子'는 원래 명사인데 여기에서는 양사로 차용되어 임시양사가 되어 수사 '一'과 합쳐서 뒤에 오는 피수식어 '會議', '汗', '人'을 수식하여 관형어를 구성한다. 이런 명사가 임시양사로 쓰일 때는 구조조사 '的'가 필수적으로 나타나야 한다.
　(32가, 나, 다)를 보면 수량사가 중첩된 형식으로 나타난다. 양사 '片',

---

9) 도량사는 명사에 속하며 사물의 중량, 거리, 크기, 높이, 면적 등을 표시하는 양사를 가리킨다.

'群', '堆'가 중첩하여 수사 '一'과 같이 피수식어인 '雪花', '人' '粮食'을 수식하여 관형어를 구성한다. 따라서 중국어에서 수량사가 중첩된 형식으로 나타나서 관형어를 구성할 경우에는 일반적으로 구조조사 '的'를 부가해야 한다.

3) 대사로 된 관형어

한국어 대명사는 명사를 대신하는 데 비해 중국어의 대사는 명사, 부사, 형용사, 동사 등 여러 품사를 대신할 수 있다. 중국어 대사는 일반적으로 인칭대사, 지시대사, 의문대사로 분류한다.

(33)　가.　你姐在哪儿?
　　　　　네 언니가 어디에 있어?

　　　나.　我們學校明天有活動。
　　　　　우리 학교는 내일 행사가 있다.

(34)　가.　我的室友是一个非常親切的人。
　　　　　제 룸메이트는 아주 친절한 사람이다.

　　　나.　她是我的女朋友, 不是他的女朋友。
　　　　　그는 나의 여자 친구지, 그의 여자 친구가 아니다.

(33가)에서는 인칭대명사 관형어 '你'가 피수식어 친족관계의 호칭인 '姐'를 수식하고, (33나)에서는 관형어 '我們'이 피수식어 기관인 '學校'를 수식한다. 이러한 경우에는 인칭대명사의 뒤에 '的'를 써도 비문이 아니지만 구두어에서는 보통 '的'를 부가하지 않는다. 그러나 (34가, 나)처럼 종속관계를 특별하게 강조하려는 경우에는 '的'를 부가한다. (34가)에서는 다른 사람의 룸메이트가 아니라는 것을 강조하고 (34나)에서도 다른

사람의 여자 친구가 아니라는 것을 강조하는 의미를 나타낼 경우에는 '的'를 첨가한다. 이렇게 강조하는 경우 외에 인칭대명사 뒤에 오는 피수식어가 호칭, 집단, 기관의 명칭 및 방위사일 경우에는 일반적으로 '的'를 사용하지 않는 것이다(劉月華 2005:37).

(35) 가. 這活儿沒法干。
이 일은 도저히 할 수가 없다.

나. 那裙子很漂亮。
그 치마가 예쁘다.

다. 這件衣服多少錢?
이 옷이 얼마예요?

라. 飯点在什么地方?
식당이 어디에 있어?

(35가, 나)의 '這'와 '那'는 사물을 지시하는 지시대사이고 (35다, 라)의 '多少'와 '什么'는 사물과 수량을 묻는 의문대사이다. 이렇게 중국어에서 사물을 지시하는 지시대사나 사물과 수량 등을 묻는 의문대사가 관형어로 쓰여 피수식어를 수식하는 경우에는 일반적으로 '的'를 부가하지 않는다.

(36) 가. 這是誰的衣服?
이것은 누구의 옷이지요?

나. 這里的東西很便宜。
여기의 물건은 아주 싸다.

다. 你喜歡吃什么樣的料理?
어떤 요리를 좋아해?

(36가)에서의 '誰'는 사람을 묻는 의문대사이고, (36나)의 '這里'는 처소 방위를 지시하는 지시대사이고, (36다)의 '什么樣'은 묘사 관계를 나타내는 의문대사이다. 이렇게 지시대사 중에서 양식, 성질, 상황 등을 나타내는 '這樣(이런)', '那樣(그런)', 처소 방위를 지시하는 '這里(여기)', '那里(거기)', 또한 종속, 소유의 의미를 나타나는 '誰(누구)'와 묘사관계를 나타내는 '怎樣(어떤)' 등은 모두 구조조사 '的'를 첨가해야 한다(강병진 2005:44-45).

2.2.2.2. 동사성 관형어

중국어에서 동사성 관형어는 앞에서 살펴본 명사성 관형어와 마찬가지로 동사 관형어와 피수식어 사이에 구조조사 '的'를 부가하여 관형어를 구성한다.

(37)　가. 黑板上寫的字。
　　　　　칠판에 쓰인 글.

　　　나. 電視上播放的新聞
　　　　　텔레비전에서 방송한 뉴스

　　　다. 昨天生産的産品。
　　　　　어제 생산한 제품

　　　라. 在風中飄落的雪花
　　　　　바람 속에 휘날리는 눈꽃

(37가)에서 동사 '寫'와 피수식어 '字' 사이에 '的'가 첨가되지 않으면 '寫字'로 되어 술목관계로 변하여 동사의 진행 상태를 나타낸다. (37자, 다, 라)도 마찬가지로 동사 뒤에 '的'가 첨가되지 않으면 구조관계가 달라지면서 표현할 의미가 명확하지 않다. 관형어의 기능을 명확하게 하려면

'的'를 첨가해야 한다.

(38)　가.　小區里添加了不少運動器械。
　　　　　　동네에 많은 운동기계를 더 설치했다.

　　　나.　根据調査結果進行規划。
　　　　　　조사결과에 따라 기획한다.

　　　다.　這里生活條件較差。
　　　　　　여기는 생활 조건이 그리 좋지 않다.

　(38)의 예문을 보면 여기에서 동사들은 모두 '的'를 첨가하지 않고 직접 뒤에 오는 명사를 수식하고 있다는 것을 알 수 있다. (38가, 나, 다)의 동사 '運動', '調査', '生活'가 각각 뒤에 오는 피수식어인 명사 '器械', '結果', '條件'을 '的'이 없이 직접 결합하여 관형어를 구성한다.

　중국어에서 (38)과 같은 일부 쌍음절 동사가 일정한 쌍음절 명사와 결합해 관형어를 이루는 경우 일반적으로 '的'와 결합하지 않는다. '的'와 결합하면 부자연스러운 문장이 생기게 된다. 이러한 편정구(偏正詞組)[10]는 수식 역할을 하는 동사와 피수식어인 명사 간에 긴밀한 관계를 갖고 있으므로 전문적인 용어로 쓰이는 경우가 많다. 따라서 (38가)의 '運動器械'를 '運動的器械'로 바꾸면 부자연스럽게 된다. (38나, 다)도 마찬가지이다. 이러한 예문들은 다음과 같이 많이 있다(강병진 2000:58).

(39)　參考文獻(참고문헌)　搜査結果(수사결과)　換算公式(환산공식)
　　　招聘啓事(구인광고)　生活規律(생활규율)　報名手續(등록절차)
　　　敎育方案(교육방안)　健身場所(운동장소)　營銷規划(경영기획)

---

10) 偏正詞組는 중국어에서 수식어와 피수식어로 구성된 구이며, 수식어가 앞에 위치하여 피수식어를 수식하거나 제한하는 역할을 한다.

(40)　가.　清晨校園里出現了一群<u>朗誦詩歌的</u>人。

　　　　　　아침 학교에 시를 낭송하는 사람들이 나타났다.

　　　나.　<u>唱歌跳舞的</u>學生們正在享受着靑春時光。

　　　　　　노래 부르고 춤 추는 학생들이 청춘을 누리고 있다.

　　　다.　他把<u>掉在地上的</u>錢包撿了起來。

　　　　　　그는 땅에 떨어진 돈지갑을 주었다.

　(40가, 나, 다)를 보면 모두 하나의 동사가 아니라 동사구가 뒤에 오는 명사를 수식하는 형식이다. 이러한 동사구가 어떤 형태인지는 막론하고 모두 관형어로 쓰일 때는 반드시 '的'를 첨가하여 피수식어를 수식해야 한다. 여기에서의 '的'는 동사구와 피수식어 간의 결합관계를 분명하게 해주는 역할을 한다. 특히 동사구가 길수록 동사구와 피수식어 사이에 '的'가 없으면 문장 안에서의 문법관계를 파악하기가 어려울 것이다.

2.2.2.3. 형용사성 관형어

　중국어에서 형용사의 기능은 주로 관형어를 만드는 것이다. 중국어의 형용사는 문장에서 명사와 같이 구조조사 '的'를 실현하여 관형어를 구성한다. 형용사성 관형어에서는 역시 '的'의 첨가 여부 문제가 가장 큰 주안점이다. 따라서 본 절에서는 형용사성 관형어를 구성하는 데 '的'의 유무를 중심으로 고찰해 보고자 한다.

(41)　가.　把這件<u>旧</u>衣服扔了吧。

　　　　　　이 헌 옷을 버리세요.

　　　나.　我喜歡<u>高</u>个子的男人。

　　　　　　난 키 큰 남자를 좋아한다.

다. 他是个好人。
그는 좋은 사람이다.

라. 我喜歡吃甛的食物。
난 단 음식을 좋아한다.

(41)은 단음절로 된 형용사가 관형어로 쓰인 문장이다. (41가, 나, 다)는 단음절 형용사 '旧, 高, 好'가 피수식어인 '衣服', '个子', '人'을 수식하는데 그 사이에 구조조사 '的'가 삽입되지 않는다. (41라)는 강조의 의미를 나타낼 경우에는 구조조사 '的'가 삽입된다.

(42)　가. 他是一个善良的人
그는 착한 사람이다.

나. 教室里傳來動人的歌聲
교실에서 아름다운 노래가 들린다.

다. 引進先進技術
선진적 기술을 도입하다.

(42가, 나)처럼 쌍음절 형용사가 관형어가 되는 경우는 일반적으로 구조조사 '的'가 삽입된다. 그러나 (42다)처럼 일부 쌍음절 형용사는 피수식어와의 의미관계가 상당히 긴밀하기 때문에 이때는 흔히 '的'를 쓰지 않는다.

(43)　가. 香香的美食。(고소한 미식)
나. 陰沉沉的气氛。(칙칙한 기분)
다. 浩浩蕩蕩的隊伍。(위풍당당한 대열)
라. 烏黑烏黑的頭發。(새까만 머리카락)

(43)은 중첩식 형용사가 관형어가 되는 경우다. 중첩식 형용사는 (43가)의 AA식, (43나)의 ABB식, (42다)의 AABB식, (42라)의 ABAB식 등의 형식으로 나눌 수 있다. 이때는 반드시 '的'를 부가해야 한다.

2.2.2.4. 다항 관형어

중국어에서는 한 수식구조(관형어–피수식어의 수식구) 안에 두 개 이상의 관형어항으로 이루어진 관형어를 다항정어(多項定語, 다항 관형어)라고 부른다. 본 절에서는 다항 관형어의 수식구조 유형 및 어순을 중심으로 고찰해 보겠다.

2.2.2.4.1. 다항 관형어의 유형

중국어 다항 관형어는 부가관계 다항 관형어, 병렬관계 다항 관형어, 혼합관계 다항 관형어의 세 가지 유형으로 분류할 수 있다(유월화 2001).

1) 부가관계의 다항 관형어

劉月華(2005:65)는 부가관계 다항 관형어란 몇 개 이상의 관형어가 서로 수식하지 않고 보통 뒤에 오는 관형어가 먼저 피수식어를 수식하여 중심구를 구성하고, 선행하는 관형어가 다시 그 뒤에 있는 중심구를 수식하는 구조라고 밝혔다.

(44)　가.　관형어1 + 관형어2 + 피수식어
　　　　　[관형어1 + [관형어2 + 피수식어]]

　　　나.　관형어1 + 관형어2 + 관형어3 + 피수식어
　　　　　[관형어1 + [관형어2 + [관형어3 + 피수식어]]]

(45)　가.　我買了一件紅色的衣服。

我買了[一件[紅色的衣服]]

(난 빨간색 옷을 하나 샀다.)

　나. 他畵了一幅茂密的綠色樹林。

他畵了[一幅[茂密的[綠色樹林]]]。

(그는 무성한 녹색 숲을 하나 그렸다.)

(45가)에서 '紅色的'이 먼저 '衣服'을 수식하고, 그 다음에 '一件'이 '紅色的衣服'을 다시 수식한다. (44나)는 좀 복잡한 복합 관형어 구성이다. 먼저 '綠色'이 '樹林'을 수식하고, 그 다음에 '茂密的'이 다시 '綠色樹林'을 수식하고, 또한 '一幅'가 다시 '茂密的綠色樹林'을 수식한다. 이렇게 두 개 이상의 관형어가 순서에 따라 뒤에 오는 중심구를 수식하는 구조를 부가관계의 다항 관형어라고 한다.

2) 병렬관계 다항 관형어

병렬관계 다항 관형어는 일반적으로 몇 개 이상의 관형어가 하나의 피수식어를 수식하는 구조를 말하며, 몇 개의 관형어가 연합하여 피수식어를 수식하는 연합 수식 구조가 있고 각각 개별적으로 피수식어를 수식하는 개별 수식구조가 있다(劉月華 2005:60).

　(46)　가.　관형어1＋관형어2＋피수식어
　　　　　　　[[관형어1＋관형어2]＋피수식어]

　　　나.　관형어1＋관형어2＋피수식어
　　　　　[[[관형어1]＋[관형어2]]＋피수식어]

　(47)　가.　大學是積累知識、素質養成的重要階段。
　　　　　　大學是[[積累知識、素質養成的]重要階段]
　　　　　　(대학교는 지식을 배우고, 소질을 양성하는 중요한 단

계다.)

나. 調整工商業和農業、敎育的投資比例。
調整[[[工商業]和[農業、敎育]]的投資比例]
(상공업과 농업, 교육에 대한 투자비례를 조정한다.)

다. 他是一位堅强的永不气餒的勇士。
他是[一位[[堅强的][永不气餒的]]勇士]。
(그는 영원히 사기충천한 건강한 용사이다.

(47가)에서 '積累知識'과 '素質養成'의 두 관형어가 하나의 피수식어 '重要階段'을 수식한다. (47나)에서는 '상공업', '농업', '교육'의 관형어가 모두 하나의 피수식어를 수식한다. 이렇게 몇 개 이상의 관형어가 연합하여 하나의 피수식어를 수식하는 관형어를 병렬관계 다항 관형어 연합 수식구조라고 한다. (47다)에서 '堅强的', '毫不气餒的'는 각각 개별적으로 피수식어 '勇士'를 수식하는 병렬관계 다항 관형어 개별 수식구조이다.

3) 혼합관계 다항 관형어

혼합관계 다항 관형어는 병렬관계와 부가관계가 모두 나타나는 다항 관형어를 말한다.

(48) 我們要做一名有理想又有作爲的大學生。
我們要做[一名[[有理想]又[有作爲]的大學生]]。
(우리는 보람 있고 이상 있는 대학생이 되어야 한다.)

(48)의 병렬관계 관형어 '有理想又有作爲的'가 먼저 '大學生'을 수식하고, 다음에 '一名'이 다시 병렬관계 관형어와 피수식어가 결합된 중심구 '有理想又有作爲的大學生'을 수식한다. 이렇게 병렬관계 관형어와 부가관계 관형어가 모두 나타나는 관형어를 혼합관계 다항 관형어라 한다.

2.2.2.4.2. 다항 관형어의 어순

중국어 다항 관형어의 어순은 관형어와 피수식어의 의미 관계에 따라
결정된다. 중국어에서 관형어와 피수식어의 의미 관계에 따라 크게 제한
성 관형어[11]와 묘사성 관형어[12]로 나누는데 일반적으로 제한성 관형어
는 주로 명사, 대사, 수량사구, 동사, 구별사 등 명사성 관형어와 동사성
관형어로 이루어진 것이고, 묘사성 관형어는 주로 명사나 형용사성 관형
어로 이루어진다(劉月華 2005:47-48). 그러나 중국어에서 제한성 관형어
와 묘사성 관형어의 구성 성분들이 피수식어와의 의미 관계에 따라 일정
한 배열 순서를 지켜야 한다. 제한성 관형어와 묘사성 관형어 간의 어순
은 다음 〈표 4〉와 같다(劉月華 2005:67).

〈표 4〉 제한성 관형어와 묘사성 관형어 어순

제한성 관형어	묘사성 관형어
① 소속관계 명사 ② 처소사와 시간사 ③ 제한기능을 하는 동사성 어구 　(주술구, 동사구, 전치사구) ④ 수량사구	① 주술구 ② 묘사기능을 하는 어구(주술구, 동사구, 　전치사구) ③ 형용사(구) 및 기타 명사성 어구 ④ '的'을 쓸 필요 없는 형용사와 묘사성 　명사[13]

(49)　가. 那个演員　今天的　這場演出很精彩。
　　　　　　①　　　②　　　④
　　　(그 배우의 오늘 공연은 아주 잘했다.)

---

11) 중국어에서 제한성 관형어는 주로 피수식어의 소속, 장소, 시간, 수량 등을 제한해
　　주는 기능을 한다.
12) 중국어에서 묘사성 관형어는 주로 피수식어의 상황, 상태, 성질, 재료, 직업 등을 묘
　　사하는 기능을 한다.
13) 피수식어의 성질이나 상태를 묘사하는 기능만 하는 명사를 묘사성 명사라고 한다.

나. 這是我們公司 今年 一整年的 經營計划。
　　　　　　　①　　②　　③
(이것은 저희 회사 금년 한 해의 경영 계획이다.)

다. 剛洗的 那兩件 衣服是我的。
　　③　　④
(금방 **빤** 그 두 벌 옷은 내 거야.)

라. 姐姐的 那兩个 朋友很漂亮。
　　①　　　④
(누나의 그 두 친구는 아주 예쁘다.)

(50) 가. 這是他畫的 最好的 一幅 山水 畫。
　　　　　　①　　③　　　④
(이것은 그가 그린 최고의 산수화이다.)

나. 這位是剛來的 漂亮的 新 老師。
　　　②　　③　　④
(이분은 금방 새로 오신 예쁜 선생님이시다.)

다. 他扔了 新買的 畫畫用的 彩色 畫筆。
　　①　　②　　　③　　④
(그는 새로 산 그림을 그리는 데 쓰는 채색 연필을 버렸다.)

라. 發現了一个 好 方法。
　　②　　　④
(좋은 방법을 생각해 냈다.)

(49)는 여러 개의 제한성 관형어가 겹치는 경우이고, (50)은 여러 개의 묘사성 관형어가 겹치는 경우이다. 모두 위의 표에서 제시한 어순대로 배열되어 있다는 것을 알 수 있다.[14)]

중국어 병렬관계 다항 관형어의 순서는 이론적으로 자유롭지만 부가관계 다항 관형어와 혼합관계 다항 관형어의 경우에는 일정한 어순 규칙을 따라야 한다. 즉, 제한성 관형어와 묘사성 관형어가 한 수식 구조에서 겹치는 경우가 있는데, 이러한 경우에는 제한성 관형어가 묘사성 관형어의 뒤에 위치하는 것이 일반적이다.

(51) 가. 哥哥的那條 漂亮的 領帶丟了。
　　　　　제한성　　묘사성
　　　　　(우리 오빠의 그 예쁜 넥타이가 사라졌다.)

　　　가′. *漂亮的 哥哥的那條 領帶丟了。
　　　　　묘서성　　제한성
　　　　　(예쁜 우리 오빠의 그 네타이가 사라졌다.)

　　　나. 我校圖書館里 珍貴的 圖書很多。
　　　　　제한성　　묘사성
　　　　　(저희 학교에 진귀한 도서들이 많다.)

　　　나′. *珍貴的 我校圖書館里 書很多。
　　　　　묘사성　　제한성
　　　　　(진귀한 저희 학교 도서관에 책이 많다.)

제한성 관형어와 묘사성 관형어가 한 구조에서 겹칠 경우에는 (51가, 나)처럼 제한성 관형어가 앞에 위치하고 묘사성 관형어가 뒤에 위치하는 것이 일반적이다. (51가′, 나′)처럼 묘사성 관형어가 앞에 위치하면 비문이 되거나 의미가 달라진다. 이는 일반적으로 먼저 사물의 범위를 정하고, 그 다음에 그것이 어떤 것이라는 것을 밝히고, 그 후 그것이 어떠한

---

14) 모든 제한성 관형어와 묘사성 관형어가 다 이러한 순서대로 배열하는 것은 아니다. 여기에서는 일반적인 어순 규칙을 말한 것이다.

것이라는 것을 설명하기 때문이다. 따라서 제한성 관형어와 묘사성 관형어가 겹친 다항 관형어의 어순 배열은 다음과 같다(劉月華 외 2005:72).

① 소속관계의 명사나 대사
② 처소사와 시간사
③ 제한기능을 하는 동사성어구 제한성 관형어
   (주술구, 동사구, 전치사구)
④ 수량사구
⑤ 묘사기능을 하는 어구
   (주술구, 동사구, 전치사구)
⑥ 형용사(구) 및 기타 묘사성구 묘사성 관형어
⑦ '的'가 없는 형용사와 묘사성 명사

(52)　가. <u>姐姐的</u> <u>那双</u> <u>新買的</u> <u>牛皮</u> 鞋很漂亮。
　　　　　　①　　④　　⑤　　⑦
　　　　(언니의 그 새로 산 소가죽 구두신이 아주 예쁘다.)

　　　나. <u>公園里</u> <u>一朵朵</u> <u>盛開的</u> <u>紅色</u> 郁金香令人流連忘返。
　　　　　　②　　　④　　　⑥　　　⑦
　　　　(공원의 활짝 핀 곱디고운 튤립꽃이 사람들의 발목을
　　　　잡았다.)

　　　다.《遠美村的人們》是梁貴子寫的 <u>一部</u> <u>反映普通市民</u>
　　　　　　　　　　　　　　　　　　　③　　　　④
　　　　<u>生活的</u> <u>短篇小說</u>。
　　　　　⑤　　　⑦
　　　　(《원미동 사람들》은 한국 작가 양귀자가 쓴 보통 시
　　　　민들의 삶을 묘사한 단편소설집이다.)
　　　라. 圖書館是<u>校園里</u> <u>最美</u> <u>最高大的</u> 建筑。
　　　　　　　　②　　　　⑥
　　　　(도서관은 학교에서 가장 아름답고 높은 건물이다.)

위의 예문 (52)는 제한성 관형어와 묘사성 관형어가 하나의 구조에서 겹친 다항 관형어로 사용된 예문들이다. 그러나 모든 제한성 관형어와 묘사성 관형어가 겹칠 경우 모든 문장이 다 이러한 순서대로 배열하는 것은 아니다. 여기서 특별히 유의해야 할 점은 수량을 나타내는 어구는 제한성 관형어의 마지막 위치에 나타나며, 묘사성 관형어의 앞에 위치한 다는 것이다. 그러나 수량사나 수량사구는 융통성이 있기 때문에 고정된 위치에만 있는 것은 아니다. 즉, 묘사기능을 두드러지게 하기 위해서는 명사를 제외한 묘사성 관형어가 수량사의 앞에 위치할 수도 있다.

(53)　가. 我看見了公園里那只 白色的 鴿子。
　　　　　　　　　　　④　　　⑥
　　　　(난 공원의 그 흰색 비둘기를 봤다.)

　　　나. 我看見了公園里白色的 那只 鴿子。
　　　　　　　　　　　⑥　　　④
　　　　(난 공원의 흰색 그 비둘기를 봤다.)

(53가)는 다항 관형어 어순 원칙에 따라 배열한 관형어이고, (53나)는 수량사가 형용사의 뒤에 위치한 것으로 나타난다. 즉, 묘사성 관형어가 제한성 관형어의 앞에 위치한다. (53가)는 제한성이 강한 문장이 되고, (53나)는 묘사성이 강한 문장이 된다. 이는 피수식어 바로 앞에 오는 성분이 제한적인 의미가 강한지 묘사적인 의미가 강한지에 따라 영향을 받는 것이다. 이렇게 다항 관형어의 어순은 대부분 배열 원칙에 따라 성립하지만, 때로는 관형어를 구성한 성분의 상황에 따라 어순이 다를 수도 있다는 점을 유의해야 한다.

Ⅲ

한국어 관형사
관형어의
중국어 대응 표현

Ⅲ. 한국어 관형사 관형어의 중국어 대응 표현

한국어 관형사는 문장에서 관형어로만 쓰이며 뒤에 따르는 체언을 수식한다. 이러한 점은 중국어의 수식구조와 비슷한 특징을 가지고 있다. 중국어 수식구조는 수식어와 피수식어가 결합된 구조로서 수식어가 피수식어의 앞에 위치하여 뒤에 있는 피수식어를 수식하는 기능을 한다. 본 장에서는 한국어 관형사와 비슷한 특징을 가지고 있는 중국어 명사의 수식구조만 제시하도록 한다.[1] 중국어에서 수식어 뒤에는 늘 '的'가 동반되지만 丁聲樹 외(1999:93)은 문장 상황에 따라 수식어에 '的'가 반드시 나타나야 하는 경우도 있고, '的'를 생략해도 되는 경우도 있으며, 또 어떤 경우에는 '的'가 반드시 나타나지 말아야 하는 경우도 있다. 따라서 본 장에서 이에 대해 자세히 분석하도록 하겠다.

본 장에서는 박범신의 장편소설 『숲은 잠들지 않는다』와 양귀자의 연작소설집 『원미동 사람들』의 원본과 번역본의 용례를 통해 남기심 · 고영근(1993)에서 제시한 관형사의 하위 분류에 따라 관형사를 지시 관형사, 수 관형사, 성상 관형사로 나눈 다음에 다시 고유어 관형사와 한자어 관형사로 나누어서 분석을 함으로써 이에 대응하는 중국어 대응 표현을 제시하고자 한다. 본 연구에서는 체언과 결합하는 관형사 관형어를 연구하므로 중국어 명사에 대한 수식 구조만 살펴보도록 한다.

---

1) 중국어에서 일반적으로 명사, 동사, 형용사는 모두 수식어 역할을 할 수 있다. 그리고 명사와의 관계에 따라 명사의 수식어는 종속적 수식어, 동일성 수식어, 일반적 수식어 등으로 분류할 수 있다(丁聲樹 외 1999).

3.1. 지시 관형사 관형어에 대응하는 중국어 표현

특정한 대상을 지시하여 가리키는 것을 지시 관형사라 한다. 남기심·고영근(1985:168-169)는 지시 관형사를 하위 분류를 하였는데, '이', '그', '저', '이런', '그런', '저런', '어느', '무슨' 등을 고유어 지시 관형사로 분류하였고, '귀(貴)', '본(本)', '동(同)', '현(現)', '모(某)' 등을 한자어 지시 관형사로 분류하였다. 분석 대상인 두 소설에 나타난 지시 관형사의 출현 빈도를 보면 다음 표와 같다.

〈표 5〉 지시 관형사 출현 빈도(일부)

순위	지시관형사	빈도	순위	지시관형사	빈도	순위	지시관형사	빈도
1	그	1121	11	아무런	18	21	바른	3
2	그런	285	12	여느	13	22	그따위	2
3	이	279	13	저런	12	23	각	2
4	어떤	137	14	요	8	24	오른	2
5	무슨	127	15	딴	7	25	모	2
6	다른	109	16	웬	5	26	매	2
7	이런	89	17	그깟(그까짓)	5	27	귀	2
8	저	87	18	전	4			
9	어느	83	19	그만	4			
1	아무	26	20	본	3			

〈표 5〉에서 제시한 바와 같이 지시 관형사의 출현 빈도는 '그 〉 그런 〉 이 〉 어떤 〉 무슨 〉 다른 〉 이런 〉 저 〉 어느' 등의 순으로 나타난다. 본 절에서는 대표적인 고빈도 지시 관형사를 선정하여 번역 용례를 통해 한국어 지시 관형사 관형어에 대응하는 중국어 표현을 제시하고 대조 분석을 하고자 한다.

김군(2013)에서는 한국어 지시 관형사는 중국어의 대사와 대응한다고 하였다. 그럼 먼저 중국어 대사에 대하여 살펴보도록 하겠다. 중국어 대사는 기타 어구를 대체하는 품사로서 사람, 사물, 동작, 성질, 상태 등을 나타낸다. 중국어 대사는 실사(實詞), 허사(虛詞)를[2] 막론하고 여러 가지 품사들을 대체할 수 있다. 중국어 대사는 의미와 기능에 따라 인칭대사, 지시대사, 의문대사, 특수대사 등 네 가지 유형으로 분류할 수 있다.

〈표 6〉 중국어 대사 분류

指示代詞	這, 那, 這里, 這儿, 那里, 那儿, 這會儿, 那會儿, 這么, 這樣, 這么樣, 那么, 那樣, 那么樣……
人稱代詞	我, 我們, 咱們, 你, 您, 你們, 他(她, 它), 他們, 咱, 人家, 別人, 旁人, 大家, 大伙儿, 自己, 自家, 自个儿……
疑问代詞	誰, 什么, 哪, 怎么, 怎樣, 怎么樣, 多會儿, 哪會儿, 哪里, 哪儿, 多少, 几…
特殊代詞	每, 各, 某……

본 절에서는 한국어 지시 관형사 관형어를 고유어 관형사 관형어와 한자어 관형사 관형어로 나누어서 분석함으로써 이에 대응하는 중국어 대응 표현을 제시하고자 한다.

---

2) 실사는 독자적으로 문장을 구성할 수 있는 어휘를 말한다. 보통 실제적인 뜻을 가지고 있다. 보통 명사, 동사, 형용사, 수사, 양사, 대사, 의성어 등이 실사에 속한다(施春宏 2015:42).
예: 國家(국가), 射擊(사격), 美好(아름답다), 九(구), 根(뿌리), 他(그)
허사는 독자적으로 문장을 구성할 수 없는 어휘를 말한다. 보통 실제적인 뜻을 가지지 않는다. 부사, 개사, 연사, 조사, 감탄사 등이 허사에 속한다(施春宏 2015:43).
예: 正在(마침), 因爲(때문에), 的(적), 嗎(의문을 나타내는 어휘)

3.1.1. 고유어 지시 관형사 관형어

이 절에서는 번역 용례를 통해 출현 빈도가 높은 고유어 지시 관형사의 의미와 통사적 결합 양상을 고찰하고 이에 대응하는 중국어 표현을 제시하고자 한다. 한국어 지시 관형사를 고빈도로 나타나는 '이', '그', '저' 지시 관형사, '어느', '무슨', '어떤' 지시 관형사, '이런', '그런', '저런' 지시 관형사, '다른' 지시 관형사, '여느' 지시 관형사 등으로 나누어서 분석함으로써 이에 대응하는 중국어 표현을 제시하고자 한다. 또한 한국어 지시 관형사 관형어 구조와 중국어 대응 표현의 통합적 특징을 함께 분석함으로써 한·중 두 언어의 대조 연구에 객관적인 연구 자료가 될 것이다.

3.1.1.1. 지시 관형사 '이', '그', '저'

이 절에서는 한국어 지시 관형사 '이', '그', '저'와 이에 대응되는 중국어 표현을 살펴보겠다. 먼저 『표준국어대사전』에서 제시한 한국어 지시 관형사 '이'에 대한 사전적 의미를 통해 그 쓰임을 살펴보겠다. 지시 관형사 '이'의 사전적 의미는 두 가지가 있다. 하나는 '말하는 이에게 가까이 있거나 말하는 이가 생각하고 있는 대상을 가리킬 때 쓰는 말'이란 의미를 가지고 있고, 또 하나는 '바로 앞에서 이야기한 대상을 가리킬 때 쓰는 말'이란 의미를 가지고 있다. 그럼 이 두 가지 의미를 가진 '이'에 대응하는 중국어 표현을 살펴보겠다.

(1)   가. 이 가정관 앞은 라일락숲입니다.

(『숲은 잠들지 않는다 1』, p.29)

<u>這棟</u>家政館前面有紫丁香叢林。(『叢林不眠』, p.40)

나. 이 사진 속의 남자들이 왔을 때.

(『숲은 잠들지 않는다 1』, p.59)

這張照片中的男人們來的時候。(『叢林不眠』, p.40)

다. 이 나라의 금속문화는 세계를 앞질렀다는 것이다.

（『원미동 사람들』, p.44)

這個國家的金屬文化已先驅于世界文化。

（『遠美村的人們』, p.104）

(2) 가. I Who Have Nothing이라는 톰 존스의 노래였다.
이 노래 곡목을 생각해내는 데는……

（『숲은 잠들지 않는다 1』, p.34）

是湯姆・琼的〈I Who Have Nothing〉。

記起了這首歌名的時候……（『叢林不眠』, p.21）

나. 이것은 국보 213호 금동대탑입니다. 이 탑만으로도 10
세기의 건축 양식을 한눈에 볼 수가 있습니다.

（『원미동 사람들』, p.52）

這是國宝金銅大塔。從這个塔，十世紀的建筑風格一
覽无余。(『遠美村的人們』, p.39)

(1가, 나, 다)의 '이'는 담화 현장에서 화자에게 가까운 '가정관', '사진', '나라' 등을 직접 청자에게 가리킬 때 쓰인다. (2)에서는 지시 관형사 '이'가 바로 앞에서 이야기한 대상을 가리켜 뒤로 연결시키는 구실을 한다. (1)에서는 지시 관형사 '이'가 후행 명사 '가정관', '사진', '나라'를 수식하고 (2)에서는 지시 관형사 '이'가 후행 명사 '노래', '탑'을 수식한다. 모두 명사 앞에 위치하여 후행 명사를 수식하고 지시의 의미를 가진다.

다음 중국어 번역 용례를 보면 한국어 지시 관형사 '이'가 (1가)에서는 '這棟'으로 대응하고, (1나)에서는 '這張'으로 대응하고, (1다)에서는 '這个'로 대응하고, (2가)에서는 '這首'로, (2나)에서는 '這个'로 대응한다. 중국어에서 대사 '這' 외에 '棟', '張', '个', '首'과 같은 양사(量詞)[3]가 첨가되었다는 것을 알 수 있다. 한국어는 지시 관형사가 직접 일반명사와 결합할 수 있으나 이에 대응하는 중국어에서는 지시대사가 명사의 수식어로 쓰일 때는 지시대사와 명사 사이에 양사를 첨가하는 것이 일반적인 원칙이다. 따라서 한국어 지시 관형사 '이'는 일반명사와 결합하는 반면에 중국어 대응어 '這'는 후행 명사와 결합할 때 그 사이에 양사가 첨가되어야 한다. 즉, 한국어의 '이＋일반명사' 관형어 구조에 대응하는 중국어 표현은 '這＋양사＋명사'의 형태로 대응된다. 그러나 중국어에서 지시 대사와 명사 사이에 꼭 양사가 첨가되어야 하는지? 다음 예문을 살펴보겠다.

(3) 가. 이 향로를 좀 보십시오. (『원미동 사람들』, p.52)
請看這香爐。(『遠美村的人們』, p.39)

나. 이 자식, 미친 것 아냐? (『숲은 잠들지 않는다 1』, p.69)
這小子，是不是瘋了？(『叢林不眠』, p.48)

다. 이 아파트 복도로 들어오는 범인
(『숲은 잠들지 않는다 1』, p.51)
躍進這公寓走廊的凶犯。(『叢林不眠』, p.34)

(3)의 중국어에서는 양사가 첨가되지 않았다. 여기에서는 지시대사가 사람과 사물을 가리켜 지시를 하고 있는데 양사가 생략되었다. 舒欣茹(2012:45)는 '한국어는 지시사와 명사가 결합할 때 가운데 분류사를 놓지 않아도 문법 성분이 될 수 있는 반면에 중국어 경우에는 양사를 꼭 붙여

---

3) 施春宏(2015:68)은 양사는 사람의 동작이나 사물의 수 뒤에 오는 계량단위를 말한다고 한다.
예: 個(개), 位(분), 根 (개), 對(쌍), 群 (무리), 吨 (톤), 次(번), 回(회) 등
양사는 보통 단독으로 사용할 수 없으며 수사와 결합하여 수량구로 나타난다고 한다. 이러한 수량구를 '數量詞'로 부르기도 한다.
예: 兩本, 五件, 三條, 兩對, 四套, 九斤, 一陣, 一点兒 등

야 한다. 그런데 지시 기능이 두드러지게 나타날 때는 양사를 생략해도 된다'라고 제시하였다. 따라서 여기에서는 사람과 사물을 가리키는 데 지시 기능이 두드러지게 나타나기 때문에 대응하는 중국어 표현에서 '這 +명사'의 형태로 대응하였다.

다음은 한국어 『표준국어대사전』에서 제시한 한국어 지시 관형사 '그'에 대한 사전적 의미를 통해 그 쓰임을 살펴보겠다. 지시 관형사 '그'의 사전적 의미는 '듣는 이에게 가까이 있거나 듣는 이가 생각하고 있는 대상을 가리킬 때 쓰는 말', '앞에서 이미 이야기한 대상을 가리킬 때 쓰는 말', '확실하지 아니하거나 밝히고 싶지 아니한 일을 가리킬 때 쓰는 말'이란 세 가지의 의미를 갖고 있다. 그럼 이에 대응하는 중국어 표현을 살펴보겠다.

(4)　　가. 그 아이가 어떻게 거론됐습니까?

　　　　　　　　　　　　　　　　　(『숲은 잠들지 않는다 1』, p.20)

　　　　那个孩子是怎么安排的? (『叢林不眠』, p.11)

　　　　나. 그 아파트에서 나오는 걸 본 적이 있었노라.

　　　　　　　　　　　　　　　　　(『숲은 잠들지 않는다 1』, p.42)

　　　　親眼見過從那个小區出來。(『叢林不眠』, p.27)

　　　　다. 그 노래의 가사 내용을…… (『숲은 잠들지 않는다 1』, p.34)

　　　　那首歌的歌詞…… (『叢林不眠』, p.21)

(5)　　입사 두달만에 처음 내려진 일다운 일이었으므로 어떡하든지 그 일을 해내야만 되었다. (『숲은 잠들지 않는다 1』, p.36)
　　　　因爲上班才兩个月, 第一次接受的任務, 无論什么困難也必須要把那件事完成不可。(『叢林不眠』, p.23)

(6)　　그 무엇인가를 알아내고자 했지만.[4]

雖然想要了解那件事。

(4)는 지시 관형사 '그'가 후생 명사 '아이', '아파트', '노래'의 앞에 위치하여 담화 현장에 존재하는 대상을 청자에게 가리킬 때 쓰인다. (5)에서의 '그'는 이미 앞에서 언급된 대상 '일'을 가리킬 때 쓰인다. (6)에서의 '그'는 확실하지 않은 일을 가리킬 때 쓰인다. 모두 뒤에 오는 명사를 수식하고 지시하는 기능을 한다. (4)에서는 지시 관형사 '그'가 후행 명사 '아이', '아프트', '노래'를 수식하고, (5)에서는 '그'가 후행 명사 '일'을 수식하고, (6)에서는 '그'가 '무엇인가'를 수식한다.

중국어 번역 용례를 보면 한국어 지시 관형사 '그'가 (4가, 나)에서는 '那个'로 대응하고, (4다)에서는 '那首'로 대응하고, (5), (6)에서는 '那件'으로 대응한다. (4)~(6)에서는 지시 관형사 '그'에 대응하는 중국어는 '那' 외에 '个', '首', '件'과 같은 양사가 첨가되었다는 것을 알 수 있다. 따라서 한국어 지시 관형사 '그'는 일반명사와 결합하는 반면에 중국어 대응어 '那'는 후행 명사와 결합할 때 그 사이에 양사가 첨가되었다. 즉, 한국어의 '그+일반명사' 구조에 대응하는 중국어 표현은 '那+양사+명사'의 형태로 대응된다.

(7)　　가. 그 꽃병엔 오빠의 지문이 나왔다.

『숲은 잠들지 않는다 1』, p.42)

那花瓶上面有哥哥的指紋。(『叢林不眠』, p.11)

나. 저 가로등처럼 낯설게 느껴졌었다.

『숲은 잠들지 않는다 1』, p.93)

就像看那路灯一樣有陌生的感覺。(『叢林不眠』, p.67)

---

4) 출처를 밝히지 않은 예문은 국어대사전에서 선정한 예문이거나 필자가 작성한 예문들이다.

다. 가장 오래 그 동네에 터를 잡고 있는 가게가

(『원미동 사람들』, p.58)

那小區里歷史最悠久的店就是……

(『遠美村的人們』, p.44)

(7)의 중국어에서는 양사가 생략되었다. 舒欣茹(2012:45)는 '한국어 지시 관형사와 명사를 결합할 때 가운데 분류사를 놓지 않아도 문법 성분이 될 수 있는 반면에 중국어 경우에는 양사를 꼭 붙여야 한다. 그런데 지시 기능이 두드러지게 나타날 때 양사를 생략해도 된다'라고 하였다. 따라서 여기에서는 사람과 사물을 가리키는 데 지시 기능이 두드러지게 나타나므로 중국어 표현은 '那＋명사'의 형태로 대응되었다.

계속하여 한국어 『표준국어대사전』에서 제시한 한국어 지시 관형사 '저'에 대한 사전적 의미를 통해 그 쓰임을 살펴보겠다. 지시 관형사 '저'의 사전적 의미는 '말하는 이와 듣는 이로부터 멀리 있는 대상을 가리킬 때 쓰는 말'이다.

(8) 가. 저 사람 처음에는 목욕탕을 다 뜯어발길 듯이 말하잖았어요? (『원미동 사람들』, p.132)

那个人一開始說得好像要把整个衛生間都拆掉似的。(『遠美村的人們』, p.111)

나. 저 물이 말씀이야…… (『원미동 사람들』, p.126)

那个水…… (『遠美村的人們』, p.104)

다. 저 노인의 작품인데…… (『원미동 사람들』, p.47)

那位老人的作品…… (『遠美村的人們』, p.33)

(9) 가. 추운데 저 안쪽에 들어가 앉으시지.

(『원미동 사람들』, p.54)

這么冷怎么不坐到那邊去? (『遠美村的人們』, p.40)

나. 저 할아버지는 누구야? (『원미동 사람들』, p.126)
   那老爺爺是誰? (『遠美村的人們』, p.105)

(8), (9)에서 한국어 지시 관형사 '저'는 후행 명사 '사람', '물', '노인', '안쪽', '할아버지'를 수식한다. '저'는 담화 현장에서 말하는 이와 듣는 이로부터 멀리 있는 대상을 가리킬 때 쓰인다. 중국어 번역 용례를 보면 한국어 지시 관형사 '저'가 (8가, 나)에서는 '那个'로 대응하고, (8다)에서는 '那位'로 대응한다. 지시 관형사 '그'와 마찬가지로 중국어에서 지시대사 '那'와 후행 명사 사이에 양사가 삽입되어 있다는 것을 알 수 있다. 따라서 한국어 지시 관형사 '저' 는 일반명사와 결합하는 반면에 중국어 대응어 '那'는 후행 명사와 결합할 때 그 사이에 양사가 첨가되어야 한다. 즉, 한국어의 '저＋일반명사' 관형어 구조에 대응하는 중국어 표현은 '那＋양사＋명사'의 형태로 대응된다.

그러나 (9)의 중국어에서는 양사가 생략되었다. 舒欣茹(2012:45)는 "한국어 지시와 명사를 결합할 때 가운데 분류사를 놓지 않아도 문법 성분이 될 수 있는 반면에 중국어 경우에는 양사를 꼭 붙여야 한다. 그런데 지시 기능이 두드러지게 나타날 때 양사를 생략해도 된다."라고 하였다. 따라서 여기에서는 사람과 사물을 가리키는데 지시 기능이 두드러지게 나타나므로 중국어 표현은 '那＋명사'의 형태로 대응되었다.

이상으로 한국어 지시 관형사 '이', '그', '저'의 사전적 의미를 살펴보고 각 의미에 따라 한국어 예문과 번역 용례를 찾아 분석함으로써 한국어 지시 관형사 '이', '그', '저'와 중국어 대응 관계를 살펴보았다. 그 결과는 다음과 같다.

첫째, 의미면에서 한국어 고유어 지시 관형사 '이'는 일반적으로 중국어 지시대사 '這'와 일대일 대응할 수 있고 '그'와 '저'는 중국어 지시대사 '那'와 일대일로 대응할 수 있다. 한국어 지시 관형사 '이', '그', '저'는 삼원적 체계이고, 중국어 지시대사 '這', '那'는 이원적 체계라는 것을 알 수 있다.

둘째, 한국어 고유어 지시 관형사는 일반명사와 결합하는 반면에 중국어 지시대사는 명사와 결합하지만 그 사이에 양사가 있어야 한다는 것이 규칙이다. 양사가 생략되어 보통명사와 직접 결합을 하는 수도 있지만 극히 제한적이다. 즉, 한국어 지시 관형사 '이', '그', '저'에 대응하는 중국어 표현은 일반적으로 '지시대사＋양사＋명사' 형태로 나타나지만 지시 기능이 두드러지게 나타날 경우에는 양사가 생략되어 '지시명사＋명사'의 형태로도 대응된다.

3.1.1.2. 지시 관형사 '무슨', '어떤', '어느'

'이', '그', '저' 따위가 순수하게 지시적 기능만 가지는 것과는 달리 '어느', '무슨', '어떤'은 지시 관형사의 한 범주로 후행 대상에 대한 정보가 없을 때 쓰이는 특성을 가지고 있다(최종원 2011:53). 이때 상대방에게 그 정보에 관한 응답을 요구할 때에는 '어느', '무슨', '어떤'을 쓴다.

그럼 먼저 『표준국어대사전』에서 제시한 한국어 지시 관형사 '무슨'에 대한 사전적 의미를 통해 그 쓰임을 살펴보겠다.

〈표 7〉 지시 관형사 '무슨'의 사전적 의미

표제어	의미 정보
무슨1	무엇인지 모르는 일이나 대상, 물건 따위를 물을 때 쓰는 말
무슨2	사물을 특별히 정하여 지목하지 않고 이를 때 쓰는 말
무슨3	예상 밖의 못마땅한 일을 강조할 때 쓰는 말
무슨4	반의적인 뜻을 강조하는 말

한국어 지시 관형사 '무슨'의 사전적 의미는 '무엇인지 모르는 일이나 대상, 물건 따위를 물을 때 쓰는 말', '사물을 특별히 정하여 지목하지 않고 이를 때 쓰는 말', '예상 밖의 못마땅한 일을 강조할 때 쓰는 말', '반의적인 뜻을 강조하는 말' 등 네 가지로 제시되어 있다. 그럼 이 네 가지 뜻을 가진 '무슨'의 번역 용례를 통해 이에 대응하는 중국어 표현을 살펴보겠다.

한국어 '무슨'은 사물의 성질이나 종류 따위를 가리켜 묻는 관형사로서 사람을 수식하는 데에는 잘 쓰이지 않는다. '사람' 앞에 쓰일 때 의문의 의미가 약화되고 부정의 의미가 드러난다.

(10)　가. 무슨 일이 있구나. (『숲은 잠들지 않는다 1』, p.57)

　　　　肯定犯了什么事。(『叢林不眠』, p.39)

　　나. 우리 오빠가 무슨 죄를 짓나요?

　　　　　　　　　　　　　　　　　(『숲은 잠들지 않는다 1』, p.67)

　　　　我哥哥犯了什么罪了嗎? (『叢林不眠』, p.48)

　　다. 무슨 말이에요, 어머니? (『숲은 잠들지 않는다 1』, p.18)

　　　　說什么話呢啊?媽媽。(『叢林不眠』, p.9)

　　라. 무슨 일을 당해도…… (『원미동 사람들』, p.218)

　　　　无論什么事…… (『遠美村的人們』, p.190)

　　마. 손해는 무슨 손해요? (『원미동 사람들』, p.212)

　　　　亏什么亏啊? (『遠美村的人們』, p.184)

(10)의 예문을 보면 한국어 지시관형사 '무슨'에 대응되는 중국어 표현은 중국어 의문대사 '什么'이라는 것을 알 수 있다. (10가, 나, 다, 라, 마)에서 제시한 바와 같이 중국어 의문대사 '什么'는 뒤에 명사 '事', '罪', '話', '事情', '亏' 등을 수식하여 어떤 대상을 지칭한다. 한국어 지시 관형사 '이', '그', '저'의 중국어 대응표현과 달리 한국어 지시 관형사 '무슨'의

중국어 대응어 '什么'는 뒤에 바로 후행 명사가 따른다. (10라)에서 의문
대사 '什么'는 임의의 것이나 총괄적인 것을 가리킨다. 이렇게 쓰일 때에
는 대답을 요구하지 않으며 문장 중에 부사 '都', '也'를 써서 호응시킨다.
때로는 문장 앞에 '无論', '不管' 등의 접속사를 써서 임의의 뜻을 나타낸
다. 따라서 한국어의 '무슨＋명사' 구성과 중국어의 '什么＋명사'의 구성
은 대응된다.

다음은 한국어 지시 관형사 '어떤'과 이에 대응되는 중국어 표현을 살
펴보겠다. 먼저『표준국어대사전』에서 제시한 한국어 지시 관형사 '어떤'
에 대한 사전적 의미를 통해 그 쓰임을 살펴보겠다. 지시 관형사 '어떤'의
사전적 의미는 다음과 같다.

〈표 8〉 지시 관형사 '어떤'의 사전적 의미

표제어	의미 정보
어떤1	사람이나 사물의 특성, 내용, 상태, 성격이 무엇인지 물을 때 쓰는 말
어떤2	주어진 여러 사물 중 대상으로 삼는 것이 무엇인지 물을 때 쓰는 말
어떤3	대상을 뚜렷이 밝히지 아니하고 이를 때 쓰는 말
어떤4	관련되는 대상이 특별히 제한되지 아니할 때 쓰는 말

'어떤'의 사전적 의미를 살펴보면 '사람이나 사물의 특성, 내용, 상태,
성격이 무엇인지 물을 때 쓰는 말', '주어진 여러 사물 중 대상으로 삼는
것이 무엇인지 물을 때 쓰는 말', '대상을 뚜렷이 밝히지 아니하고 이를
때 쓰는 말', '관련되는 대상이 특별히 제한되지 아니할 때 쓰는 말' 등
네 가지 뜻으로 제시되어 있다. 그럼 이 네 가지 뜻을 가진 '어떤'의 관형
어 번역 용례를 통해 이에 대응하는 중국어 표현을 살펴보겠다.

   (11)   가. <u>어떤</u> 문신요? (『숲은 잠들지 않는다 1』, p.19)
              <u>什么樣的</u>紋身啊? (『叢林不眠』, p.10)

나. <u>어떤</u> 거지? (『원미동 사람들』, p.194)

<u>哪个</u>乞丐? (『遠美村的人們』, p.167)

다. <u>어떤</u> 옷이 맘에 들어?

喜歡<u>哪一件</u>衣服?

라. <u>어떤</u> 놈들은 몇 억씩 챙겨먹고……

(『원미동 사람들』, p.149)

<u>某些</u>家伙抱着几亿財産。(『遠美村的人們』, p.127)

마. <u>어떤</u> 장사든 길게 가본 적이 없는……

(『원미동 사람들』, p.219)

不管做<u>什么</u>生意都沒能長久。(『遠美村的人們』, p.190)

(11가)에서의 '어떤'은 '문신'의 특성을 묻는 것이고 (11나)는 여러 사람 중 대상으로 삼는 사람이 누구인지 물어볼 때 쓰이고 (11다)는 '두 벌의 옷 중 하나'를 선택할 때 쓰인다. (11라)에서 '어떤'은 대상을 뚜렷이 밝히지 아니하고 어떤 특정한 사람을 말한 것으로 볼 수 있다. (11마)의 '어떤'은 '관련되는 대상이 특별히 제한되지 아니할 때' 쓰인다.

(11)의 번역 용례를 분석해 보면 한국어 지시 관형사 '어떤'에 대응하는 중국어 표현의 양상은 다음과 같다. (11가)에서 '어떤1'의 중국어 대응어는 '什么樣的', '怎樣的'이다. 한국어의 '어떤1＋명사' 구성은 중국어의 '什么樣＋的＋명사' 혹은 '怎樣＋的＋명사' 구성과 의미적으로 대응된다. (11나, 다)에서는 한국어 지시 관형사 '어떤2'에 대응되는 중국어 표현은 의문대사 '哪'이다. 그러나 '哪' 뒤에는 양사나 수량사가 온다. (11나)의 '어떤 거지'는 '哪个乞丐'(哪＋양사＋명사)로 번역하고 (11다)의 '어느 옷'은 '哪一件衣服'(哪＋수사＋양사＋명사)로 번역한다. 한국어의 '어떤2＋명사' 구성은 중국어의 '哪＋양사＋명사' 혹은 '哪＋수사＋양사＋명사' 구성으로 대응한다. (11라)의 '어떤'은 '某个'로 번역해도 되지만

중국어에서 '某个'는 '단 어느 한 사람만'이라는 의미를 나타낸다. 그러나 여기에서 피수식어인 '놈'의 뒤에 '들'이 붙어 단 한 사람이 아니라 복수의 의미를 나타내므로 중국어에서 복수의 의미를 나타내는 양사 '些'를 붙여 '某些'라고 대응하는 것이 더 적절하다. 따라서 한국어의 '어떤3 + 명사' 구성은 중국어의 '某 + 양사 + 명사'와 의미적으로 대응한다. (11마)에서는 '어떤 장사'를 '什么生意'로 번역한다. '什么'는 사람을 지칭하는 명사를 수식할 수도 있고 성명, 직업 등을 수식할 수도 있다. 따라서 한국어 '어떤4 + 명사' 구성은 중국어 '什么 + 명사' 구성과 의미적으로 대응된다.

위의 예문을 살펴보면 한국어 지시 관형사 '어떤'에 대응하는 중국어 표현이 복잡하다는 것을 알 수 있다. 중국어의 '什么样', '怎样', '哪', '某', '某些', '什么' 등과 의미적으로 대응한다. 결합 구성으로는 한국어의 '어떤 + 체언' 구성은 중국어의 '대사 + 명사', '대사 + 的 + 명사', '대사 + 양사 + 명사', '대사 + 수사 + 양사 + 명사'의 구성이 대응된다.

계속하여 한국어 지시 관형사 '어느'와 이에 대응되는 중국어 표현을 살펴보겠다. 먼저『표준국어대사전』에서 제시한 한국어 지시 관형사 '어느'에 대한 사전적 의미를 통해 그 쓰임을 살펴보겠다. 지시 관형사 '어느'의 사전적 의미는 다음과 같다.

<표 9> 지시 관형사 '어느'의 사전적 의미

표제어	의미 정보
어느1	둘 이상의 것 가운데 대상이 되는 것이 무엇인지 물을 때 쓰는 말
어느2	둘 이상의 것 가운데 똑똑히 모르거나 꼭 집어 말할 필요가 없는 막연한 사람이나 사물을 이를 때 쓰는 말
어느3	정도나 수량을 묻거나 또는 어떤 정도나 얼마만큼의 수량을 막역하게 이를 때 쓰는 말
어느4	관련되는 대상이 특별히 제한되지 않음을 이를 때 쓰는 말

'어느'의 사전적 의미를 살펴보면 '둘 이상의 것 가운데 대상이 되는 것이 무엇인지 물을 때 쓰는 말', '둘 이상의 것 가운데 똑똑히 모르거나 꼭 집어 말할 필요가 없는 막연한 사람이나 사물을 이를 때 쓰는 말', '정도나 수량을 묻거나 또는 어떤 정도나 얼마만큼의 수량을 막연하게 이를 때 쓰는 말', '관련되는 대상이 특별히 제한되지 않음을 이를 때 쓰는 말' 등 네 가지 의미로 제시되어 있다. 그럼 이 네 가지 뜻을 가진 '어느'의 관형어 번역 용례를 통해 이에 대응하는 중국어 표현을 살펴보겠다.

(12)　　가.　<u>어느</u> 극장? (『숲은 잠들지 않는다 1』, p.56)
　　　　　　<u>哪个</u>劇場? (『叢林不眠』, p.38)

　　　　　나.　<u>어느</u> 쪽이 우선이냐? (『원미동 사람들』, p.113)
　　　　　　<u>哪邊</u>更优先? (『遠美村的人們』, p.93)

　　　　　다.　<u>어느</u> 날 저녁이던가. (『원미동 사람들』, p.287)
　　　　　　是<u>某</u>一天的晚上。(『遠美村的人們』, p.257)

　　　　　라.　<u>어느</u> 정도의 거리를 두고 (『원미동 사람들』, p.278)
　　　　　　保持<u>多少</u>距离。(『遠美村的人們』, p.248)

　　　　　마.　<u>어느</u> 놈이든 내 장사 망치는 놈은 가만두지 않을 거야.
　　　　　　　　　　　　　　　　　　　　(『원미동 사람들』, p.218)
　　　　　　不管<u>哪个</u>混蛋搞坏我的生意我就不饒他。
　　　　　　　　　　　　　　　　　　　(『遠美村的人們』, p.190)

(12가, 나, 다)는 '어느'가 보통명사 '극장', '쪽', '날'을 수식한다. (12라)에서의 '어느'는 '어느 정도'의 의미로 쓰이고 어떤 행위가 걸린 시간의 정도나 또는 그 행위로 인해 발생한 결과의 정도를 나타낸다. (12마)에서 '어느'는 '관련되는 대상이 특별히 제한되지 않음을 이를 때' 쓰이고 일종의 강조 기능이 곁들여진다고 할 수 있다.

(12가, 나)의 중국어 번역 용례를 보면 중국어 의문대사 '哪' 뒤에 양사가 붙어 있는 것을 알 수 있다. (12가, 나)의 한국어 '어느1+명사' 구성은 중국어의 '哪+양사+명사' 구성과 대응한다. (12다)에서는 중국어 특수 대사 '某' 뒤에도 양사가 나타난다. 한국어의 '어느2+명사' 구성은 중국어의 '某+양사+명사' 구성과 대응한다. (12라)에서는 정도나 수량을 나타내는 '어느3+명사'는 '多少/一些+명사' 구성과 대응한다. (12마)에서는 한국어 '어느4+명사' 구성은 중국어의 '哪+양사+명사'와 대응한다.

(13) 어느 누구도 좋아하지 않을 거야.
      誰都不會喜歡的。

(13)에서 한국어 지시 관형사 '어느'는 대명사 '누구'와 결합하여 쓰이는데, 이때 지시 관형사 '어느'는 의문사로 활용해서 쓰는 것이 아니라 사람을 지칭하는 것으로 쓰인 것이다. 이에 대응하는 중국어 표현을 보면 '어느'의 대응표현이 없다. 앞에서 제시한 것처럼 '어느 누구'를 '哪+양사+명사'의 구성으로 대응하면 '哪+个+誰' 구성으로 '哪个誰'로 번역해야 하는데 이것은 중국어에서 비문이다. 여기에서 '어느'와 '누구'가 결합할 경우 '어느'가 생략되어 '누구'로만 대응되어 '誰'로 번역한다. 또한 '어느 누구'를 중국어로 옮길 때 강조의 의미를 살리려면 '誰' 뒤에 부사 '都'를 추가해야 한다.

이상으로 한국어 지시 관형사 '무슨', '어떤', '어느'의 사전적 의미를 살펴보고 각 의미에 따라 한국어 예문과 번역 용례를 찾아 분석함으로써 한국어 지시 관형사 '무슨', '어떤', '어느'와 중국어 대응 관계를 살펴보았다. 그 결과는 다음과 같다.

첫째, 한국어의 '무슨+체언' 구성과 중국어의 '什么+명사'의 구성은 대응된다. 한국어에서의 '무슨'이 수식하는 대상의 속성을 의문화하는 것이 아니고 불확정하는 의미를 나타내는 경우에는 중국어에서 '某个'로 대응한다.

둘째, 한국어 지시 관형사 '어떤'에 대응하는 중국어 표현은 복잡하다. 한국어의 '어떤1+명사' 구성은 중국어의 '什么样+的+명사' 혹은 '怎样+的+명사' 구성과 의미적으로 대응된다. '어떤2+명사' 구성은 중국어의 '哪+양사+명사' 혹은 '哪+수사+양사+명사' 구성으로 대응한다. 한국어의 '어떤3+명사' 구성은 중국어의 '某+양사+명사'와 의미적으로 대응한다. 한국어 '어떤4+명사' 구성은 중국어 '什么+명사' 구성과 의미적으로 대응된다. 한 마디로 말하면 한국어 지시 관형사 '어떤'은 중국어의 '什么样', '怎样', '哪', '某', '某些', '什么' 등과 의미적으로 대응한다. 결합 구성을 보면 한국어의 '관형사+체언' 구성에 대응하는 중국어 구성은 '대사+명사', '대사+的+명사', '대사+양사+명사', '대사+수사+양사+명사'이다.

셋째, 한국어 '어느1+명사' 구성은 중국어의 '哪+양사+명사' 구성과 대응하고, 한국어의 '어느2+명사' 구성은 중국어의 '某+양사+명사' 구성과 대응하고 정도나 수량을 나타내는 '어느3+명사'는 '多少/一些+명사' 구성과 대응하고, 한국어 '어느4+명사' 구성은 중국어의 '哪+양사+명사'와 대응한다.

넷째, '어느'와 '누구'가 결합할 경우 '어느'가 생략되어 '누구'로만 대응되어 '谁'로 번역한다. 또한 '어느 누구'를 중국어로 옮길 때 강조의 의미를 살리려면 '谁' 뒤에 부사 '都'를 추가해야 한다. 따라서 '어느+누구'일 경우에 대응하는 중국어 구조는 '∅+명사+(都)'이다.

3.1.1.3. 지시 관형사 '이런', '그런', '저런'

한국어 지시 관형사 '이런', '그런', '저런'은 상태나 모양, 성질이 어떠한

지를 대화 장면에 있는 대상을 가리키며 나타내는 말이다. 말하는 사람에게 가까이 있는 대상을 가리킬 때는 '이런'을, 듣는 사람에게 가까이 있는 대상을 가리킬 때는 '그런'을, 말하는 사람과 듣는 사람에게 모두 가까이 있지 않은 대상을 가리킬 때는 '저런'을 쓴다. 이 절에서는 지시 관형사 '이런', '그런', '저런'이 후행 체언과 결합하는 양상을 살펴보고 이에 대응하는 중국어 표현을 연구하는 데 목적을 둔다. 우선 『표준국어대사전』에서 제시한 지시 관형사 '이런'의 의미에서 출발하여 그 쓰임을 살펴보겠다. 『표준국어대사전』에서는 '이런'의 의미를 '상태, 모양, 성질 따위가 이러한'이라고 제시하였다.

> (14) 가. 세상에 <u>이런</u> 법은 없었다. (『원미동 사람들』, p.75)
>   世上怎么會有<u>這樣</u>的事? (『遠美村的人們』, p.59)
>
>   나. <u>이런</u> 공사가 국수가락 뽑아내듯 (『원미동 사람들』, p.130)
>   <u>這樣</u>的工程就像拉面條一樣 (『遠美村的人們』, p.108)
>
>   다. <u>이런</u> 일 하러 다닐 친구로는 안 보인다.
>   (『원미동 사람들』, p.138)
>   不像是干<u>這种</u>活儿的人 (『遠美村的人們』, p.59)
>
>   라. <u>이런</u> 생각에 골몰해 있는데 (『원미동 사람들』, p.129)
>   正埋頭想<u>那种</u>問題 (『遠美村的人們』, p.107)

(14)의 예문을 보면 한국어 지시 관형사 '이런'에 대응하는 중국어 표현은 지시대사 '這樣', '這些', '這种'이다. (14가, 나)는 중국어 지시대사 '這樣'과 후행 명사 사이에 구조조사 '的'가 삽입되어 후행명사 '事', '工程' 등을 수식한다. 여기에서 '這樣的'은 문장에서 형용사 역할을 한다. 앞에서 언급한 바와 같이 중국어 대사는 문장에서 기타 어구를 대체하는 품사이다. 중국어에서 '這樣'과 같은 어휘는 지시대사로 분류됨과 동시에 '的'

가 첨가되어 형용사를 대체하는 기능을 하고 있다. 여기에서 한국어의 지시 관형사 관형어 '이런+명사' 구성은 중국어의 '這樣+的+명사' 구성과 대응한다. 그러나 (14다, 라)를 보면 한국어 '이런+명사' 구성은 '這+양사+명사'의 구성과 대응한다는 것을 알 수 있다.

다음은 『표준국어대사전』에서 제시한 지시 관형사 '그런'의 의미에서 출발하여 그 쓰임을 살펴보겠다. 『표준국어대사전』에서 지시 관형사 '그런'의 의미는 '상태, 모양, 성질 따위가 그러한'이라고 제시하였다.

(15)　가. 사건은 <u>그런</u> 배경에서 일어났다.

　　　　　　　　　　　　　　　　（『숲은 잠들지 않는다 1』, p.10)

　　　事情就發生在<u>那樣</u>的背景中。(『叢林不眠』, p.3)

　　나. <u>그런</u> 사람도 서울시민으로 살고 있는데

　　　　　　　　　　　　　　　　（『원미동 사람들』, p.133)

　　　<u>那樣</u>的人也以漢城市民的身份生活着。

　　　　　　　　　　　　　　　　（『遠美村的人們』, p.111)

　　다. <u>그런</u> 장사 말고…… (『원미동 사람들』, p.186)
　　　別做<u>那种</u>生意 (『遠美村的人們』, p.59)

　　라. <u>그런</u> 영화가 있다는 것을 그녀 역시 알고 있었다.

　　　　　　　　　　　　　　　　（『원미동 사람들』, p.186)

　　　她也知道有<u>那种</u>電影。(『遠美村的人們』, p.59)

　　마. <u>그런</u> 소식이야 제꺼덕 들어오지 뭐

　　　　　　　　　　　　　　　　（『원미동 사람들』, p.148)

　　　<u>那些</u>消息不一會儿就傳回來了。(『遠美村的人們』, p.25)

(15)의 번역 용례를 살펴보면 한국어 지시 관형사 '그런'과 중국어 지시대사 '那樣', '那种', '那些'와 의미적으로 대응한다는 것을 알 수 있다. (15가, 나)에서 중국어 지시대사 '那樣'은 '背景', '人'을 수식한다. 여기에

서 '那樣的'는 문장에서 형용사 역할을 한다. 앞에서 언급한 바와 같이 중국어 대사는 문장에서 기타 어구를 대체하는 품사이다. 중국어에서 '那樣'과 같은 어휘는 지시대사로 분류됨과 동시에 '的'가 첨가되어 형용사를 대체하는 기능을 하고 있다. 또한 (15다, 라)에서 중국어 지시 대사 '那种'은 '장사', '영화'를 수식하고, (15마)에서 중국어 지시 대사 '那些'는 '소식'을 수식한다. 따라서 한국어 '그런+명사' 구성은 중국어의 '那樣+的+명사' 구성과 '那+양사+명사' 구성과 대응한다.

계속하여 『표준국어대사전』에서 제시한 지시 관형사 '저런'의 의미에서 출발하여 그 쓰임을 살펴보겠다. 『표준국어대사전』에서 지시 관형사 '저런'의 의미는 '상태, 모양, 성질 따위가 저러한'이라고 제시하였다.

(16)　가.　<u>저런</u> 녀석에게 일을 맡겨봤자. (『원미동 사람들』, p.128)
　　　　　工程交給<u>那樣的</u>家伙。(『遠美村的人們』, p.107)

　　　나.　<u>저런</u> 양심으로 일을 하니 (『원미동 사람들』, p.132)
　　　　　用<u>那樣的</u>心机做事儿。(『遠美村的人們』, p.111)

　　　다.　<u>저런</u> 사람 돈이라면 무슨 거짓말을 못 하겠어요?
　　　　　　　　　　　　　　　　　　　(『원미동 사람들』, p.132)
　　　　　<u>那种</u>人爲了錢什么謊話不能說? (『遠美村的人們』, p.110)

　　　라.　<u>저런</u> 잡역부들을 데리고 다니는 임씨
　　　　　　　　　　　　　　　　　　　(『원미동 사람들』, p.128)
　　　　　姓林的領着<u>那些</u>人做雜工。(『遠美村的人們』, p.107)

(16)의 예문을 통해 한국어 지시 관형사 '저런'이 중국어 지시대사 '那樣', '那种', '那些'와 의미적으로 대응한다는 것을 알 수 있다. (16가, 나)에서 중국어 지시대사 '那樣'은 후행 명사인 '家伙', '心机'를 수식하고, 뒤에 구조조사 '的'가 삽입한다는 것을 알 수 있다. 이렇게 한 종류나 부

류의 성질을 가리키는 지시 관형사일 경우 중국어 지시대사 '那樣'와 명사 사이에 구조조사 '的'가 추가된다. 즉, 형용사의 역할을 하고 있다. 앞에서 언급한 바와 같이 중국어 대사는 문장에서 기타 어구를 대체하는 품사이다. 중국어에서 '那樣'과 같은 어휘는 지시대사로 분류됨과 동시에 '的'가 첨가되어 형용사를 대체하는 기능을 하고 있다. (16다, 라)를 보면 '那＋种＋명사', '那＋些＋명사'의 구성으로 대응한다. 따라서 한국어 지시 관형사 '저런＋명사' 구성은 중국어 '那樣＋的＋명사' 구성과 '那＋양사＋명사' 구성과 대응관계를 형성한다.

이상으로 번역 용례를 통해 한국어 지시 관형사 '이런', '그런', '저런'을 분석하고 특성을 추출하며, 중국어 대응 양상을 살펴보았다. 그 결과는 다음과 같다.

첫째, 의미적으로 한국어 지시 관형사 '이런'에 대응하는 중국어 표현은 '這樣', '這些', '這种'이고, 한국어 지시 관형사 '그런'과 '저런'에 대응하는 중국어 표현은 '那樣', '那种', '那些'이다.

둘째, 관형어 구조를 보면 한국어의 지시 관형사 관형어 '이런＋명사' 구성은 중국어의 '這樣＋的＋명사' 구성과 '這＋양사＋명사' 구성과 대응하고, 한국어 '그런＋명사' 구성은 중국어의 '那樣＋的＋명사' 구성과 '那＋양사＋명사' 구성과 대응하고, 한국어 지시 관형사 '저런＋명사' 구성은 중국어 '那樣＋的＋명사' 구성과 '那＋양사＋명사' 구성과 대응관계를 형성한다.

셋째, 중국어 대사는 문장에서 기타 어구를 대체하는 품사이므로 중국어 지시대사 '這樣', '那樣'은 지시대사로 분류됨과 동시에 '的'가 첨가되어 형용사를 대체하는 기능을 하고 있다.

3.1.1.4. 지시 관형사 '다른'

'다른'은 한국어에서 관형사로 보는 견해와 형용사로 보는 견해로 나뉘어져 있으나, 남기심·고영근(1993:175)는 '다른'을 형용사 '다르다'의 관형사형과 형태가 같으나 문법적 직능과 의미가 구별된다는 점에서 관형사로 보고 있다고 하였다. 이 절에서는 우선 『표준국어대사전』에서 제시한 한국어 지시 관형사 '다른'의 의미를 살펴보겠다. 『표준국어대사전』에서 '다른'의 의미는 '당장 문제되거나 해당되는 것 이외의'로 제시되어 있다.

(17)　가. <u>다른</u> 일손이 없었다. (『원미동 사람들』, p.13)
　　　　沒有其他的 (<u>別的</u>)人手。(『遠美村的人們』, p.3)

　　　나. <u>다른</u> 연구원들의 말에 의하면 (『원미동 사람들』, p.47)
　　　　依<u>其他</u>研究員的話。(『遠美村的人們』, p.35)

　　　다. <u>다른</u> 한 사람은 아직 오지 않았다. (『원미동 사람들』, p.13)
　　　　<u>另外</u>一个人還沒到。(『遠美村的人們』, p.3)

　　　라. <u>다른</u> 한 놈이…… (『원미동 사람들』, p.170)
　　　　<u>另外</u>一只長頸鹿…… (『遠美村的人們』, p.146)

　　　마. <u>다른</u> 집에 가면 (『원미동 사람들』, p.134)
　　　　到<u>別</u>人家干活。(『遠美村的人們』, p.112)

(17)의 번역 용례를 보면 한국어 지시 관형사 '다른'은 중국어의 '其他', '別', '另外'와 의미적으로 대응한다는 것을 알 수 있다. (17가, 나)에서의 '다른'은 중국어 특수대사 '其他' 혹은 '其他的', '別的'와 의미적으로 대응한다. 중국어 특수대사와 명사 사이에 나타나는 구조조사 '的'는 수의적으로 생략될 수 있으나 '別'는 일반적으로 구조조사 '的'과 함께 쓰인다.

'其他', '別'는 현장에 있는 사람이나 사물 이외의 '다른' 사람이나 사물을 지칭한다. 일반적으로 3인칭에 쓰는데 앞의 문장에 이미 출현되어 있을 때 사용된다. (17다, 라)에서의 '다른'은 중국어의 대사 '另外'와 대응된 다. 중국어에서는 일반적으로 '另外' 뒤에 수사 혹은 수사구와 결합해서 나타난다. (17마)에서의 '다른'은 중국어의 대사 '別人'에 대응된다. 그러 나 '別人'은 3인칭을 총괄적으로 가리키며 구어에 많이 쓰인다. 또한 '別 人'은 '그 밖의 사람'이라는 의미로도 쓰인다.

한국어 지시 관형사 '다른'과 후행 체언과의 결합 양상을 보면 지시 관형사의 일반 양상인 '지시 관형사＋명사'의 구조를 따른 (17가, 나, 마) 와 달리 (17다, 라)의 '다른'은 '지시 관형사＋수사＋명사'의 결합을 보이 고 있다. (17다)에서는 한 범위 내에서 '어느 하나'를 지시하지만 (17가, 나)에서는 '딴'의 뜻을 나타내는 차이점을 보여 준다.

구조 대응·양상을 보면 한국어에서 (17가, 나)처럼 '다 ＋명사'의 경우 중국어에서는 '其他/別＋(的)＋명사'로 구조 대응이 되고 (17다, 라)처럼 '다른＋수사＋명사'의 경우 중국어에서는 '另/另外＋수사＋양사＋명사' 로 대응할 수 있고, (17마)는 '別＋명사'로 대응한다. 따라서 여기에서는 '지시 관형사 다른＋명사' 구성에 대응하는 중국어 표현은 '대사＋명사', '대사＋的＋명사', '대사＋수사＋양사＋명사'이다.

3.1.1.5. 지시 관형사 '여느'

『표준국어대사전』에서 제시한 한국어 지시 관형사 '여느'의 의미를 살 펴보겠다. 『표준국어대사전』에 제시된 지시 관형사 '여느'는 '그 밖의 예 사로운, 또는 다른 보통의' 의미를 나타내며 특정한 무리를 한정하여 가 리키는 기능을 한다.

(18)　가. <u>여느</u> 날의 오빠와는 달랐다. (『숲은 잠들지 않는다 1』, p.37)

　　　　　哥哥好像跟往日(往常/以往)　有所不同。

(『叢林不眠』, p.23)

　　　나. <u>여느</u> 어머니와 다를 바가 없었다. (『원미동 사람들』, p.153)

　　　　　跟<u>普通</u>的媽媽一樣。(『遠美村的人們』, p.130)

　　　다. <u>여느</u> 때 같으면 가게 문을 열어놓고……

(『원미동 사람들』, p.199)

　　　　　要是在<u>平時</u>就打開門…… (『遠美村的人們』, p.172)

(18)에서 한국어와 중국어에서 '여느'는 모두 뒤에 오는 명사 '날', '어머니', '때' 등을 수식한다. (18가, 다)의 중국어 번역문을 보면 한국어 '여느'는 중국어 명사 '往日', '往常', '以往', '平時'와 대응되고, (18나)에서 '여느'는 중국어 형용사 '普通'과 대응된다. 또한 관형어의 결합 구조를 보면 (18가)에서 한국어 '여느＋명사' 구성과 중국어 '往日/往常/以往/平時＋명사' 구성이 대응되고, (18나, 다)에서는 한국어 '여느＋명사' 구성은 중국어 '普通＋的＋명사' 구성과 대응된다는 것을 알 수 있다. 따라서 여기에서는 한국어 '지시 관형사 여느＋명사'의 구성에 대응하는 중국어 표현은 '명사＋的＋명사' 구성과 '형용사＋的＋명사' 구성이다.

3.1.1.6. 지시 관형사 '오른', '왼'

『표준국어대사전』에서 제시한 지시 관형사 '오른'은 '오른쪽을 이를 때 쓰는 말'이고 '왼'은 '왼쪽을 이를 때 쓰는 말'이다. 그럼 이에 대응하는 중국어 표현을 살펴보자.

(19)　가. <u>오른</u> 손목에 경련이 일어나는…… (『원미동 사람들』, p.11)

　　　　　<u>右</u>腕一陣痙攣…… (『遠美村的人們』, p.1)

가'. 右側(右邊)的手腕

나. 왼 다리로……
用左腿

나'. 用左側(左邊)的腿

(19가, 나)에서 지시 관형사 '오른, 왼'은 중국어 방위사[5] '右, 左'와 대응하고 (19가', 나')에서는 중국어 명사 '右側', '左側' 혹은 '右邊', '左邊'과 대응한다. 그러나 관형어 결합 구성을 보면 (19가, 나)에서는 한국어 '오른/왼+명사'구성은 중국어 '左/右+명사' 구성과 대응하고 (19가', 나')에서는 '右側(右邊)/左側(左邊)+的+명사' 구성과 대응한다. 따라서 여기에서는 한국어 '지시 관형사 오른/왼+명사' 구성에 대응하는 중국어 표현은 '명사+명사' 구성과 '명사+的+명사'이다.

3.1.2. 한자어 지시 관형사 관형어

여기에서는 계속하여 한국어 한자어 지시 관형사와 중국어 대응 표현에 대한 분석할 것이다. 먼저 한자어 지시 관형사와 고유어 지시 관형사의 차이점을 인정하여 의미와 통사적 결합 양상을 살펴보고자 한다. 그리고 한자어 지시 관형사가 대응하는 중국어 표현을 제시하고자 한다.

---

5) 중국어 방위사는 방향과 위치 등을 표시하는 데 쓰이는 단어들이다. 명사의 하위 분류에 속한다. 방위사는 특성에 따라 단순 방위사와 합성 방위사로 나눌 수 있다. 단순 방위사는 모두 단음절로 되어 있는 가장 기본적인 방위사이고 합성 방위사는 모두 쌍음절로 되어 있다. 예를 들어:
단순 방위사: '左', '右', '東', '南', '前', '後', '上', '下' 등
합성 방위사: '左邊', '右邊', '東面', '北面', '里面', '外面' 등
단순 방위사가 명사와 결합할 경우에는 위치와 상관없이 그 사이에 '的'를 첨가할 수 없다.

(20)　가. 전국 각 지역에서 몰려온 사람들이다.

(『원미동 사람들』, p.13)

從全國各地區集中而來的人。　　(『遠美村的人們』, p.3)

　　　　나. 매번 결근할 필요가 어디 있겠느냐.

(『원미동 사람들』, p.14)

豈有每次請假的道理? (『遠美村的人們』, p.3) 전

　　　　다. 모 신문의 구인광고란……　(『원미동 사람들』, p.41)

在某報紙的尋人啓事上…… (『遠美村的人們』, p.29)

　　　　라. 본 연구회가 생긴 것이라는……　(『원미동 사람들』, p.43)

成立了該研究會 (『遠美村的人們』, p.31)

　　　　마. 본 제품은 선전 기간에…… (『원미동 사람들』, p.48)

本産品在宣傳期間…… (『遠美村的人們』, p.36)

　　(20)의 '각(各)', '매(每)', '모(某)', '본(本)'은 한자어 지시 관형사이다. 『표준국어대사전』에서의 의미를 살펴보면 '각'은 '하나하나의 모든 것'이고, '매'는 '명확하지 않거나 또는 구체적으로 밝힐 필요가 없는 대상'이고, '모'는 '낱낱의 여럿 가운데의 하나하나'이고 '본'은 '어떤 대상이 말하는 이와 직접 관련되어 있음을 나타내는 말'이라고 되어 있다. 의미면에서 모두 '하나'라는 의미를 가지고 있지만, '각'은 어떤 범위 안에서의 하나를 뜻하고, '매'는 범위의 설정을 하지 않는다. '모'는 대상이 명확하지 않다는 표현에 중점을 둔다.

　　(20)의 번역 용례를 보면 한국어 한자어 관형사 '각', '매', '모'는 한자어 그대로 중국어 '各', '每', '某'와 대응이 된다는 것을 알 수 있다. 또한 '各', '每', '某'는 중국어에서 대사의 기능을 한다. 따라서 한국어 한자어 관형사가 중국어 대사와 대응이 된다는 것을 알 수 있다. 중국어에서 '各',

'每'는 전체 중 '어느 하나'라는 것을 가리키는 지시 대사이지만 '每'는 그 것들의 공통성에 의미를 두고 '各'은 그들의 부동함에 의미를 둘 뿐이다. '某'도 어떤 사람이나 사물을 가리키는 지시 대사이지만 불확실한 '어떤 것'이라는 뜻을 가지고 있다.

다음으로 이러한 한자어 지시 관형사와 명사의 결합 양상을 살펴보면 (20가, 라, 마)의 한국어 한자어 지시 관형사는 문장에서 '한자어 지시 관형사+일반 명사'의 결합 양상을 보이고 있다. 이에 대응하는 중국어 대응 양상은 '대사+명사'이다. 그러나 (20나, 다)를 보면 한국어 '한자어 지시 관형사+일반 명사'에 대응하는 중국어 표현은 '대사+양사+명사' 이다.

위에서 한국어 지시 관형사와 중국어 대응어 간의 형태론적 대응 양상 과 한국어 지시 관형사 관형어의 결합 구조에 대응하는 중국어 대응 구조 를 다음과 같은 표로 제시할 수 있다.

〈표 10〉 지시 관형사 관형어와 중국어 대응 표현

관형사		한국어 관형사 관형어	중국어 대응 표현
지시 관형사	고유어 지시 관형사	고유어 지시 관형사+일반명사	대사(명사)+명사
			대사(형용사)(명사)+的+명사
			대사+양사+명사
			대사+수사+양사+명사
	한자어 지시 관형사	한자어 지시 관형사+일반명사	대사+명사
			대사+양사+명사

<표 11> 지시 관형사와 중국어 대응표현

	한국어 지시 관형사	중국어 대응 표현	중국어 품사
1	각	各	대사
2	갖은	所有、各种、各色、各种各樣的	형용사
3	고	那、那个	대사
4	고까짓	那樣、那种、那点儿、那么点儿	대사
5	고깟	那樣、那种、那点儿、那么点儿	대사
6	고따위	那樣、那种、那些	대사
7	고런	那樣、那种、那些	대사
8	고만	那点、那种、那么点儿	대사
9	귀	貴（公司）	대사
10	그	那、那个、那首、那件	대사
11	그까짓(그깟)	那么、區區、那种、那樣	대사
12	그따위(그딴)	那、那种、那樣的	대사
13	그런	那种、這种、那樣的	대사
14	그만	那点儿、那么点、那么多、那么些	대사
15	까짓	那点儿、那么点、那樣、那种	대사
16	네까짓(네깟)	就你這种、就你這樣的、你這家伙、你這小子	대사
17	다다음	下下、下下个	대사
18	다른	其他（的）、別（的）、另外	대사
19	당	該、本、此	대사
20	동	同（一家公司）	대사
21	딴	另、其他（的）、別（的）	대사
22	매	每	대사
23	모	某	대사
24	모모	某某	대사
25	무슨	什么	대사

26	바른	右、右邊、右側、右面、右方、 右手、正手	명사
27	본	本、該、此	대사
28	아무	什么、任何	대사
29	아무런	什么、任何	대사
30	아무아무	某、某某	대사
31	어느	哪、哪个、某、多少	대사
32	어떤	什么、哪、哪个、某些、什么樣的	대사
33	어인	怎么、什么、因爲什么、爲了什么	대사
34	여느	平常、往常、平時、以往、平常的、 普通的、一般的	형용사/명사
35	오른	右、右邊、右側	명사
36	왼	左、左邊、左側	명사
37	요	這、這个	대사
38	요까짓(요깟)	這、這点儿	대사
39	요따위	這、這点儿	대사
40	요런	這樣、這种、這些	대사
41	요런조런	這樣那樣、這种那种	대사
42	요만	這、這点儿	대사
43	웬	什么	대사
44	이	這、這个、這棟、這張、這件	대사
45	이까짓(이깟)	這、這点儿、這么点儿	대사
46	이내	我的	대사
47	이따위(이딴)	這、這点儿、這么点儿	대사
48	이런	這樣、這种、這些	대사
49	이런저런	這樣那樣、這樣那樣	대사
50	이만	這、這点儿	대사
51	저	那、那个、那位	대사

52	저까짓(저깟)	那、那点儿、那么点儿	대사
53	저따위(저딴)	那样、那种、那些	대사
54	저런	那种、那样、那些	대사
55	저만	那、那点儿	대사
56	전(前)	前（總統）	명사
57	전전	上上、上上个、前	구별사
58	제까짓	那、那种	대사
59	조	那、那个	대사
60	조까짓(조깟)	那、那点儿、那么点儿	대사
61	조따위	那、那点儿、那么点儿	대사
62	조런	那、那种、那樣的	대사
63	지지난	上上、上上个、前	구별사
64	타	別的、其他	대사
65	현	現（總統）	명사

이상으로 한국어 지시 관형사에 대응하는 중국어 표현을 살펴본 결과는 다음과 같다.

첫째, 의미면에서 한국어 지시 관형사에 대응하는 중국어 표현은 하나의 단어로 일대일 대응하는 경우도 있고 대응 표현이 복잡하여 문맥에 따라 다양한 단어로 대응하는 경우도 있다. 예를 들어 의미면에서 한국어 고유어 지시 관형사 '이'는 일반적으로 중국어 지시대사 '這'와 일대일 대응할 수 있고 '그'와 '저'는 중국어 지시대사 '那'와 일대일 대응할 수 있다. 그러나 한국어 지시 관형사 '어떤'에 대응하는 중국어 표현이 복잡하여 중국어의 '什么', '哪', '哪个', '某些', '什么樣的' 등과 의미적으로 대응한다.

둘째, 품사론적으로 한국어 지시 관형사는 일반적으로 중국어 지시대사와 대응할 수 있으나 '어떤', '무슨', '어느' 등은 중국어 의문대사와 대응하고 한국어 한자어 지시 관형사 '각', '모' 등은 중국어 특수대사와 대응한다. 그러나 지시대사와 의문대사, 특수대사는 중국어에서 모두 대명사에 속한다. 또한 '오른', '왼'은 중국어 명사와 대응하고 '갖은', '여느' 등은 중국어 형용사에 대응한다.

셋째, 한국어 고유어 지시 관형사 관형어의 결합 구조를 보면 한국어 고유어 지시 관형사가 일반명사와 결합하지만 중국어 대사는 명사와 결합하되 그 사이에 양사가 있다는 것이 규칙이다. 또한 양사가 생략되어 보통명사와 직접 결합을 하는 수도 있고 중국어 대사와 명사 사이에 '的'가 첨가되어 '대사+的+명사'로 대응하는 경우도 있다. 또한 특수한 경우에 수사가 삽입되어 '대사+수사+양사+명사'의 구성으로 대응하는 경우도 있지만 극히 제한적이다. 또한 특수한 경우에 한국어 '지시 관형사+명사'는 중국어 구성 '명사+명사', '명사+的+명사', '형용사+的+명사'와 대응하는 경우도 있다.

넷째, 한국어 한자어 지시 관형사 관형어의 결합 구조를 보면 한국어 한자어 지시 관형사가 일반 명사와 결합하는 양상을 보이지만 이에 대응하는 중국어 표현은 '대사+명사', 혹은 '대사+양사+명사'이다.

3.2. 수 관형사 관형어에 대응하는 중국어 표현

한국어에서 사물의 수와 양, 종류, 범위 등을 나타내는 관형사를 수 관형사라고 한다. 수 관형사는 뒤에 오는 명사의 수량을 표시하거나 분류사와 어울려서 앞에 오는 명사의 수량을 표시한다. 분석 대상인 두 소설에서 나타나는 수 관형사의 출현 빈도는 다음 〈표 12〉와 같다.

<표 12> 수 관형사 출현 빈도(일부)

순위	지시관형사	빈도	순위	지시관형사	빈도	순위	지시관형사	빈도
1	한	468	12	첫	11	23	열	6
2	두	242	13	서너	10	24	한두	6
3	몇	170	14	아홉	10	25	다섯	6
4	모든	85	15	몇몇	9	26	두번째	5
5	여러	58	16	첫번째	7	27	두세	4
6	네	31	17	둘째	7	28	스무	4
7	세	22	18	삼	7	29	이	4
8	두어	14	19	오	6	30	근	2
9	온	14	20	열	6	31	전	2
10	온갖	14	21	일	6	32	갖은	2
11	오	13	22	십	6	33	총	2

<표 11>에서 제시한 바와 같이 지시 관형사의 출현 빈도는 '한 〉 두 〉 몇 〉 모든 〉 여러 〉 네 〉 세 〉 온 〉 온갖 〉 오 〉 첫 〉서너' 등의 순으로 나타난다. 본 절에서는 대표적인 수 관형사를 선정하여 주로 관형어 구조나 기능에 관심을 두고 번역 용례를 통해 한국어 수 관형사 관형어에 대응하는 중국어 표현을 제시하고 대조 분석하고자 한다.

3.2.1. 고유어 수 관형사 관형어

한국어 고유어 수 관형사는 수식언으로서 반드시 수식하는 체언과 결합을 해야 한다. 그 체언으로는 명사와 단위성 의존명사가 있다. 그럼 이에 대응하는 중국어 표현은 어떻게 되는지 번역 용례를 통해 살펴보겠다.

(21) 가. 두 번이나 실신했던 어머니도……

　　　　　　　　　　　　　　　　　　　(『숲은 잠들지 않는다 1』, p.11)

　　　兩次昏厥過去的媽媽……(『叢林不眠』, p.6)

　　나. 서너 개의 파손품들을…… (『원미동 사람들』, p.29)

　　　三四个破餐具。(『遠美村的人們』, p.32)

　　다. 스무 벌을 한 죽으로 해서 오백 원인가를 받는다.

　　　　　　　　　　　　　　　　　　　(『원미동 사람들』, p.44)

　　　二十件可以挣五百元。(『遠美村的人們』, p.32)

　　(21)은 한국어 고유어 수 관형사가 뒤에 오는 단위성 의존명사 '번', '개', '벌', '원'과 결합하여 그를 수식하는 예문들이다. 한국어 수 관형사에 대응하는 중국어 표현은 중국어 수사[6]이라는 것을 알 수 있다. 그러나 '번', '년', '벌', '원'과 같은 한국어 단위성 의존명사는 중국어에서 양사라고 한다. 한국어 수 관형사는 명사나 의존명사와 결합하는 반면에 중국어 수사는 양사와 결합을 하여 한 사물의 수량을 나타내게 된다.

(22) 가. 서른아홉에 둘째 자식 용규를 낳으면서부터……

　　　　　　　　　　　　　　　　　　　(『원미동 사람들』, p.67)

　　　三十九歲生了老二勇逵開始…… (『遠美村的人們』, p.52)

　　나. 김반장이 내 셋째 형부가 되어주길 은근히 바라고 있었다.

　　　　　　　　　　　　　　　　　　　(『원미동 사람들』, p.89)

　　　我悄悄盼望着金代表成爲我三姐夫。

　　　　　　　　　　　　　　　　　　　(『遠美村的人們』, p.72)

　　다. 둘째 언니야 아직 공식적으로 처녀니까.

　　　　　　　　　　　　　　　　　　　(『원미동 사람들』, p.89)

　　　二姐還不能算結婚。(『遠美村的人們』, p.72)

────────────────

6) 수사는 수와 서수를 표시하는 단어를 수사라 부른다고 한다(施春宏 2015:63).

(22)의 '둘째, 셋째'는 한국어에서 수 관형사이지만 중국어에서 서수사[7]에 속한다. (22가)의 '老二'은 중국어에서 형제자매의 순서를 나타내는 서수사이다. 이 외에도 '次女'로 번역할 수 있다. (22나, 다)의 '三姐夫, 二姐'도 마찬가지로 기본 순서를 나타내는 서수사에 속한다.

(23)　가. <u>한</u> 학생이 갑자기 그녀의 말을 자르고 일어섰다.

　　　　　　　　　　　　　　　　(『숲은 잠들지 않는다 1』, p.9)

　　　　<u>一个</u>學生站起身打斷了她的話。(『叢林不眠』, p.1)

　　　나. <u>두세</u> 시간은 붙잡혀 있어야 한다. (『원미동 사람들』, p.45)

　　　　被關上<u>兩三个</u>小時。(『遠美村的人們』, p.33)

　　　다. <u>두</u> 달 동안 3일 간격으로 말야.

　　　　　　　　　　　　　　　　(『숲은 잠들지 않는다 2』, p.13)

　　　　<u>兩个</u>月的時間里每三天一次。(『叢林不眠』, p.201)

(23)처럼 한국어에서는 수 관형사와 일반명사가 단위성 의존명사 없이 직접 결합할 수 있다. 그러나 이러한 경우에 대응하는 중국어 표현을 보면 중국어에서는 수사와 명사가 직접 결합할 수 없고 양사가 첨가되어야 한다는 것을 알 수 있다. (23가)의 '한 학생'을 그대로 중국어로 '一學生'이라고 번역하면 비문이 된다. 그리고 (23나, 다)도 마찬가지로 양사 '个'가 빠지면 비문이 된다.

그럼 중국어에서는 한국어처럼 수사가 직접 명사와 결합하는 경우가 아예 없는 것인가?

(24)　가. <u>세</u> 사람 모두 입을 쩌억 벌렸다. (『원미동 사람들』, p.117)

　　　　<u>仨</u>人同時張大了嘴。(『遠美村的人們』, p.96)

---

7) 서수를 나타내는 수사를 서수사라고 한다. 즉, 조사 '第', '初'등과 기수사가 결합하여 서수를 나타내는 단어를 말한다(施春宏 2015:4).

나. 두 청년이 텐트를 거두어…… (『원미동 사람들』, p.120)

那倆青年收拾帳篷…… (『遠美村的人們』, p.99)

(24가)의 '세 사람'을 '仨人'이라고 번역을 하였다. 수사 '仨'와 명사 '人'이 직접 결합한 것이다. (24나)도 마찬가지로 '두 청년'을 중국어의 수사 '倆'와 명사 '青年'이 양사 없이 직접 결합하여 '倆人'으로 번역을 하였다. 施春宏 (2015:66)에서는 중국어에서 '倆'와 '仨'는 자신이 양사의 뜻을 포함되고 있는 특수한 수사라고 하였다. '倆'는 '兩个'의 뜻을 표현하고 '仨'는 '三个'의 뜻을 표현하기 때문에 여기에서 양사 '个'가 생략된 것이다.

(25)　가. 여자 둘이 남자 세 명이…… (『원미동 사람들』, p.97)

三男二女。(『遠美村的人們』, p.72)

나. 문신된 한 여자를 찾는다. (『숲은 잠들지 않는다 1』, p.105)

尋找紋身了的一女子。(『叢林不眠』, p.77)

(25)처럼 중국어에서는 사자로 구성된 단어가 많다. 예를 들어 '中美兩國(중국과 미국 두 나라)', '東北三省(동북삼성)', '一箭双雕(일석이조)' 등 수사와 관련된 사자성어가 많다. 이러한 경우에는 '수사＋명사'의 결합 양상을 보여준다. 이 외에 (25나)는 원문에서 신문 광고의 제목이다. 이처럼 광고나 뉴스의 제목, 혹은 과학기술 용어에서는 간결화의 목적으로 수사와 명사가 직접 결합한 구조의 사용이 보편화되고 있다.

따라서 (24)와 (25)의 예문을 통해 한국어 수 관형사의 구성에 대응되는 중국어 수사 구성에는 보통 수사는 양사와 결합하여 사물의 수량을 나타내지만 '仨, 倆', 혹은 사자성어, 과학기술, 뉴스 제목 등 특별한 경우에는 수사와 명사가 직접 결합할 수 있다는 것을 알 수 있다.

(26)　가. 열여 명의 남녀 학생대표들은……

（『숲은 잠들지 않는다 1』, p.7）

十多名男女學生代表…… （『叢林不眠』, p.1）

나. 두 사람은 어두운 강을 끼고 걸었다.

（『숲은 잠들지 않는다 1』, p.71）

兩个人沿着夜幕中的江邊走着。（『叢林不眠』, p.50）

다. 벽돌 한 장 목재 하나하나까지……

（『숲은 잠들지 않는다 1』, p.12）

每一塊磚、每一根木頭…… （『叢林不眠』, p.5）

　(26가)에서는 수 관형사 '열'이 단위성 의존명사 '명'과 조합하여 조사 '의'와 결합하는 양상을 보여주고, (26나)에서는 수 관형사 '두'가 일반명사 '사람'과 직접 결합하는 양상을 보여준다. 그리고 (26다)에서는 일반명사 '벽돌' 뒤에 수 관형사 '한'이 단위성 의존명사 '장'과 결합을 하여 수를 표시한다. 이에 대응하는 중국어 결합양상을 보면 (26가)에서는 수사 '十'이 양사 '名'과 직접 결합하여 뒤에 오는 명사 '남녀 학생'을 수식하는 '수사＋양사＋명사'의 결합 양상을 보여주고, (26나)에서는 수사 '兩'과 양사 '个' 그리고 명사 '人'과 결합하는 '수사＋양사＋명사'의 양상을 보여주고, (26다)에서는 한국어의 '명사＋수 관형사＋의존명사'와 달리 '수사＋양사＋명사'의 결합양상을 보여준다.

　그럼 중국어에서 (26다)처럼 '명사＋수사＋양사'의 결합은 문장에서 아예 실현이 안 되는 것인가? 한국어 수 관형사의 중국어 대응 순서에 대해 알아보도록 하겠다.

　(27)　가. 집 세 채에다 땅이 몇 덩어리 있다.

（『원미동 사람들』, p.67）

有房子三幢、地好几塊。（『遠美村的人們』, p.52）

나. 침대 두 개, 옷장 하나…… (『원미동 사람들』, p.89)
床兩个、衣柜一个…… (『遠美村的人們』, p.76)

(27)에서 볼 수 있듯이 사물을 두 가지 이상을 나열할 때는 중국어 문장에서 '명사＋수사＋양사'의 조합이 쓰일 수 있는 것이다. 따라서 한국어 고유어 수 관형사는 '일반명사＋수 관형사＋의존명사'의 구조가 아무런 제약을 받지 않지만, 중국어에서는 '명사＋수사＋양사'의 결합은 거의 사용되지 않고 사람이나 사물을 나열하여 강조하는 뜻을 표현할 경우에만 사용을 하게 된다는 것을 알 수 있다.

또한 품사론으로 봤을 때 한국어 수 관형사에 대응하는 중국어 표현은 대부분 다 수사에 속하지만, 이 외에 또 특수한 상황이 있다. 다음은 번역 예문을 살펴보면서 분석하도록 하겠다.

(28) 가. 어머니의 몇 마디 말이…… (『숲은 잠들지 않는다 2』, p.19)
媽媽的几句話…… (『叢林不眠』, p.11)

나. 몇 평의 논을 가지고 있는지? ……
(『원미동 사람들』, p.49)
到底他擁有多少坪的田地呢? (『遠美村的人們』, p.35)

다. 몇 달내로 새 건물이 들어설 자리다.
(『원미동 사람들』, p.59)
几个月之內就會盖新房子。 (『遠美村的人們』, p.45)

라. 몇 년 후…… (『원미동 사람들』, p.141)
若干年之后…… (『遠美村的人們』, p.129)

(28)의 예문을 보면 한국어에서 수 관형사인 '몇'에 대응하는 중국어 표현은 '几' '多少', '几个', '若干'인 것을 알 수 있다. 이 중 '几' '多少',

'若干'은 중국어에서 의문대명사8)의 역할을 한다. 그러나 '几个'는 '몇개'의 뜻으로 의문대명사 '几'와 양사 '个'가 합성된 구조로 되어 있으므로 단어가 아니라 구에 속한다. 따라서 한국어 수 관형사인 '몇'의 중국어 대응 표현은 '几′, 多少, 几个, 若干'등이 있으며, 형태 통사론적으로는 중국어 단어 혹은 구로 대응이 되고, 품사론으로는 중국어 의문대명사에 대응이 된다는 것을 알 수 있다. 또한 결합 구조를 보면 한국어 '수 관형사＋명사'가 중국어에서 '대사＋명사', '대사＋양사＋명사'로 대응하는 경우도 있다.

> (29) 가. 온 동네를 깜짝 놀라게 만들었다. (『원미동 사람들』, p.68)
>   讓整个村子都受了惊嚇。(『遠美村的人們』, p.53)
>
> 나. 온 식구가 다 모이도록 되어 있었다.
>
>   (『원미동 사람들』, p.259)
>   全家都來聚會。(『遠美村的人們』, p.228)

(29)의 '온'은 중국어에서 '整个' 혹은 '全'으로 대응할 수 있다. 이것은 중국어에서 '비용언형용사'(非謂形容詞)9)에 속한다.

---

8) 중국어 대명사는 인칭대명사, 지시대명사, 의문대명사의 세 가지로 나뉜다(施春宏 2015:74-75).
  1) 인칭대명사: 사람과 사물을 대체한다.
    예: 我, 你, 您, 他, 她, 它
      我們, 咱們, 他們, 她們, 它們, 你們, 大家, 大伙儿, 彼此
      自己, 別人, 人家, 自个儿
  2) 지시대명사: 사람, 사물, 상황 등을 지시하거나 구별해 준다.
    예: 這, 這儿, 這里, 這會儿, 這么些, 這樣, 這么樣, 這么
      那, 那儿, 那里, 那會儿, 那么些, 那么樣, 那么
      某, 本, 每, 各, 另, 該, 其他, 別的, 其余
  3) 의문대명사: 사람과 사물, 상황에 의문을 표시한다.
    예: 誰, 什么, 哪, 哪儿, 哪里, 多會儿, 几時, 几, 多少, 怎樣, 怎么, 怎么樣, 多
9) 형용사는 성질형용사, 상태형용사, 비용언형용사의 세 가지로 분류한다. 비용언형용사는 형용사 중 특수한 형용사로서 형용사처럼 관형어의 기능을 할 수 있으나 용언의

(30)　가. <u>모든</u> 문제를 고 총장과 상의해 왔다.

　　　　　　　　　　　　　　　　(『숲은 잠들지 않는다1』, p.13)

　　　　所有的事務都跟高校長商議。(『叢林不眠』, p.6)

　　　나. <u>온갖</u> 방법을 다 써서…… (『원미동 사람들』, p.153)

　　　　用盡<u>各种</u>方法…… (『遠美村的人們』, p.127)

　　(30가)의 '모든'은 중국어로 '所有'로 번역하였지만, 이 외에도 '一切,
全部'로 대응 표현할 수도 있다. '所有', '全部', '一切'은 중국어에서 형용
사에 속한다. (30나)의 '온갖'은 중국어에서 '各种'으로 표현하였지만, 이
외에도 '各种', '各樣', '所有的', '一切', '种种'등 형용사로 대응이 된다.
또한 (29)와 (30)의 관형어 구성을 보면 한국어 '수 관형사＋명사'가 중국
어에서 '형용사＋명사', '형용사＋的＋명사'에 대응하는 경우도 있다.

　　(31)　가. <u>첫</u> 역인 남영역에서부터…… (『원미동 사람들』, p.109)

　　　　從<u>第一</u>站南營站開始…… (『遠美村的人們』, p.90)

　　　나. <u>첫</u> 여고 동창회가…… (『원미동 사람들』, p.258)

　　　　<u>頭一次</u>高中同學會…… (『遠美村的人們』, p.227)

　　　다. 들어오자마자 시작된 <u>첫</u> 사단이었다.

　　　　　　　　　　　　　　　　(『원미동 사람들』, p.64)

　　　　回到家后的<u>第一个</u>事端。(『遠美村的人們』, p.227)

　　(31가)의 '第一'은 중국어에서 서수사에 속하고 (31나)의 '첫'은 '頭一
次' 외에도 중국어에서 '第一次', '首次', '初次'로 번역할 수 있되 이것은
단어가 아니고 '수사＋양사'의 구에 속한다. (31다)의 '첫'도 서수사 '第
一个'로 대응한다.

───────────────

기능을 할 수 없는 것을 가리킨다(施春宏 2015:58-60).

(32)　가. 이전에는 <u>몇몇</u> 부락뿐으로⋯⋯ (『원미동 사람들』, p.67)

　　　　以前只是散布着<u>几个</u>部落⋯⋯ (『遠美村的人們』, p.52)

　　나. <u>몇몇</u> 지역에서는⋯⋯ (『원미동 사람들』, p.203)

　　　　在<u>若干</u>區域⋯⋯ (『遠美村的人們』, p.172)

　　다. <u>몇몇</u> 문제들이 나타났을뿐더러⋯⋯

　　　　　　　　　　　　　　　(『원미동 사람들』, p.67)

　　　　<u>某些</u>問題的出現⋯⋯ (『遠美村的人們』, p.52)

　　라. 앞에서 <u>몇몇</u> 인물들의 등장을 보았고

　　　　　　　　　　　　　　　(『원미동 사람들』, p.278)

　　　　在前面見到了<u>一些</u>人物的登場。

　　　　　　　　　　　　　　　(『遠美村的人們』, p.248)

　(32)에서는 한국어 수 관형사 '몇몇'에 대응되는 중국어 표현은 '几个', '一些', '若干', '某些' 등이 있다. 이 중에 '若干'은 중국어에서 의문을 나타내는 의문대명사이다. 결합 구조를 보면 (32나)에서 한국어 '수 관형사＋일반명사'에 대응하는 중국어 구성은 '의문대명사＋명사'이다. (32가, 라)에서는 '수 관형사＋일반명사'에 대응하는 중국어 구성은 '수사＋양사＋명사'이고, (32다)의 '몇몇'에 대응하는 '某些'의 중국어 구성은 '대명사＋양사＋명사'이다.

(33)　가. 부유생물이야 <u>여러</u> 종류가 있어.

　　　　　　　　　　　　(『숲은 잠들지 않는다 2』, p.11)

　　　　浮游生物有<u>許多</u>种類。(『叢林不眠』, p.199)

　　나. <u>여러</u> 가지 법의학적 방법으로⋯⋯

　　　　　　　　　　　　(『숲은 잠들지 않는다 2』, p.15)

　　　　動用<u>各</u>种法医學的方法⋯⋯ (『叢林不眠』, p.203)

다. 이야기야, 여러 번 들었지만…… (『원미동 사람들』, p.121)

話是听過几回…… (『遠美村的人們』, p.101)

라. 여러 학우들…… (『원미동 사람들』, p.189)

各位學友們…… (『遠美村的人們』, p.160)

마. 여러 차례 설득을 하였으나 소용이 없었다.

(『원미동 사람들』, p.196)

好几次的勸說无效了. (『遠美村的人們』, p.167)

(33)의 번역 예문을 보면 한국어 수 관형사인 '여러'에 대응하는 중국어 표현이 많다는 것을 알 수 있다. (33가, 나)의 '許多', '各种'은 중국어에서 형용사의 역할을 하고 (33다, 라)는 '几', '各位'는 대명사의 역할을 한다. 그리고 (33마)의 '好几'는 중국어에서 수사의 역할을 한다. 또한 관형어의 결합 구조를 보면 (33가, 라)에서의 한국어 수 관형사 관형어의 구조는 '수 관형사＋일반명사'이고 (33다)에서의 한국어 구조는 '수 관형사＋의존명사'이고 (33나, 마)에서의 한국어 수 관형사 구조는 '수 관형사＋의존명사＋일반명사'이다. 이에 대응하는 중국어 구성은 '형용사(대사)(수사)＋명사', '대사＋양사＋的＋명사'이다.

이상으로 한국어 고유어 수 관형사와 중국어 대응 표현을 살펴보고 분석한 결과로는 다음과 같다.

첫째, 한국어 수 관형사에 대응되는 중국어 표현은 대부분 다 '일대일'로 중국어의 수사로 표현이 가능하지만 '여러, 온갖, 몇몇' 등은 중국어에서 여러 가지 대응 표현을 가지고 있다.

둘째, 한국어 수 관형사에 대응되는 중국어의 품사는 대부분 수사로 나타나지만 그 중 '모든', '온', '온갖', '갖은', '여러' 등은 중국어 형용사로 대응되고, '여러', '몇몇' 등은 중국어 대명사로도 대응할 수 있다.

셋째, '몇', '몇몇', '여러', '첫' 등 수 관형사는 중국어에서 단어로 대응할 수 없고 구로는 대응할 수 있다.

넷째, 한국어의 수 관형사는 단독으로 관형어로 쓰일 수는 있지만 중국어 수사는 단독으로 관형어를 구성할 수는 없는 것이 특징이다. 한국어 고유어 수 관형사는 '일반명사＋수 관형사＋의존명사'의 구조가 아무런 제약을 받지 않지만, 중국어에서는 '명사＋수사＋양사'의 결합은 거의 사용되지 않고 사람이나 사물을 나열하여 강조하는 뜻을 표현할 경우에만 사용을 하게 된다는 것을 알 수 있다. 한국어 고유어 수 관형사 결합 양상과 대응하는 중국어 대응 결합'양상을 도출해 내면 다음과 같다.

한국어 고유어 수 관형사 관형어 결합 양상:
① 고유어 수 관형사＋일반명사
② 고유어 수 관형사＋의존명사
③ 고유어 수 관형사＋의존명사＋일반명사
④ 고유어 수 관형사＋의존명사＋의＋일반명사

중국어 대응 결합 양상:
① 일반적인 경우:　수사＋양사＋명사
　　　　　　　　　수사＋명사
② 특별한 경우:　　대사(형용사)＋명사
　　　　　　　　　대사＋양사＋명사
　　　　　　　　　형용사＋的＋명사
　　　　　　　　　대사＋양사＋的＋명사

3.2.2. 한자어 수 관형사 관형어

계속하여 한국어 한자어 수 관형사에 대한 중국어 대응 표현을 살펴보도록 하겠다. 한자어 수 관형사는 고유어 수 관형사와 달리 직접 일반명사와 결합할 수 없고 반드시 단위성 의존명사와 결합해야 한다.

(34)　가. <u>20</u>분 시간밖에 안됐어. (『숲은 잠들지 않는다 1』, p.37)

　　　　才<u>20</u>分鐘。(『叢林不眠』, p.23)

　　나. <u>30</u>년 전의 어머니 모습이었다.

　　　　　　　　　　　　　(『숲은 잠들지 않는다 1』, p.21)

　　　　<u>30</u>年前的母親的樣子…… (『叢林不眠』, p.17)

　　다. 원미동 <u>23</u>통 <u>5</u>반 사람들은…… (『원미동 사람들』, p.204)

　　　　遠美村<u>23</u>巷<u>5</u>小區的人…… (『遠美村的人們』, p.177)

(34가)에서는 일반명사 '시간'이 한자어 수 관형사 '이십'과 단위성 의존명사 '분'과 결합한 관형어이다. (34나)에서는 수 관형사 '삼십'과 단위성 의존명사 '년', 조사 '의', 그리고 일반명사 '모습'과 결합한 관형어이다. (34다)에서는 한자어 수 관형사 '이십삼', '오'와 단위성 의존명사 '통', '반'과 결합한 관형어이다. (34)의 번역문을 통해 대응하는 중국어도 마찬가지로 수사와 양사 '分', '年', '巷'과 결합한 관형어이다. 따라서 한자어 수 관형사가 고유어 관형사와 마찬가지로 '수 관형사＋의존명사＋일반명사'와 '수 관형사＋의존명사＋의＋일반명사'의 결합양상을 보이고 있다.

그럼 이에 대응하는 중국어 수 관형사 관형어 구조의 결합 양상을 계속하여 살펴보도록 하겠다.

(35)　가. *<u>時間兩分鐘</u> 過了。(명사 ＋ 수사 ＋ 양사)

　　　　<u>시간 이 분</u> 지났다

　　나. <u>兩分鐘時間</u>過去了。(수사 ＋ 양사 ＋명사)

　　　　<u>이분 시간</u> 지났다

다. 過了兩分鐘的時間。(수사 + 양사 + 의 + 명사)
지났다 이분 의 시간

　(35가)에서는 '명사＋수사＋양사'의 결합 구조는 중국어에서 비문이
되었다. (35나)에서는 '수사＋양사＋명사', 즉 중국어 수사의 일반적인
결합 양상을 보이고 있다. (35다)는 '수사＋양사＋的＋명사'의 결합양상
을 보이고 있다. 이로부터 한자어 수 관형사는 반드시 양사와 결합하므로
문장에서 의존성을 보이고 있다.

　(36)　가. 근 10분 이상을 기도했다. (『원미동 사람들』, p.17)
　　　　禱告了將近10分鐘以上。(『遠美村的人們』, p.6)

　　　나. 총 세 사람
　　　　總共三个人

　(35)의 예문을 보면 한국어 한자어 수 관형사에 대응되는 중국어 표현
은 고유어 수 관형사와 마찬가지로 중국어 수사에 대응된다는 것을 알
수 있다. 그러나 예외의 경우도 있다. (36가)에서 한국어 수 관형사 '근'의
대응 중국어 표현은 '將近'으로 되고 (36나)에서의 한국어 수 관형사 '총'
은 중국어에서 '共, 總共'으로 대응되는데 이것은 중국어에서 수사가 아
니라 부사의 역할을 한다. '근'은 수량을 나타내는 말 앞에 쓰여 그 수량에
거의 가까움을 나타내는 수 관형사이고, '총'은 수사와 의존명사 앞에 쓰
여 모두 합하여 몇임을 나타내는 관형사이다. 중국어 '將近'도 비슷한 의
미로 쓰인다. 따라서 여기에서 대응하는 중국어 표현은 '부사＋수사＋양
사＋명사'이다.
　이상으로 한국어 한자어 수 관형사와 중국어 대응표현을 살펴보고 분
석한 결과로는 다음과 같다.

첫째, 한국어 한자어 수 관형사에 대응하는 중국어 표현은 대부분 다 중국어의 수사로 표현이 가능하지만 그 중 '근'은 중국어에서 수사가 아니라 부사로 쓰이는 특수한 경우가 있다.

둘째, 한국어 한자어 수 관형사 결합 양상에 대응하는 중국어 대응 결합양상을 도출해 내면 다음과 같다.

한국어 한자어 수 관형사 관형어 결합 양상:
① 한자어 수 관형사+의존명사+일반명사
② 한자어 수 관형사+의존명사+의+일반명사

중국어 대응 결합 양상:
① 일반적인 경우: 수사+양사+명사
　　　　　　　　　　수사+양사+的+명사
② 특별한 경우:　　부사+수사+양사+명사

위에서 한국어 수 관형사와 중국어 대응어 간의 품사 대응 양상과 한국어 수 관형사 관형어의 결합 구조에 대응하는 중국어 대응 구조를 다음과 같은 〈표 13〉으로 제시할 수 있다.

〈표 13〉 수 관형사 관형어와 중국어 대응 표현

관형사		한국어 수 관형사 관형어	중국어 대응 표현
수 관 형 사	고유어 수 관형사	① 고유어 수 관형사+일반명사 ② 고유어 수 관형사+의존명사 ③ 고유어 수 관형사+의존명사 +일반명사 ④ 고유어 수 관형사+의존명사 +의+일반명사	일반적인 경우: ① 수사+양사+명사 ② 수사+명사 특별한 경우: ① 대사(형용사)+명사 ② 대사+양사+명사 ③ 형용사+的+명사 ④ 대사+양사+的+명사

한자어 수 관형사	① 한자어 수 관형사＋의존명사 ＋일반명사 ② 한자어 수 관형사＋의존명사 ＋의＋일반명사	일반적인 경우 ① 수사＋양사＋명사 ② 수사＋양사＋的＋명사 특별한 경우: 부사＋수사＋양사＋명사

〈표 14〉 한국어 수 관형사와 중국어 대응표현

	한국어 수 관형사	중국어 대응 표현	형태 통사 론적 분류	중국어 품사
1	구	九	단어	수사
2	구십	九十	단어	수사
3	근	将近	단어	부사
4	기만	几万、数万	단어	수사
5	기백	几百、数百	단어	수사
6	기백만	几百万、数百万	단어	수사
7	기십	几十、数十	단어	수사
8	기십만	几十万、数十万	단어	수사
9	기천	几千、数千	단어	수사
10	너	四、四个	단어	수사
11	넉	四、四个	단어	수사
12	네	四、四个	단어	수사
13	네다섯	四五、四五个	단어	수사
14	네다섯째	第四五、第四五个	단어	수사
15	넷째	第四、老四	단어	수사
16	다섯	五、五个	단어	수사
17	다섯째	第五、老五	단어	수사
18	닷	五	단어	수사
19	대	五	단어	수사
20	대여섯	五六、五六个	단어	수사

21	대여섯째	第五六	단어	수사
22	댓	五六	단어	수사
23	두	两、两个	단어	수사
24	두서너	两三、两三个、二三	단어	수사
25	두서너째	第二三、前两三、第二三	단어	수사
26	두석	两三、二三、	단어	수사
27	두세	两三、二三、两三个、二三个	단어	수사
28	두세째	第二三	단어	수사
29	두어	两三、二三	단어	수사
30	두어째	第二第三、第二三	단어	수사
31	둘째	第二、老二、次子、次女	단어	수사
32	마흔	四十、不惑	단어	수사
33	만	万	단어	수사
34	만만	万万	단어	수사
35	몇	几、几个、多少、若干	단어/구	대사
36	몇몇	几个、若干、一些、某些	단어/구	대사
37	모든	全、所有、所有的、一切、全部	단어	형용사
38	백	百、一百、一百个	단어	수사
39	백만	百万	단어	수사
40	사	四	단어	수사
41	사십	四十	단어	수사
42	사오	四五	단어	수사
43	삼	三	단어	수사
44	삼사	三四	단어	수사
45	삼십	三十	단어	수사
46	서	三	단어	수사
47	서너	三四	단어	수사
48	서너째	第三四、第三第四	단어	수사

49	서른	三十、而立	단어	수사
50	석	三 (杯)	단어	수사
51	세	三 (个)	단어	수사
52	셋째	第三、第三个、老三	단어	수사
53	수만	数万	단어	수사
54	수백	数百	단어	수사
55	수백만	数百万	단어	수사
56	수삼	三四	단어	수사
57	수십	数十	단어	수사
58	수십만	数十万	단어	수사
59	수억	数亿	단어	수사
60	수억만	数亿万	단어	수사
61	수조	数兆	단어	수사
62	수천	数千	단어	수사
63	수천만	数千万	단어	수사
64	수천수만	数千数万	단어	수사
65	쉰	五十	단어	수사
66	스무	二十	단어	수사
67	스무나믄	二十几	단어	수사
68	스무째	第二十	단어	수사
69	스물둘째	第二十二	단어	수사
70	십	十	단어	수사
71	십만	十万	단어	수사
72	아홉	九	단어	수사
73	아홉째	第九、老九	단어	수사
74	양	两	단어	수사
75	억	亿、一亿	단어	수사
76	억만	亿万	단어	수사

77	억조	亿兆	단어	수사
78	억천만	亿千万	단어	수사
79	여남은	十几、十多、十余、十来个、十多个、十个多一点	단어/구	수사
80	여남은째	第十几	단어	수사
81	여덟	八	단어	수사
82	여덜아홉	八九	단어	수사
83	여덟째	第八、老八	단어	수사
84	여든	八十	단어	수사
85	여러	几、好几、许多、各位、各种	단어/구	대사/형용사/수사
86	여섯	六	단어	수사
87	여섯째	第六	단어	수사
88	열	十	단어	수사
89	열두째	第十二	단어	수사
90	열째	第十	단어	수사
91	열한째	第十一	단어	수사
92	엿	六	단어	수사
93	예	六	단어	수사
94	예닐곱	六七	단어	수사
95	예닐곱째	第六七	단어	수사
96	예수남은	六十多	단어	수사
97	예순	六十	단어	수사
98	오	五	단어	수사
99	오륙	五六	단어	수사
100	오만	五万	단어	수사
101	오십	五十	단어	수사
102	온	全、整、满	단어	형용사

103	온갖	所有、所有的、各种、各种的、种种、诸、一切	단어	형용사
104	육	六	단어	수사
105	육덕	六德	단어	명사
106	육십	六十	단어	수사
107	육칠	六七	단어	수사
108	이	二	단어	수사
109	이삼	二三、两三	단어	수사
110	이십	二十	단어	수사
111	일	一	단어	수사
112	일고여덟	七八	단어	수사
113	일고여덟째	第七八	단어	수사
114	일곱	七	단어	수사
115	일곱째	第七	단어	수사
116	일백	一百	단어	수사
117	일흔	七十	단어	수사
118	전 (全)	全、全部的	단어	수사
119	조 (兆)	兆	단어	수사
120	조만	兆万	단어	수사
121	천	千	단어	수사
122	천만	千万	단어	수사
123	첫	第一、第一个、第一次、首次、初次	단어	수사
124	첫째	第一、老大	단어	수사
125	총	共、一共	단어	부사
126	칠	七	단어	수사
127	칠십	七十	단어	수사
128	칠팔	七八	단어	수사

129	팔	八	단어	수사
130	팔구	八九	단어	수사
131	팔십	八十	단어	수사
132	한	一	단어	수사
133	한두	一二、一两	단어	수사
134	한두째	第一二、第一第二、数一数二	단어	수사

3.3. 성상 관형사 관형어에 대응하는 중국어 표현

한국어 성상 관형사는 뒤에 오는 명사를 수식하되 꾸며주는 명사의 성질이나 상태, 모양을 나타내는 의미를 가지고 있으며, 형태적인 변형이 없으며 독립적인 사용은 불가한 단어들이다. 분석 대상인 두 소설에 나타나는 성상 관형사의 출현 빈도는 다음 〈표 15〉와 같다.

〈표 15〉 성상 관형사 출현 빈도(일부)

순위	지시관형사	빈도	순위	지시관형사	빈도	순위	지시관형사	빈도
1	새	33	7	젠장할	3	13	만	2
2	단	24	8	고	3	14	순	2
3	오랜	15	9	별별	3	15	헌	2
4	맨	13	10	빌어먹을	2			
5	별	10	11	구	2			
6	옛	6	12	약	2			

〈표 15〉에서 제시한 바와 같이 성상 관형사의 출현 빈도는 '새 〉 단 〉 오랜 〉 맨 〉 별 〉 옛' 등의 순으로 나타난다. 본 절에서는 대표적인 성상 관형사를 선정하여 번역 용례를 통해 한국어 성상 관형사를 고유어

성상 관형사와 한자어 성상 관형사로 나누어 살펴보고 이에 대응하는 중국어 표현을 제시하고자 한다.

3.3.1. 고유어 성상 관형사 관형어

한국어 고유어 성상 관형사는 수식언으로서 체언과 결합을 해야 한다는 것은 더 의심할 필요가 없다. 그럼 먼저 '고유어 성상 관형사＋일반명사'의 가장 일반적인 결합 구조부터 살펴보고 이에 대응되는 중국어 표현은 어떻게 되는지 번역 용례를 통해 살펴보겠다.

(37) 가. 몇 달내로 새 건물이 들어설 자리이었다.

(『원미동 사람들』, p.59)

几个月之內就會盖新房子。(『遠美村的人們』, p.45)

나. 헌 잡지 따위와 낡은 카펫이었다.

(『숲은 잠들지 않는다 1』, p.56)

有旧雜志和換下來的旧地毯。(『叢林不眠』, p.38)

다. 어머니의 오랜 친구이기도 한 고한빈 총장은……

(『숲은 잠들지 않는다 1』, p.10)

媽媽的老朋友´高漢斌校長 (『叢林不眠』, p.4)

(37)의 예문을 보면 한국어 성상 관형사 '새', '헌', '옛'은 각각 중국어 형용사인 '新', '旧', '老'로 의미적 대응을 한다는 것을 알 수 있다. 중국어에서 형용사는 성질과 상태를 나타내는 단어이다. 또한 施春宏(2015:57-58)은 중국어 형용사의 기능은 문장에서 술어의 역할을 하며 대부분의 형용사는 명사를 직접 수식할 수 있다고 했다. 그러므로 한국어 성상 관형사는 일반적으로 중국어의 형용사와 의미의 대응을 할 수 있다는 것을 알 수 있다. 그럼 계속하여 형태적 통사적 차원에서 한국어 성상 관형사

와 이에 대응하는 중국어 형용사의 결합 양상을 살펴보도록 하겠다.

(37)의 성상 관형사가 문장에서의 결합을 보면 (37가, 나)의 '새'와 '헌'은 '건물'과 '수건'을 수식하고, (37다)의 '옛'은 '친구'를 수식하고 있다. 중국어에서도 마찬가지로 '新'과 '旧'는 뒤에 따르는 '房子'와 '手絹'을 수식하고 '老'는 뒤에 따르는 '朋友'를 수식하고 있다. 이러한 결합 양상을 살펴보았을 때 한국어 고유어 성상 관형사에 대응하는 중국어 형용사도 문장에서 '형용사＋일반명사'의 결합 양상을 보이고 있다. 계속하여 다음과 같은 예문을 살펴본다.

(38) 가. 새 하루를 위해 분주한 것은……. (『원미동 사람들』, p.30)
　　　　　爲迎接新的一天的到來而忙碌的……
　　　　　　　　　　　　　　　　　　(『遠美村的人們』, p.19)

　　　나. 젠장할 놈. (『숲은 잠들지 않는다 1』, p.107)
　　　　　該死的家伙。(『叢林不眠』, p.81)

　　　다. 오랜 세월 잊고 지냈던…… (『원미동 사람들』, p.104)
　　　　　遺失許久的記憶…… (『遠美村的人們』, p.85)

(38)에서는 한국어 성상 관형사인 '새', '젠장할', '오랜'을 각각 중국어로 '新的', '該死的', '許久的'로 번역했다. 그리하여 한국어 성상 관형사에 대응하는 중국어의 결합 양상을 볼 때 형용사와 일반명사 사이에 구조조사 '的'이 첨가되어 있음을 볼 수 있다. 다시 (39)의 예문을 보도록 한다.

(39) 가. 헌 수건
　　　　　旧手絹
　　　　　旧的手絹
　　　나. 옛 친구
　　　　　老朋友

*老的朋友

(39가)의 '헌 수건'은 중국어에서 '旧手絹'로 대응할 수 있되 '的'가 첨가되어 '旧的手絹'로 바꾸어서 표현해도 원래의 문장과 의미 차이가 없다는 것을 알 수 있다. 그러므로 '旧手絹'는 '旧的手絹'에서 구조조사 '的'가 생략한 것으로 보아야 한다.

그러나 (39나)의 '老朋友'와 구조조사 '的'가 추가된 '老的朋友'는 완전히 다른 의미를 가지고 있다. '老朋友'는 '옛 친구'의 의미를 가지고 있지만 '老的朋友'는 '늙은 친구'란 뜻을 가지고 있으므로 바꿔 쓸 수는 없다. 예문을 더 살펴보겠다.

(40)　가. 꽤 오랜 시간이 걸렸다. (『원미동 사람들』, p.59)
　　　　花了不少時間。(『遠美村的人們』, p.45)

　　　나. 맨 처음 고개를 내민 것은…… (『원미동 사람들』, p.277)
　　　　最先出現的是…… (『遠美村的人們』, p.247)

(40가)의 '오랜 시간'을 '很長時間'으로 번역하였지만 '的'가 첨가되어 '不少的時間'으로 번역해도 문장의 뜻은 바뀌지 않는다. 그러나 (40나)의 경우 '맨 처음'을 '最先'으로 번역하되 '最的先'으로는 실현이 불가능하다.

따라서 한국어 고유어 성상 관형사의 중국어 대응 표현에서 구조조사 '的'가 생략되어 문장에서 쓰이는 경우도 있고 '的'의 추가가 불가능하는 경우도 존재함을 볼 수 있다. 그러므로 한국어 고유어 성상 관형사에 대응하는 중국어 결합 양상은 '형용사＋的＋명사'와 '형용사＋명사'의 두 가지로 보여주고 있다.

계속하여 품사적으로 한국어 성상 관형사와 중국어 대응 표현을 살펴보도록 한다. 위의 예문을 통해 한국어 성상 관형사의 중국어 대응 품사는 형용사에 속한다는 것을 알 수 있다. 그럼 다음 예문을 보도록 한다.

(41)　가. 진열장 맨 아래층에 있었지요.

(『숲은 잠들지 않는다1』, p.163)

　　　　在陳列柜最底層 (『叢林不眠』, p.123)

　　　나. 맨 나중에야 어둠에 휩싸였다. (『원미동 사람들』, p.104)

　　　　最后籠罩在黑暗中。(『遠美村的人們』, p.85)

　　　다. 맨 처음 고개를 내민 것은…… (『원미동 사람들』, p.277)

　　　　最先出現的是…… (『遠美村的人們』, p.247)

(41가)에서의 '맨 아래층'을 중국어로 '最底層', '最低層'으로 번역할 수 있다. 여기에서의 '最'는 뒤에 오는 '底', '低'의 형용사를 수식하므로 정도 부사의 역할을 한다. 그리고 (41나)에서의 '最'는 뒤에 오는 시간 명사 '后'를 수식하여 형용사의 역할을 한다. 현대 중국어에서 '最'는 일반적으로 동사나 형용사 외에도 명사와 결합한다[10]. (41다)에서의 '最'는 뒤에 오는 시간부사 '先'을 수식하므로 여기에서는 부사의 역할을 한다. 따라서 한국어 성상 관형사 '맨'에 대응하는 중국어는 부사 '最'이다. 또한 결합 구조를 보면 한국어 '맨＋명사' 구성은 중국어 '最＋명사'와 대응한다는 것을 알 수 있다. 따라서 여기에서는 한국어 고유어 성상 관형사에 대응하는 중국어 결합 양상은 '부사＋명사'로 보여 주고 있다.

이상으로 한국어 고유어 성상 관형사와 중국어 대응 표현을 살펴보고 분석한 결과로는 다음과 같다.

첫째, 한국어 고유어 성상 관형사에 대응하는 중국어는 품사적으로 대부분 형용사이지만 '맨'의 경우는 중국어에서 부사로 대응된다.

---

10) 중국어의 명사 수식 부사에 대한 논의로는 于根元(1991), 張誼生(1996), 邢福義 (1997), 儲澤祥・劉街生(1997) 등이 있다.

둘째, 한국어 고유어 성상 관형사 결합 양상과 대응하는 중국어 결합 양상을 도출해 내면 다음과 같다.

한국어 고유어 성상 관형사 결합 양상: 고유어 성상 관형사＋일반 명사

중국어 대응 결합 양상:
① 일반적인 경우: 형용사＋的＋명사
　　　　　　　　　　형용사＋명사
② 특별한 경우:　　부사＋명사

3.3.2. 한자어 성상 관형사 관형어

계속하여 한국어 한자어 성상 관형사와 중국어 대응 표현을 살펴보도록 한다. 한국어 한자어 성상 관형사는 양이 많지 않으나 중국어와의 대조에 있어서 고유어 성상 관형사와 분명한 차이가 있을 거라 예측된다. 그럼 번역 용례를 통해 살펴보도록 하겠다.

(42)　가. 회자원은 구 건물이었다. (『숲은 잠들지 않는다 1』, p.12)
　　　　　　悔座苑是一个陈旧的建筑物。(『叢林不眠』, p.5)

　　　나. 그는 별 대책 없이…… (『원미동 사람들』, p.30)
　　　　　　他没有别的办法…… (『遠美村的人們』, p.19)

　　　다. 별 대책 없이…… (『원미동 사람들』, p.30)
　　　　　　没有什么其他的方法。(『遠美村的人們』, p.19)

　　　라. 순 경상도 사투리로…… (『원미동 사람들』, p.237)
　　　　　　正宗的慶尚道方言。(『遠美村的人們』, p.209)

(42)의 예문을 보면 한국어 한자어 성상 관형사에 대응되는 중국어 단어의 품사는 형용사라는 것을 알 수 있다. 또한 결합 양상을 살펴보면

한국어 한자어 성상 관형사의 결합 양상은 고유어 성상 관형사와 차이를 보이고 있지 않다. 즉, '한자어 성상 관형사＋일반명사'의 양상을 보여주고 있다. (42)의 번역문을 볼 때 한국어 한자어 성상 관형사인 '구', '별', '순'을 각각 중국어 '陳旧的', '別的', '特殊的', '正宗的'로 번역하였다. 이러한 중국어 대응 현상을 통해 중국어 대응 양상은 한국어 고유어 성상 관형사와 마찬가지로 중국어 형용사에 구조조사 '的'가 추가되는 것을 알 수 있다. 그럼 한자어 성상 관형사에 대응하는 중국어에서는 구조조사가 없이 직접 명사와 결합하는 경우가 없는 것인가? 다음 예문을 살펴보도록 하겠다.

(43)　가. <u>구</u> 건물
　　　　　<u>老</u>建筑物
　　　　　<u>旧</u>建筑物

　　　나. <u>순</u> 양모
　　　　　<u>純</u>羊毛

　　　다. <u>만</u> 3년
　　　　　<u>滿</u>三年

(43)의 중국어 번역문에서는 모두 '的'가 실현되지 않았다. 그러나 '老', '旧', '純', '滿'은 중국어에서 모두 단음절 단어이라는 것을 알 수 있다. 이는 중국어에서 보통 단음절인 경우 '的'의 실현이 필요 없이 직접 결합할 수 있기 때문이다. 따라서 한자어 성상 관형사에 대응하는 중국어에서는 구조조사가 없이 직접 명사와 결합하는 경우도 있다는 것을 보여준다.

(44)　가. <u>단</u> 이만 원짜리도……『원미동 사람들』, p.45)
　　　　　<u>就</u>兩万元的東西也……(『遠美村的人們』, p.33)

나. 단 한번이라도…… (『원미동 사람들』, p.46)

哪怕只是一次也…… (『遠美村的人們』, p.34)

다. 죽은 전처의 단 하나뿐인 혈육이었다.

(『원미동 사람들』, p.64)

是死去的前妻唯一的骨肉。(『遠美村的人們』, p.49)

라. 단 삼일만 지났는데도…… (『원미동 사람들』, p.161)

雖然過去了僅三天…… (『遠美村的人們』, p.147)

(44)의 성상 관형사 '단'은 '오직 그것뿐임'을 나타내는 말로서 대다수 수량을 나타내는 말 앞에 쓰인다. (44)의 중국어 번역문을 보면 한국어 성상 관형사인 '단'은 중국어에서 여러 가지 단어로 대응이 된다는 것을 알 수 있다. (44가, 나, 다, 라)에서는 '단'은 중국어에서 각각 '就', '只是', '唯', '僅'으로 대응된다. 이 외에도 '僅僅', '只' 등으로 대응할 수 있다. 그러나 중국어에서 '就', '只', '唯', '僅', '僅僅', '只是' 등은 형용사가 아니라 부사의 역할을 한다.

(45)　가. 고 김 선생

已故金先生/已故的金先生

나. 일대 혁신

一大革新/一个大革新/一次大革新

다. 양대 강국

兩大强國/兩个最大强國

(45)의 중국어 번역문을 보면 한국어 한자어 성상 관형사에 대응되는 중국어 표현이 단어로 대응되는 것이 아니라 구로 대응된다는 것을 알 수 있다.

이상으로 한국어 한자어 성상 관형사와 중국어 대응 표현을 살펴보고 분석한 결과로는 다음과 같다.

첫째, 한국어 한자어 성상 관형사에 대응하는 중국어는 품사적으로 대부분 형용사이지만 '단' 같은 경우는 중국어에서 형용사 역할을 하지 않고 부사의 역할을 한다.

둘째, 한국어 한자어 성상 관형사 결합 양상과 대응하는 중국어 대응 결합양상을 도출해 내면 다음과 같다.

한국어 한자어 성상 관형사 결합 양상: 한자어 성상 관형사+일반 명사

　중국어 대응 결합 양상:
　① 일반적인 경우: 형용사+명사
　　　　　　　　　　 형용사+的+명사
　② 특수한 경우:　　부사+명사

셋째, '고(故), 양대(兩大), 일대(一大)' 등 한자어 성상 관형사는 중국어에서 단어로 대응할 수 없고 구로 대응할 수 있다.

위에서 한국어 성상 관형사와 중국어 대응어 간의 품사 대응 양상과 한국어 성상 관형사 관형어의 결합 구조에 대응하는 중국어 대응 구조를 다음과 같은 표로 제시할 수 있다.

〈표 16〉 한국어 성상 관형사 관형어와 중국어 대응 표현

관형사		한국어 성상 관형어	중국어 대응 표현
성상 관형사	고유어 성상 관형사	고유어 성상 관형사 +일반 명사	일반적인 경우: ① 형용사+的+명사 ② 형용사+명사 특수한 경우: 부사+명사

한자어 성상 관형사	한자어 성상 관형사 ＋일반 명사	일반적인 경우: ① 형용사＋명사 ② 형용사＋的＋명사 특수한 경우: 부사＋명사

〈표 17〉 한국어 성상 관형사와 중국어 대응 표현

	한국어 성상 관형사	중국어 대응 표현	중국어 품사
1	고(故)	已故的…	구
2	고얀	坏、恶、可恶的、糟、恶劣、可憎混账、 讨厌的	형용사
3	구(旧)	旧…、老…、陈旧的	형용사
4	긴긴	慢慢的…、漫长的…	형용사
5	난장맞을	该死的…、挨千刀的…	형용사
6	난장칠	该死的…、挨千刀的…	형용사
7	넨장맞을	该死的…、挨千刀的…	형용사
8	넨장칠	该死的…、挨千刀的…	형용사
9	단	仅、仅仅、只有、只是	부사
10	대모한	重要的…、主要的…	형용사
11	만(滿)	满（三年）	형용사
12	맨	最（高峰）	부사
13	먼먼	遥远的…、久远的…很远的…很久的…很 久很久的…	형용사
14	모모한	知名的…、有名的…、著名的…	형용사
15	몹쓸	坏（人）、恶（人）	형용사
16	뭇	诸、众、群、许多、众多、诸多	형용사
17	별	别的、另、特别	형용사
18	별의별(별별)	各种、各式各样、各种各样、形形色色	형용사

19	빌어먹을	该死的…	형용사
20	새	新、新的	형용사
21	순	纯（假话）、纯粹的、正宗的	형용사
22	양대	两大（势力）	구
23	염병할	该死的…	형용사
24	옛	过去的…、以前的…、老	형용사
25	오랜	漫长的…、长久的…、老（朋友）、	형용사
26	외딴	偏僻的…、 孤零零的…	형용사
27	일대(一大)	一大、大、一个大	구
28	제밀할	该死的…	형용사
29	젠장맞을	该死的…	형용사
30	젠장할	该死的…	형용사
31	허튼	胡…、荒唐的…、无稽的…、荒谬的…、无用的…、无益的…、无效的…、白费的…	형용사
32	헌	旧、旧的	형용사

IV

한국어 체언 관형어의 중국어 대응 표현

Ⅳ. 한국어 체언 관형어의 중국어 대응 표현

본 장에서는 한국어 체언 관형어를 '체언+의' 관형어와 'N－적' 관형어 등 두 가지로 나누어서 박범신의 장편소설『숲은 잠들지 않는다』와 양귀자의 연작소설집『원미동 사람들』의 번역본의 번역 예문을 분석함으로써 이에 대응하는 중국어 대응 표현을 제시하고자 한다.

4.1. '체언 + 의' 관형어에 대응하는 중국어 표현

한국어에서 체언에 의한 관형어 구성의 기본적인 양상은 관형격조사 '의'가 실현되느냐의 여부에 달려있다. 관형격조사 '의'는 통사적 환경과 의미적 환경에 따라 필수적으로 실현되기도 하고 수의적으로 실현되기도 하며, 실현이 제한되는 경우도 있다. 중국어에서도 마찬가지로 '의'에 대응하는 구조조사 '的'의 부가 여부 문제도 꾸준히 관심을 받고 있다. 이 장에서는 주로 체언 관형어의 구성 형태를 조사 '의'의 부가 여부 문제와 같이 살펴보고자 한다. 먼저 '체언+의' 관형어를 'N1의+N2', 'N1∅+N2', 'N1+N2' 등 세 가지 구성으로 나누어 두 소설에서 나타난 용례를 뽑아 중국어 번역문에서 이들의 번역 양상을 구체적으로 살펴봄으로써 한국어 '체언+의' 관형어의 중국어 대응 표현이 어떻게 되어 있는지를 분석하고 한국어 관형격 조사 '의'와 중국어 구조조사 '的'의 대응 관계를 밝혀 유형화하도록 한다.

4.1.1. 'N1의 + N2' 구성

본 절에서는 관형격 조사 '의'의 실현 양상에 대한 기존 연구[1]를 바탕으로 'N1의 + N2' 구조에서 '의'가 필수적으로 실현되는 환경을 '대명사 + 명사'의 경우, 조사와 결합할 경우, 주어적 속격 구조의 경우, 추상명사와 결합할 경우 등 8가지로 나누어 살펴보도록 하고 그에 해당되는 중국어 대응표현이 어떻게 실현되는지를 알아보도록 한다.

첫째, '대명사 + 명사'의 경우이다.

한국어에서는 선행어와 후행어의 수식관계는 조사 '의'가 없어도 성립이 가능하지만 다음과 같은 '대명사 + 명사'의 경우에는 관형격 조사 '의'가 생략되면 비문이 된다. 일반적으로 대명사와 명사가 결합할 때는 '의'가 필수적으로 나타나야 한다. 그럼 이런 경우에 중국어 대응 표현은 어떻게 되는지 번역 용례를 통해 살펴보도록 하겠다.

(1) 가. 그분의 모습을 보는 건 어려운 일이 아니었어요.

『원미동 사람들』, p.8)

不難看見她的樣子。 (『遠美村的人們』, p.1)

나. 유민영 교수는 그의 남동생이었고 영문과 교수였다.

(『숲은 잠들지 않는다 1』, p.9)

劉敏榮教授是她的弟弟, 英語系敎授。

(『叢林不眠』, p.3)

다. 당신의 잘못을 보상해 주기 바란다.

(『숲은 잠들지 않는다 1』, p.21)

希望以此弥補你的過失。(『叢林不眠』, p.11)

---

1) 관형격 도사 '의'의 실현 대한 연구는 강연임(1996), 조선경(1997), 김선효(2007), 정향란(2007) 등이 있다.

라. <u>그녀의 애정</u>은 오직 대학에 있었지.

(『숲은 잠들지 않는다1』, p.26)

<u>她的所有心思</u>都完全在學校。(『叢林不眠』, p.15)

마. <u>그의 손목시계</u>는 오 분 가량 빠르다.

(『원미동 사람들』, p.223)

<u>他的手表</u>快五分鐘。(『遠美村的人們』, p.195)

위의 예문을 살펴보면 모두 대명사에 '의'가 붙어 뒤에 오는 피수식어를 수식하는 체언 관형어 구성이다. 중국어 번역문을 보면 중국어에서도 구조조사 '的'가 실현된다는 것을 알 수 있다. (1가)에서의 '그분'과 '모습', (1나)에서의 '그'와 '남동생', (1다)에서의 '당신'과 '잘못', (1라)에서의 '그녀'와 '애정', (1마)에서의 '그'와 '손목시계'는 모두 체언 관형어와 피수식어의 의미 관계가 종속과 피종속, 한정과 피한정의 관계임을 알 수 있다. 중국어에서 이러한 경우에는 '的'가 반드시 실현한다(강병진 2005:30-31). (1나)에서 보듯이 인칭대명사 '그'가 피수식어인 '남동생'을 한정하는 의미로 쓰일 때는 '的'를 부가해야 한다. 따라서 '대명사+의+명사'의 경우에 중국어 '대명사+的+명사'로 대응된다.

(2) 가. 우리 집 사정이 워낙 그러했다. (『원미동 사람들』, p.80)
      <u>我們家的</u>情況本來如此。(『遠美村的人們』, p.64)

나. 우리 엄마는 내가 세 살이 될 때까지도⋯⋯

(『원미동 사람들』, p.81)

<u>我母親</u>在我三歲時還⋯⋯ (『遠美村的人們』, p.64)

일반적으로 대명사와 명사가 결합할 때는 '의'가 필수적으로 나타나야 하지만 예외도 있다. 선행어가 '우리'인 경우에는 '의'가 생략될 수 있다 (안경화·양명희 2005). 하지만 '우리 엄마', '우리 집'처럼 우리와 결합할

경우, 한국어 '의'가 일반적으로 생략되지만 중국어에서는 앞뒤 문맥에 따라 생략될 때도 있고 생략되지 않을 때도 있다.

(2가)에서의 '우리 집'은 중국어에서 '我們家' 혹은 '我們的家'로 모두 대응할 수 있으므로 구조조사 '的'가 수의적으로 나타난다. 그러나 (2가)에서 '우리 집'과 '사정' 사이에 '的'가 붙어 있으므로 앞에 있는 '우리 집'의 '的'은 생략된 것이다. (2나)도 마찬가지로 '우리 엄마'는 '我母親' 혹은 '我的母親'으로 대응할 수 있다. 중국어 구조조사 '的' 뒤의 명사가 사람에 대한 지칭이나 집단, 기관의 명칭일 경우에 '的'가 수의적이고 항상 생략된다(劉月華 2010).

둘째, 조사와 결합할 경우이다.

체언 관형어를 구성하는데 선행 명사 뒤에 관형격 조사 외에 다른 조사가 올 경우에는 '의'가 필수적으로 출현해야 한다(김선효 2002:114). 김기복(1997)은 명사를 수식하는 문법 범주는 동사나 형용사는 관형사형 어미를, 명사는 관형격 조사를 취할 때 비로소 가능하다고 지적했다. '의'가 아닌 다른 조사만을 취한 명사로는 후행하는 명사를 수식할 수 없으므로 관형격 조사 '의'로의 강제적 연결이 필수적이다. 즉, 문장에서 '의'가 생략되면 비문이 되어 완전한 뜻을 표현할 수 없다. 그럼 이러한 경우에는 중국어 대응 표현이 어떻게 되는지 번역 용례를 통해 살펴보도록 하겠다.

(3)　가. 이 여자와의 관계를 밝히지 않으셨다.

(『숲은 잠들지 않는다1』, p.15)

没有告訴我跟那个女孩儿的關系。(『叢林不眠』, p.14)

나. 낮에 있었던 편집실에서의 일이 떠올랐다.

(『숲은 잠들지 않는다 1』, p.36)

想起了白天在編輯室里發生過的事情。

　다. 꽃병에서의 지문과 목격자를 무너뜨릴 사람은 숨어 있
　　　는 범인이다. (『숲은 잠들지 않는다 1』, p.64)
　　　能够讓花瓶上的指紋和目擊者失去証据效力的人就
　　　是隱藏的眞凶。(『叢林不眠』, p.45)

　라. 인애대학은 오직 종합대학으로의 승격밖에 관심이 없
　　　었다. (『숲은 잠들지 않는다 1』, p.103)
　　　仁愛大學關注的只是綜合大學的升格這件事情。

　마.　오후　4시부터　6시까지의　알리바이를　조사해봤는
　　　데…… (『숲은 잠들지 않는다 1』, p.125)
　　　調査了下午從4点到6点爲止的不在場証明……

　(3)은 모두 '의'의 앞에 다른 조사가 올 경우에 '의'가 필수적으로 출현
해야 하는 예문들이다. (3가)는 '와+의', (3나, 다)는 '에서+의', (3라)는
'으로+의', (3마)는 '까지+의' 등 조사에 복합되어 나타나는 경우이다.
(3)의 번역 용례를 살펴보면 중국어에서도 마찬가지로 '的'가 필수적으로
나타나야 한다는 것을 알 수 있다. 이 경우에 대응되는 중국어 구조는
개사구²⁾라고 한다. 劉月華(2010)에서 대다수 개사는 동사에서 변화해
온다고 했다. 그리고 개사는 명사, 대명사 앞에 위치하고 명사와 대명사
를 연결하여 개사구를 형성한다고 설명했다. 따라서 중국어 '的'의 선행
어가 개사와 명사가 결합된 개사구이다. 이런 개사구를 관형어로 만들려
면 조사 '的'의 출현은 필수적이다.

---

2) 중국어에서 한국어 전치사를 개사(介詞)라고 하며, 단독으로 쓸 수 없고 사람, 사물,
　 시간등 명사 또는 대사와 함께 쓰여 전치사구를 형성하기도 한다.

셋째, 조사 '의'가 선행어에 붙어 뒤의 명사구 전체를 수식하거나, 앞의 명사구 전체를 받는 경우이다.

한국어에서 조사 '의'가 선행어에 붙어 뒤의 명사구 전체를 수식하거나, 앞의 명사구 전체를 받는 경우 '의'는 필수적으로 나타나야 한다.

(4)　가. 종합대학은 <u>어머니의 마지막 꿈</u>이었다.

(『숲은 잠들지 않는다 1』, p.16)

綜合大學是<u>媽媽最后的夢</u>。(『叢林不眠』, p.8)

나. 영채가 <u>어머니의 마른 입술</u>을 엽차 숟갈로 적셔주었다.
英彩用茶匙潤濕了<u>媽媽干裂的嘴唇</u>。(『叢林不眠』, p.8)

다. <u>밝은 빛깔의 립스틱</u>이 <u>여자의 살찐 몸매</u>와 잘 어울려서 관록을 나타내 주었다. (『원미동 사람들』, p.34)
<u>鮮亮的口紅</u>和<u>女子微胖的身材</u>頗相配, 顯出她的權威。(『遠美村的人們』, p.23)

라. <u>홀의 모든 손님</u>이 이쪽편만을 주시했을 것이었다.

(『숲은 잠들지 않는다 1』, p.80)

可能<u>大廳里所有的客人</u>都關注這一場景。

(『叢林不眠』, p.57)

예문 (4가)는 [어머니의 [마지막 꿈]]으로 분석을 해야 한다. 이런 경우에 '의'는 앞의 체언과 뒤의 명사구 [마지막 꿈]을 연결하는 역할을 한다. 마찬가지로 (4다)도 [[밝은 빛깔의 립스틱], [여자의 [살찐 몸매]]로 분석해야 한다. 조사 '의'는 앞의 명사구 [밝은 빛깔]과 뒤의 체언 '여자'를 연결하고, 앞의 체언 '여자'와 명사구 [살찐 몸매]를 연결한다.

이에 대응되는 중국어 표현을 살펴보면 앞에 나타난 구조조사 '的'는 생략할 수 있다. 劉丹靑(2008)에서 조사 '的'는 한 문장에서 여러번 나타날 경우 언어의 경제성 원리에 의해 일반적으로 피수식어와 가까운 '的'만 보류가 되고 다른 중첩된 '的'는 생략이 된다고 설명했다. 중국어에서 한국어 관형사형어미 '−은/를'도 '的'로 대응할 수 있기 때문에 '的'가 중첩될 경우에 앞에 나타난 조사 '的'는 생략이 가능하다.

예문 (3나)처럼 '어머니의 마른 입술'을 중국어로 '媽媽的干裂的嘴唇'으로 번역하지 않고 '媽媽干裂的嘴唇'으로 번역하였다. '的'가 두 개 중첩되었으므로 핵샘어 '입술'과 가까운 '的'만 보류하고 앞의 '媽媽的'의 '的'는 생략되었다. (3라)도 마찬가지로 '홀의 모든 손님'을 앞의 '的'가 생략되어 '大廳里所有的客人'으로 번역한 것이 더 자연스럽다.

넷째, 주어적 속격[3] 구조의 경우이다.

주어적 속격 구조의 경우 조사 '의'는 필수적으로 실현된다. 고영근·구본관(2008)은 이러한 구조에서 '의'의 소거를 허락하지 않는 중요한 이유는 피수식어가 술어명사이기 때문이라고 했다. 정향란(2007)에서 명사구의 내부 구조가 주술 관계를 이루는 경우로 선행어가 서술어의 의미상 주어가 됨을 나타내고 있다고 설명했다. 관형격 조사 '의'가 두 체언을 연결시키기보다는 주어의 기능을 하기 때문에 생략하면 비문이 된다. 예를 들어 (5가)에서 '조국의 독립'은 목적어 상승 구문으로 내부 구조가 '조국이 독립되다'로 상정되어 '의'는 주어의 역할을 뜻하게 되므로 생략되면 비문이 된다. 그럼 이러한 경우에 대응하는 중국어 표현은 어떻게 되는지 번역 용례를 통해 살펴보도록 하겠다.

(5)　　가. <u>조국의 독립</u>을 위해 한때는 생사고락을 함께했다.

(『숲은 잠들지 않는다 1』, p.23)

---

3) '주어적 속격'은 홍윤표(1996)에서 사용된 술어이다(김광해 1984).

曾經爲了祖國的獨立而同甘共苦。(『叢林不眠』, p.14)

나. 주 형사의 추리는 그렇게 이어졌다.

(『숲은 잠들지 않는다 1』, p.54)

朱刑警的推理就是這樣。(『叢林不眠』, p.37)

다. 마누라의 잔소리는 한참을 더 계속되었다.

(『원미동 사람들』, p.66)

妻子的嘮叨持續了好一會儿。(『遠美村的人們』p.51)

라. 모세관의 파열을 일으키게 되는데.

(『숲은 잠들지 않는다 1』, p.50)

就會導致毛細血管破裂。(『叢林不眠』, p.33)

마. 회장의 출근을 기다리고 있었다. (『원미동 사람들』, p.45)

等待着會長上班。(『遠美村的人們』, p.33)

바. 촬영의 어려움에 놀랐다. (『원미동 사람들』, p.183)

對拍照的艱辛感到惊訝。(『遠美村的人們』, p.158)

위의 번역 용례를 보면 주어적 속격 구조의 경우 한국어에서는 조사
'의'가 필수적으로 실현되는 반면 중국어 대응 표현에서는 '的'가 실현되
는 경우도 있고 실현되지 않는 경우도 있다는 것을 알 수 있다. (5가,
나, 마)에서는 '的'가 꼭 출현해야 한다. (5나)처럼 '朱刑警的推理'를 '的'
가 생략되어 '朱刑警推理'로 번역하면 '주형사가 추리하다'와 같은 주술
구로 되어 다른 의미를 표현하게 되어 의미 변화를 가져올 수 있다. (5다)
의 경우는 '모세관의 파열'을 '모세관이 파열하다'로 표현하는 것이 더욱
자연스럽다. (5마)도 마찬가지로 '회장의 출근'을 '회장이 출근하다'로 표
현하는 것이 더욱 자연스럽다. 중국어의 구조조사 '的'는 명사와 명사를
연결하여 선행어를 관형어로 만드는 역할을 하기도 하지만 선행 용언을
관형어로 만드는 역할도 한다.

다섯째, 비유 관계나 관용적 표현을 나타낼 경우이다.

김광해(1984)는 '비유의 관계'를 형성하고 있는 NP의 N1과 N2는 '의'라는 장치에 의해서 '강제적으로 연결'되어 있다고 지적했다. 따라서 비유 관계나 관용적 표현을 나타낼 경우에는 조사 '의'가 필수적으로 출현해야 한다. 두 명사 사이에 의미적으로 상관관계가 없기 때문에 조사 '의'를 생략하면 비문이 되거나 문장이 이상해진다. 선·후행 성분 간의 의미적 관련성을 갖지 못해 강제로 연결시킨 이런 비유표현에서 '의'의 실현이 필수적이다[4]. 그럼 이러한 경우에 해당되는 중국어 대응 표현이 어떻게 되는지 한 번 살펴보도록 하겠다.

(6) 　가. 어머니의 순결한 성찬이 아니었단 말인가.

　　　　　　　　　　　　　　　　　(『숲은 잠들지 않는다 1』, p. 22)

　　　難道不是媽媽純眞的願望嗎? (『叢林不眠』, p.12)

　나. 복잡한 음모의 냄새가 났다. (『숲은 잠들지 않는다 1』, p.58)
　　　散發着一股复雜的陰謀气息。(『叢林不眠』, p.40)

　다. 꿈은 예언의 거울처럼 깨어진 것이다.

　　　　　　　　　　　　　　　　　(『숲은 잠들지 않는다 1』, p.114)

　　　夢想就像預言的鏡子一樣完全破碎。

　　　　　　　　　　　　　　　　　　　　(『叢林不眠』, p.84)

　라. 예감의 레이더에 부표처럼 떠오른 걸 나 자신 보았었
　　　다. (『숲은 잠들지 않는다 1』, p.114)
　　　就浮現在我預感的雷達上。(『叢林不眠』, p.84)

---

[4] '평화의 종소리'와 같은 표현은 '의' 출현이 수의적이거나 혹은 '의'의 출현이 불허되는 경향을 보이는 '교회(의) 종소리'와는 대조되는 것으로 '교회(의) 종소리'같은 표현에서는 명사구 사이의 의미적 관련성이 훨씬 긴밀함을 알 수 있다고 설명했다. '교회'가 갖는 의미의 집합들 속에서 '종소리'라는 개념은 쉽게 찾을 수 있으며 '종소리'라는 어휘의 의미 집합과 '교회'라는 개념도 마찬가지이다(신선경 1999).

마. 무참히 끊어진 꿈의 현들을……

(『숲은 잠들지 않는다1』, p.58)

那夢之弦斷裂的慘狀。(『叢林不眠』, p.84)

바. 짐승의 나라에서 날것의 나라로……

(『원미동 사람들』, p.167)

從走獸之國去向飛禽之國…… (『遠美村的人們』, p.143)

위의 예문을 통해 비유 관계나 관용적 표현을 나타내는 경우에 대응되는 중국어 표현은 '的'와 '之'로 나타나는 것을 알 수 있다. 그리고 한국어와 마찬가지로 '的'와 '之'는 생략할 수 없는 필수적인 존재라는 것도 알 수 있다. 朱德熙(1983)은 '之'의 역할은 수식어와 피수식어를 연결하는 것이고 문법 기능을 주술구조로 명사화시킨다고 여겨 '之'를 명사화 표기로 본다고 했다. 하지만 '之'는 '的'와 같이 관형어를 만들어 주는 역할을 하지만 일부 경우에는 '之'만 쓸 수 있고 '的'는 쓸 수 없다. (6마)에서 '꿈의 현'을 '夢之弦'으로 번역을 하였는데 만약 '的'를 부가한다면 '夢想的弓弦'으로 번역을 해야 한다. (6바)도 마찬가지고 '的'를 부가한다면 '走獸的國家', '飛禽的國家'로 변역을 해야 한다. 중국어에서 '的'와 '之'를 공동으로 쓸 수 없는 경우도 있다. 수식어와 피수식어 사이가 단순한 종속적 관계를 나타내는 경우에는 두 조사를 공통으로 쓸 수 있지만 전체와 부분의 관계를 나타내어 비유적인 의미를 나타내는 경우이거나, 관형어이거나 사자성어인 경우에는 '的'를 사용할 수가 없다(이광연 2013).

여섯째, 고유명사에 불가양성 소유를 나타내는 명사가 결합될 경우이다.

고유명사에 불가양도성 소유를 나타내는 명사가 결합될 경우 조사 '의'가 출현되어야만 앞뒤 두 체언 사이의 통사 관계를 표현할 수 있을 뿐만 아니라, 의미 관계도 명확히 표현한다. 그럼 이러한 경우에 대응하는 중국어 표현은 어떻게 되는지 번역 용례를 통해 살펴보도록 하겠다.

(7) 가. 「이이 후 해브 낫싱(I Who Have Nothing)」이라는 톰 존스의 노래였다. (『숲은 잠들지 않는다 1』, p.34)
是湯姆・琼的歌 《 I Who Have Nothing》。

(『叢林不眠』, p.21)

나. '전통문화연구회'의 연구원 노릇을 포기하지 않는……

(『원미동 사람들』, p.48)

他沒有放弃"傳統文化硏究會"的硏究員工作

(『遠美村的人們』, p.35)

다. 바로 그때 『중앙일보』에 견재되던 박범신의 『풀잎처럼 눕다』였던 것이다. (『숲은 잠들지 않는다 2』, p.255)
就是当時在 《中央日報》 上連載中的朴范信的 《像青草一樣躺着》。 (『叢林不眠』, p.387)

위의 예문을 통해 한국어에서 고유명사에 불가양성 소유를 나타내는 명사가 결합될 경우 '의'가 필수적으로 출현된다는 것을 알 수 있다. 그리고 이 경우에 대응되는 중국어 '的'도 필수적으로 출현해야 한다는 것을 알 수 있다. 만약 '的'가 생략되면 체언과 체언 관계가 나열이 되어 정확한 의미를 표현할 수 없다. (7가)처럼 '湯姆・琼的歌'를 '的'를 생략하여 '湯姆・琼歌'로 번역하면 앞뒤 두 명사의 관계가 병치로 되어 정확한 의미를 전달할 수 없으므로 비문이 된다.

일곱째, 수량 관계를 표현할 경우이다.

수량 관계가 나타날 경우, '수량명사구＋의＋명사'의 구조에서는 조사 '의'가 필수적으로 출현해야 한다.

(8) 가. 10여 명의 남녀 학생대표들은 고개를 똑바로 세운 자
세로 앉아 있었다. (『숲은 잠들지 않는다 1』, p.7)
十多名男女學生代表板正地坐在她的面前。

(『叢林不眠』, p.1)

나. 몇백 명의 학생들이 박물관 앞에 모여 있었다.

(『숲은 잠들지 않는다 1』, p.7)
數百名學生正聚集在博物館前面。(『叢林不眠』, p.1)

다. 몇 개의 사업체를 아직까지 개인명의로 남겨놓으신
건…… (『숲은 잠들지 않는다 1』, p.25)
留在自己名下的几个企業…… (『叢林不眠』, p.15)

라. 그가 어떻게 사방 60센티미터의 유리상자에 전신을 구
겨넣을 수 있는지…… (『숲은 잠들지 않는다 1』, p.79)
他怎么能把自己的身軀揉進那60厘米見方的玻璃盒
子里呢? (『叢林不眠』, p.56)

마. 택시는 거의 백 킬로미터의 속력으로 달리고 있었다.
(『숲은 잠들지 않는다 1』, p.121)
出租車几乎跑到了百公里的時速。(『叢林不眠』, p.89)

바. 밥 한 그릇의 반만 먹었다. (『원미동 사람들』, p.134)
吃了一碗飯的一半 (『遠美村的人們』, p.112)

사. 우선 포르말린액을 이것의 십분의 일 되게 섞어서……

(『숲은 잠들지 않는다 2』, p.14)
先用十分之一的普爾馬琳液稀釋。(『叢林不眠』, p.201)

위의 번역 예문을 살표보면 (8가, 나, 다)에 대응되는 중국어에서 '的'
가 생략된 반면에 (8라, 바, 마)에서는 '的'가 생략되지 않은 것을 알 수
있다. 안연령(2011)에서 중국어에서 수사와 양사(量詞)5)는 단독으로 쓰

이기 어렵기 때문에 보통 수사와 양사가 수량사로 합쳐서 '수사＋양사'의 순서로 관형어를 구성하되 구조조사 '的'를 동반하지 않는 것이 일반적이라고 설명을 했다. 그러므로 (8가)에서는 '10여 명의 남녀 학생대표들'을 '的'를 생략하여 '十多名男女學生代表'로 번역하였으며 (8나), (8다)에서도 마찬가지로 '的'를 생략하여 번역하였다. 그러나 상황에 따라 '的'를 첨가해야 할 몇 가지 특수한 경우도 있다. 맹주억(1992)에서 중국의 수량사 관형어가 도량사(度量詞)[6]일 경우 즉 수량사 관형어가 뒤에 위치한 피수식어의 도량을 묘사할 때 '的'를 써야 한다고 설명했다. 그러므로 (8라)에서 '60센티미터의 유리상자'를 '60厘米見方的玻璃盒子'로 번역하고 '백 킬로미터의 속력'을 '百公里的時速'로 번역하는 것이 자연스럽다.

또한 (8바)와 (8사)처럼 수학에서 분수를 표현할 경우, 전체와 부분을 나타내는 경우에는 관형격 조사 '의'가 필수적으로 실현되어야 한다. 그리고 이러한 경우에 대응하는 중국어에서도 '的'가 필수적으로 출현한다.

여덟째, 추상명사와 결합할 경우이다.

김기복(1999)에 따르면 체언 관형어를 구성하는 데 'N1'와 N2' 두 명사 중의 하나가 추상명사인 경우 관형격 조사 '의'가 꼭 출현해야 한다. 즉, 추상명사와 결합할 때 '의'는 필수적으로 두 체언을 연결시키는 기능을 한다. 예를 들어, '삶의 불행', '권력의 욕망', '낙관의 소산' 등과 같이 '불행', '욕망', '낙관'은 추상명사인 경우 '의'가 출현하는 것이 자연스럽다. '의'가 출현하지 않으면 비문이 된다. 즉 추상체는 실제로 존재하는 사람, 동물, 사물과 상관관계가 희박하기 때문에 '의'가 필수적으로 출현해야

---

5) 양사는 중국어에서 한국어의 단위성 의존명사와 비슷하며 사물과 사람, 또는 동작의 수량단위를 표시하는 단어들을 말한다.

6) 도량사는 중국어에서 명사에 속하며 사물의 무게, 거리, 크기, 높이, 면적 등을 표시하는 양사를 가리킨다. 예를 들어 5米(5미터), 3公斤(3킬로그램) 등과 같다.

하는 것으로 볼 수 있다. 다시 말하자면 위에 살펴본 의미 구조는 모두 두 명사 사이에 상관성이 없거나 희박한 구조로 관형격 조사 '의'의 연결 없이는 관형어를 구성할 수 없다(안연령 2011). 그럼 이러한 경우에 해당하는 중국어 대응표현은 어떻게 되는지 번역 용례를 통해 살펴보도록 하겠다.

(9)　가. 상관없는 <u>사람의</u> 불행을 보고도……

(『숲은 잠들지 않는다 1』, p.66)

看到与自己毫不相關的<u>人的</u>不幸。(『叢林不眠』, p.46)

나. <u>최대치의</u> 우정만은 언제나 넘쳐났다.

(『원미동 사람들』, p.47)

无論何時都流露出<u>最高的</u>情誼。(『遠美村的人們』, p.34)

다. 결혼 역시 그런 <u>낙관의</u> 소산이었다.

(『원미동 사람들』, p.159)

結婚便是那种<u>樂觀下的</u>産物。(『遠美村的人們』, p.136)

라. 돈과 성욕, 그리고 <u>권력의</u> 욕망으로 완전히 뒤덮여……

(『원미동 사람들』, p.159)

完全被金錢´ 性欲和<u>權力之欲</u>所覆盖。

(『遠美村的人們』, p.135)

마. 눈에 <u>반가움과 안도의</u> 빛이 떠올랐다……

(『원미동들』, p.191)

眼睛里浮現出<u>喜悅和安心的</u>神采……

(『遠美村的人們』, p.164)

위의 예문을 보면 (9가)의 '불행', (8나)의 '우정', (8다)의 '낙관', '소산', (9라)의 '욕망', (9마)의 '반가움', '안도'와 같이 추상명사와 결합할 경우 '의'는 필수적으로 출연한다는 것을 알 수 있다. 또한 중국어 대응표현에서도 '的'가 필수적으로 출현해야 한다는 것을 알 수 있다. 만약 '的'가 생략되면 비문이 된다. (9라)에서는 '的' 대신 '之'가 부가하여 '권력의 욕망'을 '權力之欲'로 번역했다.

4.1.2. 'N1 ∅ + N2' 구성

김광해(1984)에서는 보통 두 체언 사이에 '소유주-피소유물, 전체-부분, 친족관계' 등의 의미관계를 가질 때 'N1 ∅ + N2' 구성에 속한다고 했다. 다음으로 관형격 조사 '의'가 생략할 수 있는 환경을 '소유주-피소유주물 관계'. '전체-부분 관계', '친족 관계', '시간 명사가 나타날 경우'의 네 가지로 나누어 각각 살펴보고 이에 대응하는 중국어 표현을 알아보도록 할 것이다.

첫째, '소유주-피소유물 관계'인 경우이다.

'소유주-피소유물 관계'인 경우에 앞에 있는 명사가 뒤에 있는 명사를 소유함을 나타낸다. 이러한 경우에는 조사 '의'가 출현된 것과 출현되지 않는 것을 비교해보면 의미적으로 큰 차이가 없다. 그러나 예를 들어 설명하자면 '언니의 가방'은 '언니가 보유하고 있는 가방'이라는 의미로 '언니'의 의미를 더 강조하게 표현한 것이다. '언니 가방'이란 구조는 '가방'의 의미를 더 강조하여 표시하는 것이다. 그럼 이러한 경우에 대응하는 중국어 표현은 어떻게 되어있는지 다음 번역 용례를 통해 살펴보도록 하겠다.

(10)　가. <u>중공군의 전투기</u>는 1951년에 들어서서……

(『숲은 잠들지 않는다 2』, p.210)

<u>中國軍隊的戰斗机</u>到了1951年…… (『叢林不眠』, p.354)

나. 부장 책상 앞에 서 있었다. (『원미동 사람들』, p.13)

站在了部長的辦公桌前。(『遠美村的人們』, p.3)

다. 청년의 넥타이가 얼른 눈에 들어온다.

(『원미동 사람들』, p.53)

年輕人的領帶很搶眼。(『遠美村的人們』, p.40)

라. 강노인의 땅들이 수난을 겪기 시작하였다.

(『원미동 사람들』, p.67)

姜大爺開始了他的土地受難記。(『遠美村的人們』, p.52)

위의 예문을 보면 '의'가 수의적으로 나타나는 것을 알 수 있다. '의'의 선후행 성분이 자신이 가지고 있는 의미 관계에 의해, 사람의 머릿속에 자연스럽게 '소유−피소유'의 관계를 형성하여 '의'의 실현이 수의적이다 (이광연 2013). 이런 경우에 대응하는 중국어 표현을 보면 '的'가 필수적으로 출현해야 한다는 것을 알 수 있다. (10가)에서 '中國軍隊的戰斗机'를 '的'을 생략하여 '中國軍隊戰斗机'로 번역하면 '중공군'과 '전투기'가 나열관계로 오해할 수 있으므로 정확한 문장의 원래 의미를 표현하지 못한다. (10나, 다, 라, 마)도 마찬가지이다.

둘째, '전체−부분 관계'인 경우이다.

김광해(1984:180)에서 '전체−부분'의 관계는 현실 세계를 바탕으로 우리의 머릿속에 들어 있는 명사들 간의 의미 관계임을 확인한 바 있다. 그럼 '전체−부분'인 경우에 대응하는 중국어 표현은 어떻게 되는지 살펴보도록 하자.

(11)　가. 주방의 하수구가 막혔고 보일러의 굴뚝이 무너져……

(『원미동 사람들』, p.125)

廚房的下水道給堵住了, 暖气鍋爐的烟囱倒下。

(『遠美村的人們』, p.104)

　나. <u>트럭의 짐칸</u>에 실려 영등포를 지나고……

(『원미동 사람들』, p.133)

　　坐在<u>卡車后車廂</u>, 經過永登浦……

(『遠美村的人們』, p.111)

　다. <u>미용실의 유리문</u>에는 허옇게 성에가 어려 있었다.

(『원미동 사람들』, p.34)

　　<u>美容院玻璃窗</u>上結了白色的霜。

(『遠美村的人們』, p.152)

　라. <u>신문의 광고란</u>을 그녀는 끈질기게 추적했다.

(『숲은 잠들지 않는다 1』, p.101)

　　她執着地翻起了<u>報紙的广告欄</u>。(『叢林不眠』, p.74)

(11가)에서의 '하수구'는 전체 '주방'의 일부로서 이미 우리의 머릿속에 연결된 상태로 존재되어 있으므로 '의'가 출현하지 않아도 하나의 자연스러운 발화의 연결이 가능하다. 이는 '전체－부분'의 연관성이 강하기 때문이다. 이런 경우 중국어 대응 표현도 마찬가지로 '的'의 실현이 수의적으로 나타난다. (11가, 라)의 번역문에서는 '的'가 출현하였으나 '的'가 출현하지 않아도 상관없다. (11나, 다)에서는 '的'가 출현되지 않았지만 '的'가 출현해도 바른 문장이다. '전체－부분'의 강한 연광성이 있기 때문에 중국어에서도 '的'의 실현이 수의적이다.

셋째, '친족 관계'인 경우이다.

친족 관계를 나타낼 경우 선행명사와 후행명사는 그 관계가 현실에 존재하는 관계이며 이미 자신의 의미에 의해 결정된 것이므로 한국어에서 조사 '의'의 실현이 수의적이다. 그럼 '친족 관계'인 경우에 대응하는 중국어 표현은 어떻게 되는지 살펴보도록 하겠다.

(12) 가. <u>민영의 처</u> 전영채가 교육학과 교수로 재직 중인
걸…… (『숲은 잠들지 않는다 1』, p.10)
在教育系任教授的<u>敏榮的妻子</u>全英彩……

(『叢林不眠』, p.4)

나. 세상에서 알 만한 <u>임정 요원의</u> 며느리이고……

(『숲은 잠들지 않는다 1』, p.21)
她是臨時政府時期衆所周知的<u>重要人物的</u>儿媳……

(『叢林不眠』, p.12)

다. <u>김 사장의</u> 정부라는 것이다. (『숲은 잠들지 않는다 1』, p.40)
說她成了<u>金社長的</u>情婦。(『叢林不眠』, p.26)

라. <u>유규하의</u> 증조부는 학문이 대단했다.

(『숲은 잠들지 않는다 1』, p.250)
<u>劉桂霞的</u>曾祖父是大學問家。(『叢林不眠』, p.192)

위의 예문을 보면 한국어에서 조사 '의'가 수의적으로 출현되는 반면에
대응되는 중국어 표현은 조사 '的'의 생략이 불가능하다는 것을 알 수 있
다. (21가)의 '敏榮的妻子全英彩'에서 '的'를 생략하여 '敏榮妻子全英彩'
로 번역하면 단순한 단어 나열로 보여 정확한 문장 의미를 표현할 수
없다. (12나, 다, 라)도 마찬가지이다. 앞에서 언급한 바와 같이 중국어에
서 체언 관형어와 피수식어의 의미 관계가 종속과 피종속, 한정과 피한정
의 관계임을 나타날 경우에는 '的'가 반드시 실현한다.

넷째, 시간 명사가 나타날 경우이다.

시간 명사가 나타날 경우에는 시간 명사가 선행어 위치에 놓여 후행어

명사를 수식하는 역할을 하기 때문에 조사 '의'가 수의적으로 출현한다. 그럼 이러한 경우에 대응되는 중국어 표현은 어떻게 되는지 다음 번역 용례를 통해 살펴보겠다.

(13)　가. 70년대는 <u>70년대의 문학</u>이 있고, 80년대는 <u>80년대의 문학</u>이 있다. (『숲은 잠들지 않는다 2』, p.232)
70年代有<u>70年代的文學</u>, 80年代当然又有<u>80年代的文學</u>。(『叢林不眠』, p.385)

　　　나. 벌써 <u>20 몇 년 전의</u> 일이다. (『숲은 잠들지 않는다 2』, p.254)
已經是<u>20多年前的</u>事了。(『叢林不眠』, p.386)

　　　다. <u>오늘 아침의 기도</u>는 더욱 유창했다.
(『원미동 사람들』, p.17)
<u>今天早晨的禱告</u>更是流利无比。(『遠美村的人們』, p.6)

　　　라. <u>삼사십 분간의 악전고투</u>에 대비해……
(『원미동 사람들』, p.33)
准備應付<u>三四十分鐘的苦戰</u>。(『遠美村的人們』, p.22)

　　　마. <u>10세기의 건축 양식</u>을 한눈에 볼 수가 있습니다.
(『원미동 사람들』, p.52)
<u>十世紀的建筑風格</u>可以一覽无遺。
(『遠美村的人們』, p.39)

위의 예문을 통해 한국어에서 시간 명사가 나타날 경우 '의'의 생략이 가능하다는 것을 알 수 있다. (13가)에서 '70년대의 문학'을 조사 '의'가 생략되어 '70년대 문학'이라고 표현해도 의미적으로 큰 차이가 없다. 단지 '70년대의 문학'은 '70년대'의 의미를 더 강조하게 표현하는 것이고 '70년대 문학'은 '문학'의 의미를 더 강조하게 표현하는 것일 뿐이다. (13나,

다, 라, 마)도 마찬가지이다.

반면에 이러한 경우에 대응되는 중국어 표현은 한국어와 반대로 '的'의 출현이 필수적이며 생략이 불가능하다는 것을 알 수 있다. 중국어에서 보통 시간 명사는 부사어 기능을 하기 때문에 부사어와 구별하고 관형어 기능을 수행하게 하려면 '的'의 개입이 필요하다(이광연:2013). (13가)에서는 한국어와 마찬가지로 '的'를 부가해야 '70년대'의 의미를 더 강조하게 표현한다. (13나, 다, 라, 마)도 마찬가지로 '的'가 부가되어야 선행 시간 명사의 의미를 더 강조하여 표현할 수 있다. 또한 (13다)에서의 '今天早晨的禱告'는 '的'가 생략되면 '今天早晨禱告'로 되는데 이것은 비문이 아니지만 주술관계를 표시하는 주술문으로 변하기 때문에 원래의 뜻을 표현할 수가 없다.

4.1.3. 'N1 + N2' 구성

'N1 + N2' 구성은 체언에 의한 관형어의 한 구성이다. 김기복(1999)는 'N1 + N2' 구조를 조사 '-의'의 생략 구조와는 별도의 구조 '명사 수식 구조'로 구분하였다[7]. 본 구성은 앞에 살펴본 'N1의 + N2'과 'N1∅ + N2'의 두 구성과 달리 관형격 조사 '-의'가 실현되지 않는다. '의'가 실현되면 문장이 비문이 된다. 'N1 + N2' 구성에서 두 체언 사이의 의미관계가 아주 긴밀하고 고정적이므로 고정 표현으로 볼 수 있을 정도이다. 이러한 구성은 관형사와 비슷한 기능을 한다. 선행명사가 후행명사의 상태나 성질 등 따위를 표시하거나 그 관련 대상을 지시하는 역할을 한다. 그럼 이러한 경우에 대응되는 중국어 표현은 어떻게 되어 있는지 번역 용례를

---

7) 'N1 + N2'처럼 나열된 명사들 사이에는 수식과 비수식의 관계가 성립하여 명사의 수식 기능이 확인된다. 이러한 수식 기능을 한국어에서는 '관형'이라 불러 왔는데, 영어에서는 형용사적 명사(noun adjective)로 이해한다(김기복 1999).

통해 살펴보도록 하겠다.

첫째, 동격 구성인 경우이다.

목정수(2007)는 현대 한국어의 동격 구성에는 병치되는 명사에서 선행 명사에 '의'가 붙지 못한다고 지적했다. 그럼 이러한 경우에 대응되는 중국어 표현을 살펴보자.

(14) 가. 한때 날리던 <u>여배우 진혜련</u>이야.

『숲은 잠들지 않는다 1』, p.85)

那个女人是曾經紅极一時的<u>女演員陳慧蓮</u>。

(『叢林不眠』, p.61)

나. 서른아홉에 <u>둘째 용규</u>를 낳으면서부터……

(『원미동 사람들』, p.67)

三十九歲生了<u>老二勇逵</u>開始…… (『遠美村的人們』, p.52)

한국어에서 (14가)의 동격 구성인 '여배우'와 '진혜련', (14나)의 '둘째'와 '용규' 사이에 조사 '의'가 붙지 않는다. 중국어 번역문을 보면 이러한 동격 구성일 경우에 대응되는 중국어는 한국어와 마찬가지로 '的'가 실현되지 않는다는 것을 알 수 있다. '的'가 붙으면 의미가 변화되어 같은 뜻을 표현할 수 없다. 중국어에서 (14가, 다)의 '女演員', '둘째' 앞에 '做, 當(하다)'의 동사 성분을 첨가하면 뒤에 조사 '的'가 붙을 수 있다.

둘째, 통사적 합성어인 경우이다.

김선효(2007)은 '의'의 필수적 생략을 '합성어류' 구성이라고 제시하였다[8]. 김승곤(1996)은 앞뒤의 성분이 합성어의 성격을 띨 때, 조사 '의'가

---

[8] 합성어 구성은 『표준국어대사전』에 합성어로 등재되어 있는 것과 등재되어 있지 않은 구성으로 나뉜다(김선효 2007).

생략될 수 있다고 지적했다. 김광해(1984)는 통사적 복합어는 하나의 어휘소로 특수화된 것으로서 조사 '의'의 실현이 제한적이라 할 수 있다고 주장했다.

(15) 가. <u>폭력 교수</u> 물러나라. (『숲은 잠들지 않는다 1』, p.10)
　　　　<u>暴君敎授</u>下台。(『叢林不眠』, p.3)

　　　나. <u>혼혈 가수</u>의 죽음. (『숲은 잠들지 않는다 1』, p.31)
　　　　<u>混血歌手</u>的死亡。(『叢林不眠』, p.19)

　　　다. 10여 명의 <u>남녀 학생대표</u>들은……
　　　　　　　　　　　　　　　　　　　　(『숲은 잠들지 않는다 1』, p.7)
　　　　十多名<u>男女學生代表</u>。(『叢林不眠』, p.1)

(15가)의 선행명사 '폭력'은 후행명사 '교수'의 특징을 표시하고 (15나)의 선행명사 '혼혈'은 후행명사 '가수'의 특징을 표시함으로써 관형사와 비슷한 기능을 한다. 그리고 (15다)의 선행명사 '남녀'도 후행명사 '학생대표'의 특징을 표시하는 수식 기능을 한다. 이런 경우에 한국어에서는 '의'가 실현되지 않는다. 또한 위의 번역 용례를 통해 이러한 경우에 대응되는 중국어 표현도 마찬가지로 '的'가 실현되지 않다는 것을 알 수 있다. '的'가 실현되면 의미가 변화되어 정확한 문장의 의미를 표현할 수 없으므로 비문이 된다.

가. 『표준국어대사전』합성어로 등재되어 있는 구성 － 〈합성어〉
　　얼음물, 돌무덤, 포장마차, 유리구슬, 자취방, 전성시대, 전화선, 운전기사, 사회생활, 사고방식, 오장육부, 연합고사, 신춘문예, 혼수상태, 흑백사진, 횡단보도, 체크무늬, 주홍빛 등
나. 『표준국어대사전』에 등재되어 있지 않은 합성어 구성 － 〈합성어류〉
　　피아노 협주곡, 잠옷차림, 절대군주, 좌석버스, 사랑이야기, 사돈관계, 수학능력시험, 요구사항, 여자아이, 아침햇살, 퍼머머리, 플루트곡, 파인주스, 호각소리, 해물피자, 햄버거집, 학원생활, 천둥소리, 중학시절, 콜라병 등

(15가)의 '暴君敎授'를 '暴君的敎授'로 번역하면 '폭력자의 학교 교수'라는 뜻으로 표현되기 때문에 의미가 변화되어 정확한 문장의 의미를 표현할 수 없게 된다. (15나, 다)도 마찬가지로 '的'가 첨가되면 문장의 뜻이 바뀌므로 원래의 뜻을 표현하지 못한다.

이상에서 한국어 관형격 조사 '의'의 실현 양상을 살펴보았고 각각 실현이 필수적, 수의적, 제한적 경우에 대응되는 중국어 표현을 고찰하였다. 다음 한국어 관형어의 관형격 조사 '의'의 실현 양상과 대응되는 중국어 표현의 대응 관계를 다음 〈표 18〉로 제시한다.

〈표 18〉 한국어 관형격 조사 '의'의 실현 양상과 중국어 대응 표현

한국어 관형격 조사 '의'의 실현 양상		중국어 대응 표현 ('的'의 출현 여부)		
구분	출현 환경	필수	수의	제한
필수적 실현	'대명사＋명사'의 경우	○	×	×
	'우리＋명사'의 경우	×	○	×
	조사와 결합할 경우	○	×	×
	조사 '의'가 선행어에 붙어 뒤의 명사구 전체를 수식하거나, 앞의 명사구 전체를 받는 경우	×	×	○
	주어적 속격구조의 경우	○	×	○
	비유 관계나 관용적 표현을 나타낼 경우	○	×	×
	고유명사에 불가양성 소유를 나타내는 명사가 결합될 경우	○	×	×
	수량 관계를 표현할 경우	○	×	○
	추상명사와 결합할 경우	○	×	×
수의적 실현	'소유주−피소유주물 관계'인 경우	○	×	×
	'전체−부분 관계'인 경우	×	○	×
	'친족 관계'인 경우	○	×	×
	시간 명사가 나타날 경우	○	×	×

실현	동격 구성	×	×	○
불가	통사적 합성어	×	×	○

〈표 18〉에서 알 수 있듯이 조사 '의'는 중국어 '的, ∅' 성분과 대응됨을 알 수 있다. 또한 주의해야 할 점은 조사 '의'가 수의적으로 나타나는 경우, 대응되는 중국어 표현은 일반적으로 '的'가 필수로 출현해야 하는 것이다. 이처럼 한국어에서 선·후행 명사 사이의 의미 관계를 쉽게 짐작할 경우에 조사 '의'가 필수로 필요하지 않은 반면에, 중국어에서 '的'가 생략되면 단순한 단어 나열이 되어 정확한 의미를 표현할 수 없다. 그리고 동격 구성과 통사적 복합어의 경우는 일치된 현상이 나타난다.

4.2. 'N—적' 관형어에 대응하는 중국어 표현

'–적'은 일부 명사 또는 명사구 뒤에 붙어 '그 성격을 띠는', '그의 관계된', '그 상태로 된'의 뜻을 더하는 접미사이다. 접미사 '–적'이 결합된 'N–적'의 통사적 범주에 대한 논의가 많지만 본고에서는 현행 학교문법에 따라 'N–적+명사'를 관형어로 보고 이에 해당하는 중국어 대응표현을 제시하고자 한다.9)

'–적'은 그 쓰임에 있어서 중국어 '的'로 대응하는 경우도 있고 대응하

---

9) 현행 학교문법에서는 'N-적'의 품사를 3가지로 나누어 있다. 통사적 기능에 따라 'N-적+명사'의 'N-적'은 관형사로 처리하고, 'N-적+조사'의 'N-적'은 명사로 처리하고, '비교적, 가급적' 등은 이들 외에 부사로도 처리하고 있다.
  ㄱ. 이 책은 전통문화의 예술적 가치를 다룬 이론서이다. (명사)
  ㄴ. 철수는 예술적 상상력이 뛰어나다. (관형사)
  ㄷ. 여기의 교통은 비교적 편리한 편이었다. (부사)
  ㄹ. 이 일을 가급적 빨리 완성했으면 좋겠다. (부사)

지 않는 경우도 있다. 여기에서는 한국어의 '－적'과 중국어의 '－的'가 'N1－的N2'로 대응하는 경우, 'N1-X－的N2'로 대응하는 경우, 'N1-X－的N2'로 대응하는 경우, 'N1－ØN2'로 대응하는 경우 등 네 가지 유형으로 나누어 고찰하고자 한다.

4.2.1. 'N1－的N2'로 대응하는 경우

한국어의 'N1－적 N2'가 중국어의 'N1－的N2'로 대응하는 경우가 있다. 먼저 몇 가지 번역 용례를 보면 다음과 같다.

(16) 가. 혼수상태에서의 <u>일시적 회복</u> 증세가 꼭 희망은 아니라는 걸 규하는 그래서 알았다.
(『숲은 잠들지 않는다 1』, p.15)
昏睡中偶或出現<u>短暫的恢夏</u>征兆, 并不一定就是好轉的信号, 這一点桂霞很淸楚。(『叢林不眠』, p.7)

나. 그분의 유언을 집행해야 한다는 <u>법률적 차원</u>에서뿐만 아니라 자식된 도리로서도, 그분의 유지를 받드는데 여러분이 <u>적극적 행동</u>을 해 주시리라 나는 믿고 있습니다. (『숲은 잠들지 않는다 1』, p.20)
按照遺書的內容去做, 不僅從<u>法律的角度</u>, 同時作爲子女也是義不容辭的事情。我相信在這件事情上, 大家都會做出<u>積极的反應</u>。(『叢林不眠』, p.11)

다. 오빠의 <u>환상적 정신세계</u>가 깨뜨려지고 그래서 그 깨어진 환상의 파편에 오빠의 여린 살점이 찔린다고 하더라도 할 수 없는 일이었다. (『숲은 잠들지 않는다 1』, p.41)
卽便是哥哥<u>幻想的世界</u>支离破碎, 因此, 那碎片有可能傷害到哥哥稚嫩的 肌肉, 也是无可奈何。
(『叢林不眠』, p.27)

라. 그리고 그 잡다한 것들이 서로 <u>유기적 관련</u>을 맺
어…… (『숲은 잠들지 않는다 1』, p.100)

這個世界所有的事情, 還有所有繁雜的東西都在這裡
能够<u>有机的聯系</u>在一起…… (『叢林不眠』, p.73)

마. 문 박사가 <u>법의학적 방법</u>으로 추리해 낸 것에 의하면
그의 사망은 9월 말경이라 했다.

(『숲은 잠들지 않는다 2』, p.15)

但是, 根据文博士用各种<u>法医學的方法</u>而做的推測,
她的死亡時間大概是在 9月末。(『叢林不眠』, p.203)

바. 인간들이 자신의 노동을 통해 <u>본래적 의미</u>에서의 가치
를 산출시키는땅…… (『원미동 사람들』, p.279)

人們通過自身的勞動, 而在其<u>原有的意義</u>中産生价值
的土地…… (『遠美村的人們』, p.249)

(16가, 나, 다, 라, 마, 바)의 'N1－적 N2'에 대한 용례를 정리하면 다음
과 같다.

'N1－적 N2' → 'N1－的N2'
일시적 회복 → 短暫的恢夏
환상적 세계 → 幻想的世界
적극적 행동 → 積极的反應
법률적 차원 → 法律的角度
유기적 관련 → 有机的聯系
법률적 차원 → 原有的意義
법의학적 방법 → 法医學的方法

위의 예문은 한국어 '－적' 관형어가 중국어의 '的'와 대응하는 유형들
이다. 위의 번역 용례를 보면 (16가)에서 '일시적 회복'을 '短暫的恢夏'로

번역하고 (16다)에서 '환상적 세계'를 '幻想的世界'로 번역하였는데, 한국어에서의 관형사 '일시적', '환상적'이 중국어에서 형용사로 되었다. '법률적 차원'은 '法律的角度'로, '법의학적 방법'을 '法医學的方法'로 번역하였는데, 여기에서는 한국어의 관형사 '법률적', '법의학적'이 중국어에서 명사로 전환되었다. 중국어에서 형용사가 명사를 수식할 때 '的'가 보통 생략이 불가능하다. 요컨대 이러한 경우에는 한국어 '－적'을 중국어로 번역하면 품사가 명사 혹은 대명사로 전환이 되지만 대응 표현은 'N1－적 N2'가 같은 유형인 'N1－的N2'로 나타나고 의미상 거의 차이가 없다. 즉, 이 경우 한·중 양국의 관형어가 동일한 형식으로 표현할 수 있다는 것이다.

4.2.2. 'N-X－的N2'로 대응하는 경우

한국어의 'N1－적 N2'가 중국어의 'N1-X－的N2'로 대응하는 경우가 있다. 먼저 몇 가지 번역 용례를 보면 다음과 같다.

첫째, '－적' → '性的'

(17) 가. 충동적 범죄의 대부분은 오히려 열등감이 심한 사람에
          의해 저질러지는 것이다. (『숲은 들지 않는다 1』, p.158)
          沖動性的犯罪, 大部分都是那些自卑感很强的人惹下
          的罪行。(『叢林不眠』, p.119)

     나. 그것이 터져도, 그것보다 더 큰 비극적 상황과 고통이
          덮쳐도 끝은 아니다. (『숲은 들지 않는다 2』, p.247)
          卽便是有比這更加悲劇性的灾難´ 更大的痛苦來臨,
          那也不意味就是絶望。(『叢林不眠』, p.382)

다. 인간들의 이런 누적된 불만이 야수적 폭력성으로 무고
한 시민들을 향해 발산되는 것을 보고…… (『원미동 사람
들』, p.284)

看到人類累積的不滿以獸性的暴力波及无辜的市民
時…… (『遠美村的人們』, p.254)

라. 자전적 측면이 강한 작품이어서 더욱 그럴 수도 있겠지
만…… (『원미동사람들』, p.282)

雖然可能因爲這是一篇自傳性(的)內容很强的作品
而使它如此, (『遠美村的人們』, p.252)

마. 객관적 묘사만으로 일관하는 전자……
(『원미동 사람들』, p.287)

只作客觀性 (的) 描寫的前者……
(『遠美村的人們』, p.257)

둘째, '－적' → '式的'

(18) 가. 양귀자의 역설적 표현을 빌면 "가난에서 무릉도원까
지"의 아득한 거리에 있는 동네가 아니라……
(『원미동 사람들』, p.275)

借用梁貴子的反喩式的表達, 遠美村不是"世外桃源"
般遙不可及的村子…… (『遠美村的人們』, p.245)

나. 『한 마리의 나그네 쥐』는 소외된 현대인의 심리세계를
설화적 수법을 빌어서 그려보인 작품이다.
(『원미동 사람들』, p.284)

《一只漂泊的老鼠》是將現代人疏离的心理世界, 借
小說式的手法來描寫的作品。(『遠美村的人們』, p.255)

셋째, ' - 적' → '上的'

(19) 가. 극심한 내면적 고통이 어머니를 발기발기 찢고 있는
　　　 듯했다. (『숲은 잠들지 않는다 1』, p.14)
　　　 极度的精神上的痛苦, 似乎令媽媽撕心裂肺。

(『叢林不眠』, p.9)

　　　 나. 거기다가 집안의 제일 큰 어른이었고 대학의 실질적
　　　 주인이었다. (『숲은 잠들지 않는다 1』, p.131)
　　　 她作爲家族中最爲年長的人, 理所当然成了大學實質
　　　 上的主人。(『叢林不眠』, p.98)

　　　 다. 플랑크톤의 종류는 수없이 많지만 법의학적 대상은 규
　　　 조류에 국한돼 있어. (『숲은 잠들지 않는다 2』, p.12)
　　　 浮游生物的种類繁多, 可是法医學上的浮游生物只限
　　　 定在硅藻類。(『叢林不眠』, p.200)

　　　 라. 어느 것을 땅에 대한 본질적 기능으로 생각해야 할지를
　　　 확연하게 깨달을 수 있다. (『원미동 사람들』, p.279)
　　　 可以淸楚地領悟到哪一个才是土地本質上的机能(『遠
　　　 美村的人們』, p.249)

위의 (17), (18), (19)의 한국어의 'N1 - 적 N2'의 번역 용례를 정리하면
다음과 같다.

'N1 - 적 N2' → 'N1-X - 的N2'
충동적 법죄 → 冲動性的犯罪
비극적 상황 → 悲劇性的灾難
야수적 폭력 → 獸性的暴力
자전적 측면 → 自傳性(的)內容
객관적 묘사 → 客觀性(的)描寫
역설적 표현 → 反喩式的表達

설화적 수법 → 小說式的手法
내면적 고통 → 精神上的痛苦
실질적 주인 → 實質上的主人
법의학적 대상 → 法医學上的對象
본질적 기능 → 本質上的机能

위와 같이 한국어 'N1-적 N2'가 중국어에 대응되는 양상을 살펴보았다. 위의 번역 용례를 보면 '충동적 범죄'를 '冲動的犯罪'로 번역하지 않고 '冲動性的犯罪'로 번역하였다. 이렇게 'N1-적 N2'가 'N1-的N2'로 대응하지 않고 'N1-X-的 N2'로 형태상 약간 차이가 나는 경우가 있다. 한국어 '-적'은 중국어에서 '-性的', '-式的', '-型的', '-化的', '-式的', '-上的', '有……的' 등으로 대응된다. '-性的', '-式的', '-型的', '-化的', '-式的' 등은 중국어에서 어기가 나타나는 대상의 본질이나 특징을 표현할 때 많이 쓰이는 표현이고 '-上的', '有……的' 등은 어기가 나타나는 대상에 관계되는 표현이다.

4.2.3. 'N1 – Ø N2'로 대응하는 경우

한국어의 'N1-적 N2'가 중국어의 'N1-Ø N2'로 대응하는 경우가 있다. 먼저 몇 가지 번역 용례를 보면 다음과 같다.

(20)　가. 감정적 처리는 옳지 않아. (『숲은 잠들지 않는다 1』, p.71)
　　　　感情用事是不行的。(『叢林不眠』, p.50)

　　　나. 정서적 반응에 의해 흔들리면 안 된다고 그는 생각했
　　　　다. (『숲은 잠들지 않는다 1』, p.158)
　　　　他覺得不能被情緒反應所左右。(『叢林不眠』, p.119)

　　　다. 선천적으로 낙천적 성향을 가진 그에겐…… (『숲은 잠들

지 않는다 1』, p.243)

先天樂觀性格的他…… (『叢林不眠』, p.187)

라. 그런 일로 불로소득을 얻는다는 건 옳지 않다든가 하는
따위의 도덕적 기준은…… (『숲은 잠들지 않는다 2』, p.159)
類似不勞而獲的, 不道德類的道德標准……

(『叢林不眠』, p.315)

마. "총장님께서 합리적 사고를 갖도록 훈련받은 분이에
요." (『숲은 잠들지 않는다 2』, p.180)
"校長您不愧是受了嚴格的邏輯思維訓練的人啊。"

(『叢林不眠』, p.331)

바. 자신의 예술적 영감이 찌그러지고 녹슬고 삐걱거리는
소리를 들었다. (『원미동 사람들』, p.185)
听到自己的藝術灵感被擠壓生銹的咯吱咯吱的聲
音。(『遠美村的人們』, p.257)

사. 작가의 주관적 감정이 종종 노출되는 후자의 경우는
분명히 같은 연작이면서도 차이가 있다. (『원미동 사람
들』, p.287)
常常露出作者主管感情的后者, 在同一系列作品中存
在着如此的差异。(『遠美村的人們』, p.257)

아. 민족적 긍지의 회복이란 말들이……

(『원미동 사람들』, p.43)

恢夏民族自尊心。(『遠美村的人們』, p.31)

(20)의 'N1 - 적 N2'의 번역 용례를 정리하면 다음과 같다.

'N1 - 적 N2' → 'N1 - Ø N2'
감정적 처리 → 感情用事
정서적 반응 → 情緒反應

낙천적 성향 → 樂觀性格
도덕적 기준 → 道德標准
합리적 사고 → 邏輯思維
주관적 감정 → 主觀情感
예술적 영감 → 藝術灵感
민족적 긍지 → 民族自尊心

위의 번역 용례를 통해 볼 수 있듯이 한국어에서 자연스럽게 표현하는 '감정적 처리'는 중국어에서 '感情的用事'로 번역하지 않고 '感情用事'로 번역한다. 이렇게 'N1－적 N2'가 'N1－的N2'로 혹은 'N1-X－的N2'로 대응하지 않고 삭제형 'ø'로 표현하는 경우가 있다.

이상으로 박범신의 장편소설 『숲은 잠들지 않는다』와 양귀자의 연작소설집 『원미동 사람들』의 원본과 번역본을 통해 'N—적' 관형어의 중국어 대응 표현을 제시하였다. 표로 정리하면 다음과 같다.

〈표 19〉 한국어 'N－적' 관형어와 중국어 대응 표현

한국어 '－적'	중국어 대조		중국어표현
'N1-적 N2'	'N1－的 N2'	일시적 회복 → 短暫的恢复 환상적 세계 → 幻想的世界 적극적 행동 → 積极的反應 법률적 차원 → 法律的角度 법의학적 방법 → 法医學的方法	的
	'N1-X－ 的 N2'	충동적 법죄 → 冲動性的犯罪 비극적 상황 → 悲劇性的灾難 내면적 고통 → 精神上的痛苦 실질적 주인 → 眞正意義上的主人 법의학적 대상→法医學的浮游生物	－性的 －式的 －型的 －化的 －式的 －上的
	'N1－ø N2'	감정적 처리 → 感情用事	ø

	낙천적 성향 → 樂觀性格	
	도덕적 기준 → 道德標准	
	합리적 사고 → 邏輯思維	
	예술적 영감→ 藝術灵感	

위의 표를 보면 다음과 같은 결과가 나올 수 있다.

첫째, 'N1－적 N2'의 중국어 대응표현은 '的'이 첨가되어 'N1－的N2'로 대응할 수 있다.

둘째, 'N1－적 N2'의 중국어 대응표현은 'N1-X－的N2' 구조로 대응할 수 있다. 구체적으로 'N1－性的N2', 'N1－式的N2', 'N1－型的N2', 'N1－化的N2', 'N1－式的N2', 'N1－上的N2'로 대응할 수 있다.

셋째, 'N1－적 N2'가 'N1－的N2'로 혹은 'N1-X－的N2'로 대응하지 않고 삭제형 'Ø'로 표현하는 경우도 있다.

4.3. 관형명사 관형어에 대응하는 중국어 표현

한국어 관형명사는 대부분 다 한자어로 형성되어 있어서 대응되는 중국어 표현도 의미적으로 거의 같은 뜻으로 대응이 된다고 할 수 있다. 예를 들어 '可能, 可變, 最少, 良好, 封建'등 한국어 관형명사는 같은 형태를 가진 중국어 단어와 같은 의미를 가지고 있다. 그러나 모두 다 같은 의미, 같은 형태로 대응이 되는 것은 아니다. 형태가 동일하더라도 의미에 차이가 있을 수도 있고 형태와 의미가 전혀 다른 경우도 있다. 그리고 한국어 관형명사에 대응하는 중국어 단어가 명사로 쓰일 경우도 있고 다른 품사로 쓰일 경우도 있다. 또한 단어로 대응이 안 되고 구로 대응되는 경우도 있을 것이다.

따라서 이 절에서는 먼저 한국어 관형명사와 이에 대응하는 중국어 단어를 의미론적, 형대론적으로 비교하여 살펴보고 또한 관형명사의 통사론적인 결합 양상도 살펴봄으로써 한국어 관형명사 관형어에 대응하는 중국어 표현을 제시하고자 한다.

일반적인 한국 한자어와 중국어를 형태와 의미면에서 대응시킬 때 크게 네 가지로 나눌 수 있는데 바로 동형동의어(同形同義語), 동형이의어(同形異義語), 이형동의어(異形同義語), 이형이의어(異形異義語)가 있는 것이다(이득춘1994;34-35). 동형동의어는 한국 한자어와 중국어 어휘의 형태가 같을 뿐만 아니라 의미 영역에서도 일치하거나 비슷한 어휘를 동형동의어라 말한다. 동형동의어는 형태와 결합 순서 등은 같지만 다른 의미를 나타내는 어휘이다. 이형동의어는 중국어와 한국 한자어 어휘에서 그 형태는 다르지만 의미는 서로 일치하거나 비슷한 것을 말한다. 이형이의어는 형태와 의미가 다 다르다는 말이다. 본 논문에서는 주로 대응 표현을 연구하기 때문에 형태와 의미가 다 다른 이형이의어에 대한 연구는 제외하기로 한다.

그럼 한국어 관형명사와 대응되는 중국어 단어를 동형동의, 동형이의, 이형동의 세 가지로 나누어서 사전에 나오는 뜻풀이와 예문을 제시하면서 논의하도록 하겠다. 관형명사의 의미와 품사는 국립국어연구원에서 간행한 『표준국어대사전』(1999)을 따른다. 중국어 단어의 품사와 의미는 中國社會科學院語言硏究所詞典編輯室에서 편집한 『現代漢語詞典』(2016)에 따른다.

먼저 한자어를 표제어로 제시하고 이에 대응하는 중국어 단어를 제시한 다음 한국어 사전과 중국어 사전에 나타난 뜻풀이를 제시한다. 중국어의 뜻풀이는 원문과 함께 번역문을 제시한 다음 한자어와 중국어 단어를 비교 기술한다.

4.3.1. 동형동의 관형명사

(21) 선진 인물
先進人物/先進的人物

〈韓國語〉: ① 어느 한 분야에서 연령, 지위, 기량 따위가 앞섬. 또는 그런 사람.
② 문물의 발전 단계나 진보 정도가 다른 것보다 앞섬.
〈中國語〉: ① 進步比較快, 水平比較高, 可以作爲學習榜樣的。(형용사)
(진보가 빠르고, 수준이 높고, 학습 모범이 될 수 있는 것)
② 先進的人或集体。(명사)(선진적인 사람과 단체)

(21) 한국어 관형명사 '先進'은 한국과 중국의 사전 뜻풀이를 보면 기술상으로 차이점이 있다고 보이지만 개념적으로는 의미가 비슷해서 거의 같은 뜻으로 쓰인다. 그러나 한국어와 달리 중국어에서는 형용사와 명사 두 가지 품사를 가지고 있다는 것을 알 수 있다. '先進'은 한국어에서 접미사 '-적'과 결합하면 관형사로 되고 '-하다'와 결합하면 동사가 된다. 또한 한국어 관형명사는 뒤에 오는 명사를 직접 수식하는 반면에 대응되는 중국어에서는 '명사(형용사)+명사'의 결합양상도 있지만 (21)처럼 '的'이 첨가되어 '명사(형용사)+的+명사'의 구성도 나타나는 것을 보여준다.

(22) 국제 경쟁
國際競爭

〈韓國語〉: ① 나라 사이에 관계됨.
② 여러나라에 공통됨.
③ 여러 나라가 모여서 이루거나 함.
〈中國語〉: ① 國与國之間的;世界各國之間的。(형용사)
(나라와 나라 간; 세계 각 나라 간)
② 指世界或世界各國。(명사) (세계 혹은 세계 각 나라)

한국어 '국제'는 '나라 사이에 관계됨', '여러 나라에 공통됨', '여러 나라가 모여서 이루거나 함' 등 세 가지로 분류하여 설명을 하였다. 중국어에서는 '나라와 나라 간, 세계 각 나라 간'과 '세계 혹은 세계 각 나라'라고 설명을 하였다. 기술상으로 차이점이 있지만 개념적으로는 의미가 비슷하다고 할 수 있다. 그러나 한국어에서 '국제'는 관형명사에 비해 중국어에서는 명사와 형용사 두 가지의 품사 역할을 하고 있다. 결합 양상을 보면 한국어에서 보통 접미사 '-적'과 결합하여 관형사로 쓰이는 경우가 있다. 또한 중국어에서도 뒤에 오는 명사를 직접 수식하는 양상을 보인다. 즉, 한국어 '명사+명사'에 대응하는 중국어 표현은 '명사(형용사) + 명사'이다.

(23)　가. 금융 시장의 <u>완전</u> 개방
　　　　　金融市場的<u>完全</u>開放

　　　나. <u>완전한</u> 자유
　　　　　<u>完全</u>的自由

　　　다. <u>완전히</u> 마무리하다.
　　　　　<u>全部</u>結束

〈韓國語〉: 필요한 것이 모두 갖추어져 있음. 부족함이나 흠이 없음.
〈中國語〉: ① 齊全;不缺少什么。(형용사) (모두 갖추어져 있음, 부족함
　　　　　　 없음)
　　　　　　② 全部;全然。(부사) (모두, 전부)

　(23)의 '完全'은 한국어에서 '필요한 것이 모두 갖추어져 있음. 부족함이나 흠이 없음.'이란 뜻을 가지고 중국어에서는 두 개 의미항목으로 나누어 설명을 했지만 한국어와 거의 같은 뜻으로 쓰이므로 동형동의 분류에 속한다고 할 수 있다. 그리고 (23가, 나)의 예문을 봤을 때 관형명사 '완전'이 접미사 '-하다'와 결합하면 형용사가 되고 접미사 '-히'와 결합하면 부사가 되는 양상을 보여준다. 또한 중국어에서는 명사가 아니라

형용사와 부사 두 가지 품사의 역할을 한다는 것을 알 수 있다. 여기에서 관형명사 관형어의 결합 구성을 보면 한국어 '명사＋명사'에 대응하는 중국어 표현은 '형용사(부사)＋명사'이다.

(24) 가. 최근 5년 기간
　　　最近五年期間

나. 최근 거리
　　　最近距离/最近的距离

〈韓國語〉: ① 얼마 되지 않은 지나간 날부터 현재 또는 바로 직전까지의 기간.
　　　　　　② 거리 따위가 가장 가까움.
〈中國語〉: ① 指說話前后不久的日子。(名詞)(말하기 전후 얼마 되지 않은 기간)
　　　　　　② 距離最接近或最小的。(거리가 가장 가깝거나 최소적인 거리)

한자어에서 '최근'은 '얼마 되지 않은 지나간 날부터 현재 또는 바로 직전까지의 기간' 혹은 '거리 따위가 가장 가까움'이라고 설명했으나, 중국어에서는 '말하기 전후 얼마 되지 않은 기간' 혹은 '거리가 가장 가깝거나 최소적인 거리'라고 설명하고 있다. 기술상 차이가 약간 있을 뿐 기본적으로 같은 의미를 한국어와 중국어에서 약간 다르게 설명한 것이라고 할 수 있다. 뜻풀이가 완전히 일치하지는 않지만 개념적으로는 완전히 일치하기 때문에 동형동의어에 분류할 수 있는 것이다. 그러나 품사적으로 봤을 때 중국어에서 (24가)의 '最近'은 한국어와 마찬가지로 명사의 역할을 하지만 (24나)의 '最近'은 구조조사 '的'이 붙어 뒤에 오는 '商店'을 수식한다. 여기에서 관형명사 관형어의 결합 구성을 보면 한국어 '명사＋명사'에 대응하는 중국어 표현은 '명사＋명사', 혹은 '명사＋的＋명사'이다.

(25)　가. <u>반민족</u> 행위
　　　　<u>反民族</u>行爲

　　　나. <u>반정부</u> 단체
　　　　<u>反政府</u>團体

〈韓國語〉: 반민족: 민족에 반대하는 일.
　　　　　반정부: 정부에 반대하는 일.
〈中國語〉: 反民族:反對民族(민족에 반대하는 일)
　　　　　反政府:反對反抗政府(정부에 반대하거나 반항하는 일)

　한국어에서의 관형명사 '反民族'과 '反政府'에 대응되는 중국어 표현은 한국어와 똑같은 형태와 똑같은 의미를 가지고 있으므로 서로 동형동의의 대응관계를 나타난다. 그러나 '反民族'과 '反政府'의 '反'은 중국어에서 '반항, 반대'란 뜻으로 여기에서는 동사로 술어의 역할을 한다. '민족, 정부'는 명사로 목적어의 역할을 한다. 따라서 한국어 관형명사 '反民族'과 '反政府'는 중국어에서 하나의 단어로 대응할 수 없고 하나의 구절로 대응이 된다는 것을 보여준다.

　위에서 제시한 관형명사와 같은 유형의 어휘들은 모두 형태가 동일하고 〈韓國語〉와 〈中國語〉 사전에서 의미적으로도 일치하거나 유사하며, 한중 양국의 두 언어에서 서로 동형동의의 대응관계를 나타나고 있다. 그럼 이상의 단어들 외에 한국어 관형명사와 이에 대응하는 중국어 단어의 형태와 의미가 같거나 유사하는 것을 정리하면 아래와 같다.

可能 可變 假死 假性 可視 嘉言 可逆 可用 可容 家電 家傳 加重
加增 可聽 各個 各種 簡易 間接 間歇 强硬 强大 强力 强迫 强性
强制 個別 客觀 擧國 巨大 激烈 缺格 決死 缺食 經口 敬老 警務
經常 高價 高架 高空 高等 固有 固形 公共 共同 公立 公明 共産
工産 公式 公安 公正 共濟 共通 共和 過大 誇大 過渡 過小 冠狀

官選 官治 冠形　交錯 救急 球狀 具象 具體 救荒 國立 國務
國選 國定 國際局地 國策 闕食 均等 均一 極大 極力 極烈 極小
極限 近衛　急性 急進 機動 起立 騎馬 祈福　既定 既存 緊急
拮抗 落後 難治 納涼 耐久 內務 內在 落後 冷血　老朽 綠化
農工 農林 農産 農水産 農畜産 累進 多國間 多連發 多者間 多
重 多品種 單科 單獨 單純 單一　短資 當面　對空 對共 對南
對內 對等 對物 對美 對民 對北 對外 代議 對人 對日 大幅 大韓
突出 冬季 冬期 同位 同一　同質 同好 磨製 萬年 名門 模擬 模造
木造 無期 無機 無名 無法 無産 無性 無人　無政府 無限 武俠
無血 文敎 文民 未開 微細 微小 微少 未熟練 微視 未知 未就學
民營　民主 反國家 反獨裁 反美 反民族 反轉 反政府 發燃 發熱
普通 普遍 法定 複合 封建 不當 附帶 不動 浮動 附隨 不健全
不買 不法 不變 不燃 不穩 非可視 非公開 非同盟 非武裝 非民
主 非保護 非生産 非營利 貧富 師範 私選 私設 私有 射程 傘下
酸化 三重　相當 相補 常設 詳細 常習 常用 傷痍 上向 相互
先發 先史 先任 先進 先行 消極 消防 手動 水産 修習 瞬間 純粹
市立 市營 愼重 新進 新興 實用 實質 雙務 惡德 弱小 兩大
良好 養護 御用 嚴格 女流 軟性 連鎖 歷代 驛傳 年間　劣等
劣性 葉狀 領官 永久 永世 零細 豫備 豫行 穩健 溫血 完全 緩衝
外來 要視察 料食 要式 要注意 優良 偶發 虞犯 羽狀 優性 優秀
優越 遠隔 原月刊 月例 月定 危急 尉官 有期 有機 有毒 流動
有關 有力 有利 有望 有名 唯物 有産 有色 油性 有人 有限 有害
流血 有效 依法 擬似 依願 二重 異質 人工 隣接 人造 日刊 一個
一級 一大 一流 一日　一齊 臨界 林産 臨時 立憲 剩餘 自記
自動 自進 殘留 殘餘 暫定 獎學　在美 在席 在位 在任 在日
在籍 在宅 低價 低開發 低空 低公害 著名　積極 適法 適正 電擊
電動 專門 定規 定期 精母 精密 定言 正統 早期 早起 終身 左前
主去來 主力 駐美 主要 駐韓 重價 重大 中産 中小 重要 中前
卽刻 卽興 至上 直立 直接 眞性 天然 徹夜 鐵血 淸淨 最近 最大

最小 最少 最新 最低 最終 秋季 抽象 春季 充分　致死 親美
親衛 親日 打製 土木 土着 統辭 通俗 特級 特別 特設 特殊 特異
特定 葡萄狀 夏季 下等 下向 學術 韓美 限時 合法 害黨　現用
現前 現存 現行 互惠 豪華 婚外 幻想 活性 後發 後進 後行 欽定
吸濕 吸熱 稀貴 稀少 稀有

4.3.2. 동형이의 관형명사

본 연구에서는 이를 크게 의미가 완전히 다른 경우 同形異義語와 부분
적으로 다른 경우 同形部分異義語로 나누어 고찰해 보겠다.

> (26) 특별 대우
>   特別待遇/特別的待遇
>
>> 〈韓國語〉: 보통과 구별되게 다름.
>> 〈中國語〉: ① 与衆不同;不普通 (形容詞) (보통과 다름; 보통이 아님)
>>   ② 格外 (副詞) (각별히)
>>   ③ 特地 (副詞) (특히)
>>   ④ 尤其 (副詞) (특별히)

(26)의 '特別'은 한국어에서는 '보통과 구별되게 다름.'이란 뜻으로 하
나의 의미 항목으로 설명이 되지만 중국어에서는 한국어와 같은 의미 외
에 '각별히, 특히, 특별히' 등 세 가지 뜻이 포함되어 있다. 한국어와 중국
어에서 모두 같은 형태를 가지고 있는 단어이지만 의미 영역에서는 완전
히 일치하지 않다. 품사적으로 비교해 보면 한국어에서의 '특별'은 접미
사 '－히'와 결합하여 부사의 역할을 하고 중국어에서는 형용사와 부사의
역할을 한다는 것을 알 수 있다. 그러나 한국어 관형명사에 대응되는 중
국어 표현은 〈中國語〉①번 형용사 의미에 해당된다고 할 수 있다. 즉,
한국어 '명사＋명사'에 대응하는 중국어 표현은 '형용사＋명사'의 결합 양

상도 있지만, '的'이 첨가되어 '형용사＋的＋명사'의 구성도 나타나는 것을 보여준다.

(27) 가. 건전 오락
　　　　健康的娛樂

　　　나. 건전 투자
　　　　可靠的投資/穩妥的投資

〈韓國語〉: ① 병이나 탈이 없이 건강하고 온전함.
　　　　　② 사상이나 사물 따위의 상태가 한쪽으로 치우치지 않고 정상
　　　　　　적이며 위태롭지 않다.
〈中國語〉: ① 強健而沒有缺陷。(형용사) (건강하고 온전함)
　　　　　② 事物完善, 沒有欠缺。(형용사) (사물 상태가 완벽함, 흠이
　　　　　　없음)
　　　　　③ 使完備。(동사) (완벽하게 하다)

'健全'은 한국어에서 '몸이 건강하고 온점함'과 '사상이나 사물의 상태가 정상임'이란 뜻을 가지로 있으나 중국어에서는 '몸이 건강하다' 이 외에 또 '완벽하게 하다'의 뜻을 가진다. 예를 들어 '健全生産責任制度'(생산책임제도를 완벽하게 하다)의 '健全'은 '완벽하게 하다'의 뜻으로 동사의 역할을 한다. 이러한 의미는 한국어에서 없으므로 동형이의에 속한다고 할 수 있다. 품사적으로 비교해 보면 한국어에서는 '健全'이 접미사 '하다'와 결합하면 형용사가 되고 접미사 '－히'와 결합하면 부사가 되지만 중국어에서의 '健全'은 형용사와 동사 두 가지의 품사 역할을 하고 있다. 그러나 한국어 관형명사에 대응하는 중국어는 형용사이다.

또한 (27가, 나)의 예문을 보면 한국어 관형명사에 대응되는 중국어는 '健全'이란 단어가 나타나지 않고 '健康的, 可靠的, 穩妥的' 등 다른 어휘들이 나타난다. 중국어 '健全'에 대응되는 한국어는 '건전하다', '건전히'와

'건전하게 하다'이다. 또한 한국어 관형명사는 뒤에 오는 명사를 직접 수식하는 반면에 대응되는 중국어에서는 '的'이 첨가되어 '형용사+的+명사'의 구성으로 나타나는 것을 보여 준다.

(28) 가. 일정 기준에 도달하다
　　　　達到一定水准。

　　　나. 일정 금액을 내시면 등록이 됩니다.
　　　　只要交付一定的金額就能登录。

〈韓國語〉: ① 어떤 것의 크기, 모양, 범위, 시간 따위가 하나로 정하여져 있음.
〈中國語〉: ① 規定的 ; 确定的。(형용사) (규정됨, 확정됨)
　　　　　② 固定不變的 ; 必然的。(형용사)(고정되어 변화하지 않음, 필연적)
　　　　　③ 表示堅決或确定 ; 必定。(부사)(견결히, 꼭)
　　　　　④ 特定的。(형용사)(특정됨)
　　　　　⑤ 某种程度的。(형용사)(어느 정도)

　한국어에서 '一定'은 '어떤 것의 크기, 모양, 범위, 시간 따위가 하나로 정하여져 있음.'의 뜻을 가지고 있지만 중국어에는 이 외에 또 '확정됨, 특정됨, 고정됨, 견결히' 등 여러 가지 뜻을 가지고 있다. 품사적으로 한국어 관형명사에 비해 중국어에서는 형용사와 부사의 역할을 한다. 한국어에서 '一定'도 접미사 '－히'와 결합하면 부사가 되고 접미사 '－하다'와 결합하면 형용사가 된다. (28가, 나)의 예문을 보면 한국어 관형명사에 대응되는 중국어 표현은 〈中國語〉⑤번 뜻풀이의 형용사에 해당된다는 것을 알 수 있다. 또한 한국어 관형명사는 뒤에 오는 명사를 직접 수식하는 반면에 대응되는 중국어에서는 '형용사+명사'의 결합양상도 있지만 '的'이 첨가되어 '형용사+的+명사'의 구성도 나타나는 것을 보여 준다.
　위에서 제시한 관형명사와 같은 유형의 어휘들은 모두 형태가 동일하지만 의미의 부분면을 보면 〈韓國語〉와 〈中國語〉 사전에서 서로 다른 의미를 나타나고 있다. 그럼 이상의 단어들 외에 한국어 관형명사와 이에 대응하는 중국어 단어의 형태가 같지만 의미가 다른 것을 정리하면 아래와 같다.

架空 家內 可算 健全 均質 旣成 當該 別途 本格 不遇 完璧
一定 適正 該當

4.3.3. 동의이형 관형명사

동의이형어는 중국어와 한국 한자어 어휘에서 그 형태는 다르지만 의미는 서로 일치하거나 비슷하는 것을 말한다.

(29)   범용(汎用) 기관
       泛用机關

　　〈韓國語〉: 여러 분야나 용도로 널리 쓰는 것.
　　〈中國語〉: 广泛使用。(동사) (널리 사용함)

한국어 관형명사 '범용'에 대응되는 중국어는 '汎用'이 아니라 '泛用'이다. 중국어와 한국 한자어 어휘에서 그 형태는 다르지만 의미 영역에서는 모두 다 '널리 쓰는 것'이란 뜻으로 쓰이므로 완전히 일차하다고 할 수 있다. 그러나 품사적으로 비교해 보면 한국어에서 관형명사로 쓰이는 반면에 중국어에서는 동사로 쓰인다. 또한 명사와의 결합 구성을 보면 명사와 집접 결합할 수 있다는 것을 보여준다. 즉, 한국어 관형명사 관형어 '명사+명사' 구성에 대응하는 중국어는 '동사+명사'이다.

(30)   상공(商工) 계급
       工商階級

〈韓國語〉: 상업과 공업을 아울러 이르는 말.
〈中國語〉: 工業和商業的合稱。(명사) (상업과 공업을 아울러 이르는 말)

한국어에서 '商工'은 '상업과 공업을 아울러 이르는 말'의 뜻으로 쓰이지만 중국어에서는 '商工'이란 단어가 없고 같은 의미로 '工商'이란 단어로 대응이 된다. 한자어가 거꾸로 되어 있어서 중국어와 한국 한자어 어휘에서 그 형태는 다르지만 의미는 완전히 일치하므로 동의이형에 속한다고 할 수 있다. 그리고 중국어에서도 명사의 역할을 하며 뒤에 오는 명사와 직접 결합하는 구성 양상을 보여준다. 즉, 한국어 '명사＋명사' 구성에 대응하는 중국어도 '명사＋명사' 구성이다.

(31)   취로(就勞) 비자
        就業簽証

〈韓國語〉: 일에 착수함. 또는 일에 종사함.
〈中國語〉: 得到職業 ; 參加工作。(동사) (취직함, 사업에 종사함)

한국어 한자어 '就勞'는 중국어에서 없는 단어이다. '취로'와 비슷한 뜻으로 중국어에서는 '就業', 혹은 '從業'라는 단어가 있다. '就勞'와 '就業'은 형대가 다르지만 의미가 비슷하므로 동의이형에 속한다고 할 수 있다. 그러나 품사적으로 비교해 보면 한국어에서 관형명사로 쓰이는 반면에 중국어에서는 동사로 쓰인다. 또한 명사와의 결합 구성을 보면 명사와 집접 결합한다는 것을 보여준다. 즉, 한국어 '명사＋명사' 구성에 대응하는 중국어 표현은 '동사＋명사'이다.

위에서 제시한 관형명사와 같은 유형의 어휘들은 모두 형태가 다르지만 의미면을 보면 〈韓國語〉와 〈中國語〉 사전에서 서로 비슷한 의미를 나타나고 있다. 그럼 이상의 단어들 외에 한국어 관형명사와 이에 대응하는 중국어 단어의 형태가 다르지만 의미가 유사하는 것을 정리하면 아래와 같다.

加採 加黃 巨視 客員 缺格 官選　怪奇 群小 極東 近接 當座
勞農 老廢 無賃 敏腕 汎國民 汎道民 汎民族 汎民主 汎用 倂設
不可算 商工 時限附 植民　年例 有閑 有和 遊休 一括　低學力
諸般 就勞 韓佛 行旅

이상으로 한국어 관형명사와 이에 대응하는 중국어 표현을 동형동의어
(同形同義語), 동형이의어(同形異義語), 이형동의어(異形同義語)로 나
누어 의미, 형태론적으로 통사론적으로 살펴보았다. 한국어 관형명사 관
형어의 중국어 대응 양상은 아래 〈표 20〉과 같다.

〈표 20〉 유형별 한중 관형명사 어휘수와 비율

구분	어휘수(개)	전체 관형명사에서의 비율(%)
同形同義語(동형동의어)	439	90
同形異義語(동형이의어)	14	3
異形同義語(이형동의어)	35	7
합계	488	100

〈표 20〉을 보면 전체 488개 어휘에서 동형동의어는 439개의 어휘로
전체 관형명사에서 90%를 차지하고 동형이의어는 14개의 어휘로 전체
관형명사에서 3%의 비율을 차지한다. 이형동의어는 35개의 어휘수로
7%를 차지한다. 동형동의어가 전체 관형명사에서 가장 높은 비율을 차지
하고 있다. 그러나 동형이의어가 차지하는 비율이 그다지 많지 않으나
품사와 결합 구성이 다르기 때문에 한국어를 배우거나 중국어를 배울 때
혼란스러워 할 수 있으므로 학습자들은 주의를 기울여야 한다. 이러한
의미적인 차이점과 공통점을 알고 나면 훨씬 더 쉽게 어휘를 이해하고

습득할 수 있을 것이다.

〈표 20〉을 통해 한국어 관형명사 관형어와 이에 대응하는 중국어 대응 표현을 형태, 통사론적으로 비교한 결과를 요약하면 다음과 같다.

첫째, 한국어 관형명사는 단일 품사로 쓰이는데 비해 이에 대응하는 중국어 단어의 품사는 명사, 형용사, 동사 등 다양하게 쓰이는 경우가 있다.

둘째, 관형명사와 이에 대응하는 중국어 단어가 모두 다 같은 의미, 같은 형태로 대응이 되는 것은 아니다. 형태가 동일하더라도 의미에 차이가 있는 것도 있고 의미가 같으나 형태가 전혀 다른 경우도 있다. 이 중에 동형동의어가 전체 관형명사에서 가장 높은 비율을 차지하고 있고 이형동의어가 전체 관형명사에서 가장 낮은 비율을 차지하고 있다.

셋째, 한국어 관형명사에 대응하는 중국어 표현이 다 단어로 형성되는 것은 아니다. '反民族', '反政府' 등 한국어 관형명사는 중국어에서 하나의 단어로 대응할 수 없고 하나의 구절로 대응이 된다.

넷째, 한국어 관형명사는 접미사 '−하다, −히, −화, −적, −성'과 결합하는 양상을 보여준다. 또한 한국어 관형명사 관형어의 구성 양상을 보면 한국어 관형명사가 뒤에 오는 명사를 직접 결합하는 반면에 이에 대응하는 중국어는 명사와 직접 결합하는 경우도 있고 구조조사 '的'를 붙여 뒤에 오는 명사와 결합하여 문장을 구성하는 경우도 있다. 즉, 명사로 된 관형어를 구성할 때 '的'을 필요로 하는 경우가 있고 '的'을 필요하지 않는 경우도 있다. 한국어 관형명사 결합 양상과 대응하는 중국어 결합 양상을 도출해 내면 다음과 같다.

> 한국어 관형명사 결합 양상: 관형명사＋일반 명사
> 중국어 대응 양상: 명사＋(的)＋명사
> 　　　　　　　　　형용사＋(的)＋명사
> 　　　　　　　　　동사＋(的)＋명사

V

한국어 용언 관형어의 중국어 대응 표현

V. 한국어 용언 관형어의 중국어 대응 표현

용언에 의한 관형어는 동사, 형용사의 어간에 관형사형 어미 '-(으)ㄴ', '-는', '-ㄹ', '-던/었던' 등과 결합하여 피수식어를 수식하는 것을 가리킨다. 용언 관형어는 용언이 단독으로 관형어가 되기도 하지만, 복합문의 내포된 문장에 관형사형 어미가 붙어 관형절의 형태로 되어 뒤의 피수식어를 수식하기도 한다. 용언의 관형형 구조에서는 관형사형 어미가 아주 중요한 역할을 한다. 일반적으로 관형사형 어미는 '-(으)ㄴ', '-는', '-ㄹ', '-던/었던'의 네 가지로 구분되고 '-(으)ㄴ'은 과거, '-는'은 현재, '-ㄹ'은 미래, '-던/었던'은 과거회상을 뜻하는 것으로 이해할 수 있다. 그럼 이제부터 용언인 동사, 형용사와 서술격조사 '이다'가 이 네 가지 관형사형 어미와의 결합 양상에 대해 살펴보도록 하겠다.

5.1. 관형사형 어미 '-(으)ㄴ'에 대응하는 중국어 표현

관형사형 어미 '-(으)ㄴ'은 형용사나 서술격 조사 '이다'와 결합되면 현재의 상태나 모습을 나타내고 동사와 결합되면 과거, 완료, 혹은 완료의 지속 등 뜻을 나타낸다. 중국어에서는 한국어의 관형사형 어미 대신 용언에 '的'를 동반해야 실현한다. 따라서 중국어에서 구조조사 '的'는 관형어의 형식표지라고 할 수 있다. 그러나 중국어에서도 '的'가 모든 관형어 뒤에 쓰이는 것이 아니라 관형어가 쓰이는 어구의 성질 및 나타내고자 하는 어법적 의미에 따라 '的'를 반드시 첨가해야 하는 경우도 있고, '的'를 첨가하지 않아야 하는 경우도 있다(劉月華 2005:49).

5.1.1. 동사 어간 + '-(으)ㄴ'형

우선, '-(으)ㄴ'이 동사와 결합된 관형어와 중국어 대응 표현을 살펴보도록 한다. '-(으)ㄴ'은 한국어에서 과거, 혹은 동작의 완료를 의미하는데 중국어의 구조조사 '的'만으로 대응할 수가 없으므로 시간 부사나 다른 시간의 의미를 갖고 있는 허사[1]를 함께 써야 한다(이빙청 2013:32).

(1)   가. 링그를 <u>꽂은</u> 주사기에 피가 역류했다.

(『숲은 잠들지 않는다 1』, p.15)

        <u>插着</u>点滴瓶的管子里回了血。(『叢林不眠』, p.7)

        나. <u>말린</u> 종이쪽지를 펴보자……(『숲은 잠들지 않는다 1』, p.56)

        一打開<u>卷着</u>的紙條……。(『叢林不眠』, p.38)

        다. 야회복을 <u>입은</u> 남자 가수가 노래하고 있다.

(『숲은 잠들지 않는다 1』, p.83)

        <u>穿着</u>晚礼服的男歌手在唱歌。(『叢林不眠』, p.59)

(1다)는 '남자 가수가 흰 야회복을 입고 있다'란 뜻으로 한국어에서 관형사형 어미 '-(으)ㄴ'은 동작의 완료이고 그 완료된 상태가 지속된다는 의미를 가진다. 중국어에서 '야회복을 입은 남자 가수'와 대응되는 표현은 예문에 제시한 바와 같이 '穿着晚礼服的男歌手'로 번역한다. (1가)와 (1나)도 마찬가지로 '링그를 꽂은 주사기'를 '插着点滴瓶的管子'라고 번역하고 '말린 종이쪽지'를 '卷着的紙條'로 번역하였다. 여기에서 동작의 완료된 상태가 지속된다는 의미로 관형사형 어미 '-(으)ㄴ'은 '着……

---

1) 단독적으로 문장성분이 될 수 있느냐에 따라 단어를 실사와 허사로 분류를 한다. 실사는 단독적으로 문장 성분이 될 수 있는 단어로 명사, 동사, 형용사, 수사 등이 이에 속한다. 허사는 단독적으로 문장성분이 될 수 없는 단어로 부사, 개사, 조사, 감탄사 등이 이에 속한다(施春宏 2015:42).

的'로 대응된다는 것을 알 수 있다. 중국어 구조조사 '的'는 시제와 상의 뜻을 모두 나타내지 못한다. 동작이 완료되고 그 완료된 상태가 지속된 모습을 정확하게 표현하려면 동태조사2) '着'를 붙여야 한다.

(2)　가. 라이트훅을 맞은 선수가……

(『숲은 잠들지 않는다 1』, p.61)

中了直勾拳的選手…… (『叢林不眠』, p.42)

나. 김인혁의 젖은 바지를 닦아내려는……

(『숲은 잠들지 않는다 1』, p.80)

要擦拭金仁赫濕透了的西袴…… (『叢林不眠』, p.56)

다. 죽은 여자하곤 서로 왕래가 있었나요?

(『숲은 잠들지 않는다 1』, p.57)

跟死了的這個女人, 你們有沒有來往?

(『叢林不眠』, p.39)

(2가)에서는 '라이트훅을 맞은 선수'를 '中了直勾拳的選手'라고 번역하였고, (2나)에서는 '젖은 바지'를 '濕透了的西袴'로 번역하고 (2다)에서는 '죽은 여자'를 '死了的女人'으로 번역하였다. 여기에서도 한국어 관형사형 어미 '-(으)ㄴ'은 동작의 완료 의미를 나타냈다. 그러나 중국어 대응 표현은 '了……的'로 되어 있다. 중국어에서 '了'는 '着'와 같이 동태조사에 속한다. '着'는 동작의 지속 의미를 나타내는 반면 '了'는 동작의 완료 의미를 나타낸다. 중국어 구조조사 '的'는 시제와 상의 뜻을 모두 나타내지 못하므로 동작 완료의 의미를 표현하려면 동태조사 '了'를 붙여야 한다.

---

2) 중국어의 동태조사는 동작의 상태를 나타내는 조사이다. 동태조사 '了'는 동작이 완료되었음을 나타내는 조사이고, '着'는 동작이 계속 진행되고 있는 상태를 나타내는 조사이고, '過'는 과거의 경험을 나타내는 조사이다.

(3)　가. 벽에 <u>걸린</u> 사진을 다시 보았다.

(『숲은 잠들지 않는다 1』, p.57)

重新看了看<u>挂在墙上的</u>照片。(『叢林不眠』, p.39)

나. 옷걸이에 <u>걸린</u> 옷이 눈에 띄었다.

(『숲은 잠들지 않는다 1』, p.77)

<u>挂在衣服架上的</u>衣服引起了注意。(『叢林不眠』, p.58)

(3가)에서는 '벽에 걸린 사진'을 '挂在墙上的照片'으로 번역하였고, (3나)에서는 '옷걸이에 걸린 옷'을 '挂在衣服架上的衣服'로 번역하였다. 여기에서 관형사형 어미 '-(으)ㄴ'은 '在……的'로 대응한다.

(4)　가. 막 <u>떠오른</u> 햇빛이…… (『숲은 잠들지 않는다 1』, p.55)

剛剛<u>升起的</u>太陽…… (『叢林不眠』, p.37)

나. 새로 <u>따라놓은</u> 소주를 그녀는 또 단숨에 마셨다.

(『숲은 잠들지 않는다 1』, p.65)

她一口喝干了剛剛<u>倒下的</u>一杯酒。(『叢林不眠』, p.45)

다. 육이오 무렵 <u>잃어버린</u> 사람을 찾습니다.

(『숲은 잠들지 않는다 1』, p.105)

尋找6·25時<u>失散的</u>親人。(『叢林不眠』, p.76)

(4가)에서는 '떠오른 햇빛'을 '升起的太陽'으로 번역하고, (4나)에서는 '따라놓은 소주'를 '倒下的一杯酒'로 번역하고 (4다)에서는 '잃어버린 사람'을 '失散的親人'으로 번역하였다. 여기에서의 관형사형 어미 '-(으)ㄴ'은 모두 동작의 완료 의미를 나타낸다. (4가, 나, 다)의 번역 용례를 보면 중국어에서 '的'로 대응되는 것으로 보이지만 만약 문장의 시간부사를 없애 버리면 시간의 의미를 찾을 수 없다. (4가)에서 '떠오른 햇빛'은 한국어에서 '떠오르다'라는 동작이 이미 완료되었다는 뜻을 보일 수 있지

만 중국어의 '升起的太陽'은 지금 막 떠오르고 있는 햇빛인지 이미 떠오른 햇빛인지 시간의 의미가 확실하지 않다. 그러므로 중국어에서는 보통 시간부사가 붙어 있다. (4가)의 '막', (4나)의 '새로', (4다)의 '무렵'과 같은 시간부사를 통해 시간의 의미를 나타낸다. 이것은 중국어의 구조조사 '的'가 관형어로 실현되는 데는 도움이 되지만 시간의 의미를 나타내지 않기 때문이다. 따라서 여기에서는 관형사형 어미 '-(으)ㄴ'에 대응하는 중국어 표현은 '(剛剛)……的'라는 것을 알 수 있다.

(5)　가. <u>죽은</u> 자는 말이 없다고 하는 건 단순한 소견이었다.
　　　　　　　　　　　　　　　　　　　　（『숲은 잠들지 않는다 1』, p.50)
　　　<u>死</u>者无言, 那是极其單純的观点。（『叢林不眠』, p.34)

　　나. 시반은 일반적으로 <u>죽은</u> 후 한 시간부터 나타나기 시작
　　　　하여…… （『숲은　　　　　　잠들지 않는다 1』, p.50)
　　　人<u>死</u>后一小時左右就會出現尸斑。（『叢林不眠』, p.33)

　　다. 호텔이 <u>빈</u> 껍데기만 남을 거라는 건
　　　　　　　　　　　　　　　　　（『숲은 잠들지 않는다 1』, p.248)
　　　賓館只會剩下一个空殼。（『叢林不眠』, p.191)

　(5가)에서는 '죽은 자'를 '死者'로 번역을 하고 (5나)에서는 '죽은 후'를 '死后'라고 번역하고 (5다)에서는 '빈 껍데기'를 '空殼'라고 번역하였다. 중국어 대응표현에서 모두 '的'가 실현되지 않는다. 중국어에서 단음절인 경우 구조조사 '的'의 도움 없이 바로 관형어로 쓰여 뒤의 피수식어를 수식할 수 있다. 이러한 경우에는 한국어 관형사형 어미 '-(으)ㄴ'과 대응되는 중국어 표현은 없다. (5다)처럼 '죽은 여자'는 단음절이 아닌 2음절의 경우 '死了的女人'으로 번역한다. 그리고 (5가)도 마찬가지로 '죽은 자'를 '死了的人'으로 번역할 수 있고, (5나)의 '죽은 후'를 '死了之后'로

번역할 수 있다. 이때는 구조조사 '的' 혹은 '之'의 출현이 필수적이다.

(6) 가. 어제 본 그림 ······ (『숲은 잠들지 않는다1』, p.24)

昨天看過的畵······ (『叢林不眠』, p.191)

나. 횟집은 전에 와본 그대로였다.

(『숲은 잠들지 않는다1』, p.236)

這家壽司店跟之前來過的時候一模一樣。

(『叢林不眠』, p.201)

(6)의 '본 그림'과 '看的畵'로 대응되지만 여기에서 관형사형 어미 '－ㄴ'과 대응되는 중국어 표현은 '的'라고 할 수는 없다. 만약 문장의 시간부사 '어제'를 없애 버리면 한국어에서 '그린 그림'은 '－ㄴ' 때문에 '그리다'라는 동작은 이미 완료로 보일 수 있지만 중국어에서 '畵的畵'는 시간의 의미를 찾을 수 없다. 이것은 중국어의 구조조사 '的'가 관형어로 실현되는 데는 도움이 되나 시간의 의미가 없기 때문이다. 따라서 여기에서는 중국어 조사 '過'를 붙여 '看過的畵'로 해야 '그 그림은 이미 보았다'란 동작 완료의 뜻을 나타낸다. (6나)도 마찬가지로 앞에 '전에'와 같은 시간 명사와 결합한 관형사형 어미 '－ㄴ'에 대응하는 중국어는 '之前/以前/昨天······過的'이다.

5.1.2. 형용사 어간 + '－(으)ㄴ'형

'－(으)ㄴ'은 형용사와 결합하여 뒤에 오는 명사나 명사구를 수식하면서 현재 상태의 의미를 나타낸다. 그러나 중국어의 형용사가 관형어로 쓰일 때 '的'의 분표 양상이 아주 복잡하기 때문에 관형사 어미 '－(으)ㄴ'의 중국어 대응 표현은 '的'로 대응될 수 있는 경우도 있고 대응될 수 없는 경우도 있다.

(7)　가. 어머니의 <u>마른</u> 입술을 엽차 숟갈로 적셔주었다.

　　　　　　　　　　　　　　　『숲은 잠들지 않는다 1』, p.17)

　　用茶勺潤濕了媽媽<u>干裂的</u>嘴唇。(『叢林不眠』, p.9)

　　나. 거울 속엔 <u>낯선</u> 여인이 서 있었다.

　　　　　　　　　　　　　　　『숲은 잠들지 않는다 1』, p.81)

　　鏡子里完全是一个<u>陌生的</u>女人。

　　다. <u>부드러운</u> 미소를 담고 있었다.

　　　　　　　　　　　　　　　『숲은 잠들지 않는다 1』, p.81)

　　堆着<u>溫柔的</u>微笑。(『叢林不眠』, p.57)

(7가)에서 '마른 입술'을 '干裂的嘴唇'으로 번역하고 (7나)에서는 '낯선 여인'을 '陌生的女人'으로 번역하고 (7다)에서는 '부드러운 미소'를 '溫柔的微笑'로 번역한다. 여기에서 형용사와 결합한 한국어 관형사형 어미 '-(으)ㄴ'의 중국어 대응 표현이 '的'로 대응할 수 있다는 것을 알 수 있다.

(8)　　희고 <u>아름다운</u> 종아리를 드러낸 한 여자……

　　　　　　　　　　　　　　　『숲은 잠들지 않는다1』, p.34)

　　露着雪白又<u>美麗</u>大腿<u>的</u>女人。(『叢林不眠』, p.21)

(8)에서는 '아름다운 종아리'를 '美麗大腿'로 번역하였는데, 여기에서는 '的'가 생략되었다. 劉丹靑(2008)에서 조사 '的'는 한 문장에서 여러번 나타날 경우 언어의 경제성 원리에 의해 일반적으로 핵심어와 가까운 '的'만 남기고 다른 중첩된 '的'는 생략된다고 설명했다. 여기에서 '드러낸'은 동작의 완료된 상태가 지속된다는 의미로 '的'가 실현되어 '露着……的'로 번역해야 한다. 그럼 '的'가 두 개로 중첩되므로 앞에 나타난 조사 '的'가 생략되고 핵심어 '여자'와 가까운 '드러낸'의 '的'만 남는다.

(9)　가. <u>작은</u> 방은 창고처럼 쓰이고 있다.

　　　　　　　　　　　　(『숲은 잠들지 않는다 1』, p.54)

　　　　<u>小</u>房間似乎当做储物間使用。(『叢林不眠』, p.37)

　　나. <u>낡은</u> 호텔이므로…… (『숲은 잠들지 않는다 1』, p.245)

　　　　因爲是<u>旧</u>賓館…… (『叢林不眠』, p.188)

　　다. <u>흰</u> 가운을 걸치고 있는 게……

　　　　　　　　　　　　(『숲은 잠들지 않는다 1』, p.48)

　　　　披着<u>白</u>大褂…… (『叢林不眠』, p.32)

　　라. <u>파란</u> 눈의 남자가 서 있었다. (『숲은 잠들지 않는다 1』, p.57)

　　　　站着一个<u>藍</u>眼睛的男人。(『叢林不眠』, p.39)

　　마. <u>흰</u> 피부와 <u>짙은</u> 눈썹과 <u>우뚝한</u> 콧날과 <u>파란</u> 눈을 가진
　　　　남자였다. (『숲은 잠들지 않는다 1』, p.241)
　　　　他有着<u>雪白</u>的皮膚，<u>濃濃</u>的眉毛，<u>高挺</u>的鼻梁，<u>藍色</u>
　　　　<u>的</u>眼睛。(『叢林不眠』, p.185)

　위 예문을 보면 (9가, 나, 다, 라)에서는 모두 '的'가 실현되지 않는다는 것을 알 수 있다. 그리고 중국어에서의 형용사는 모두 단음절인 형용사라는 것도 알 수 있다. 이것도 중국어에서 형용사가 단음절이면 관형어로 실현될 때 일반적으로 '的'를 붙이지 않기 때문이다. (9마)처럼 '흰 피부'를 '雪白的皮膚'로 번역하고, '짙은 눈썹'을 '濃濃的眉毛'라 번역하고, '우뚝한 콧날'을 '高挺的鼻梁'으로 번역하고, '파란 눈'을 '藍色的眼睛'으로 번역하였지만 만약 앞의 형용사를 단음절로 번역하면 '的'가 생략되어 각각 '白皮膚', '濃眉毛', '高鼻梁', '藍眼睛'으로 번역해야 한다.

5.1.3. '이 –/아니 –' + ' – (으) ㄴ'형

' – (으)ㄴ'은 서술격 조사 '이다/아니다'와 결합할 때 어간 뒤에 ' – ㄴ' 을 붙여 쓴다. 이런 경우에 대응되는 중국어 표현도 '的'로 대응할 수 있 는 경우도 있고 대응할 수 없는 경우도 있다.

> (10) 가. <u>제철이 아닌</u> 횟집은…… (『숲은 잠들지 않는다 1』, p.61)
> <u>不是旺季的</u>生魚片店。(『叢林不眠』, p.42)
>
> 나. 전세 계약이 <u>아닌</u> 매매 계약……
> (『숲은 잠들지 않는다 1』, p.23)
> <u>不是租賃契約的</u>買賣契約…… (『叢林不眠』, p.13)
>
> 마. 인기가 <u>급상승 중인</u> 여가수……
> (『숲은 잠들지 않는다 1』, p.101)
> 人气正<u>急劇上升的</u>女歌手。(『叢林不眠』, p.73)

(10가, 나, 다)는 명사와 서술격조사, 관형사형 어미 ' – (으)ㄴ'이 결합 되어 관형어로 실현된다. 번역 용례를 보면 관형사형 어미 ' – (으)ㄴ'의 중국어 대응표현에 '的'가 출현한다는 것을 알 수 있다. 중국어에는 '제철 이 아니 –'와 대응되는 표현 '不是旺季的'이고 '전세 계약이 아니 –'와 대 응되는 표현은 '不是租賃契約的'이다. 또한 '급상승 중이 –'에 대응되는 표현 '急劇上升'의 뒤에 구조조사 '的'가 붙어서 관형어를 실현하기 때문 에 ' – (으)ㄴ'에 대응하는 중국어 표현은 '的'라고 할 수 있다. 따라서 한 국어 '이다/아니다 + – (으)ㄴ'에 대응하는 중국어 표현은 '是……的' 혹 은 '的'라는 것을 알 수 있다.

> (11) 가. <u>유규하의 남편인</u> 김인혁이었다.
> (『숲은 잠들지 않는다 1』, p.78)

是劉桂霞的<u>丈夫金仁赫</u>。(『叢林不眠』, p.55)

나. <u>이사장인</u> 이여사의 임종 장면이 떠올랐다.

(『숲은 잠들지 않는다 1』, p.253)

想起了<u>理事長</u>李女士臨終時的場景。

(『叢林不眠』, p.195)

다. 이쪽 두 분은 내 <u>친구들인</u> 박 사장과 이 사장……

(『숲은 잠들지 않는다 1』, p.101)

這兩位是<u>我的朋友</u>朴社長和金社長。(『叢林不眠』, p.85)

(11가, 나, 다)도 명사와 서술격조사, 그리고 관형사형 어미 '-(으)ㄴ'
이 결합되어 관형어로 실현된다. 번역 용례를 보면 중국어 표현에서는
'的'가 생략되었다는 것을 알 수 있다. 중국어에서 일반적으로 '남편', '친
구'와 같은 친족관계나 '이사장'과 같은 직함의 의미를 나타내는 명사가
관형어로 실현될 경우 '的'가 생략된다. 그러므로 이러한 경우에는 한국
어 관형사형 어미 '-(으)ㄴ'에 대응하는 중국어 표현이 없다고 볼 수
있다.

(12) <u>혼혈인</u> 애들이 데모를 하고 있다.

(『숲은 잠들지 않는다 1』, p.97)

<u>混血儿</u>們在那里搞示威。(『叢林不眠』, p.70)

(12)에서는 '혼혈인 애'를 '混血儿'라고 번역하였다. 여기에서도 '的'가
생략되었다. 이것은 피수식자인 '儿'이 단음절이기 때문이다. 중국어에서
단음절인 경우 구조조사 '的'가 없이 바로 뒤에 오는 피수식어를 수식하
여 관형어를 구성할 수 있다. 만약 '애'를 이음절인 '孩子'로 번역하면 '的'
가 첨가되어 '混血的孩子們'으로 번역해야 한다.

이상으로 한국어 관형사형 어미 '-(으)ㄴ'에 대응하는 중국어 표현을

분석한 결과를 정리하여 다음 〈표 21〉로 제시한다.

〈표 21〉 한국어 관형사형 어미 '-(으)ㄴ'과 중국어 대응 표현

관형사형 어미	상황 유형	중국어 대응 표현
-(으)ㄴ	동사와 결합할 경우	① 着……的
		② 了……的
		③ 在……的
		④ (剛剛)……的
		⑤ (以前/之前/昨天)……過的
		⑥ ∅
	형용사와 결합할 경우	① ……的
		② ∅
	서술격조사와 결합할 경우	① 是……的
		② ∅
		③ ……的

5.2. 관형사형 어미 '-는'에 대응하는 중국어 표현

한국어에서 관형사형 어미 '-는'은 보통 동사와 결합하여 현재 또는 현재 진행의 뜻을 나타낸다. 중국어에서 동사성 관형어는 한국어의 관형사형 어미 대신 구조조사 '的'가 동반해야 실현된다. 중국어 구조조사 '的'는 한국어의 관형사형 어미 '-는'과 비슷한 기능을 하기 때문에 한국어 관형사형 어미 '-는'은 중국어 표현 '的'와 대응된다고 볼 수 있다.

5.2.1. 동사 어간 + '-는' 형

동사와 결합한 한국어 관형사형 어미 '-는'과 이에 대응되는 중국어

표현을 살펴보도록 하겠다.

    (13)   가. 농성학생들이 <u>부르는</u> 노래였다.

                                    (『숲은 잠들지 않는다 1』, p.9)

              是鬧事學生<u>唱出來的</u>歌。(『叢林不眠』, p.2)

           나. '곰'이라 <u>불리는</u> 시경의 박형사가……

                                   (『숲은 잠들지 않는다 1』, p.49)

              外号<u>叫做</u>'熊'<u>的</u>市局朴刑警……(『叢林不眠』, p.33)

           다. 주스를 <u>꺼내는</u> 순간……(『숲은 잠들지 않는다 1』, p.49)

              <u>拿出</u>果汁<u>的</u>瞬間……(『叢林不眠』, p.33)

           라. 잔을 <u>채우는</u> 손이……(『숲은 잠들지 않는다 1』, p.85)

              <u>倒酒的</u>手……(『叢林不眠』, p.60)

위 예문 (13가)에서 한국어 '부르-+-는+노래'와 중국어 '唱+的+歌'는 서로 '동사+-는/的+명사'의 형식으로 대응되는데, 한국어의 동사 '부르다'는 관형사형 어미 '-는'이 붙어 '노래'를 수식하는 관형어가 되고 중국어의 동사 '唱'은 구조조사 '的'가 붙어 '歌'를 수식하는 관형어가 되는 것이다. (13나, 다, 라)도 (13가)와 같이 대응되는 문장들이다. 따라서 한국어 관형사형 어미 '-는'의 중국어 대응 표현은 '的'라고 할 수 있다.

    (14)   가. 눈물을 <u>흘리는</u> 오빠……(『숲은 잠들지 않는다 1』, p.41)

              <u>流着</u>眼泪<u>的</u>哥哥。(『叢林不眠』, p.26)

           나. 다이얼을 <u>돌리는</u> 손이……(『숲은 잠들지 않는다 1』, p.106)

              <u>轉動着</u>電話号碼盤<u>的</u>手。(『叢林不眠』, p.77)

위의 예문 (13가)에서는 '흘리는'을 '流着……的'로 번역하고, (13나)에

서는 '돌리는'을 '轉動着……的'로 번역하였다. 이에 한국어 관형사형 어미 '-는'과 대응되는 중국어 표현은 '着……的'라는 것을 알 수 있다. 그러나 '着'가 없어도 문장은 성립되는 것이다. 예를 들어 (13가)의 '눈물을 흘리는'을 '流眼泪的' 혹은 '流泪的'로 번역해도 비문이 아니다. '着'는 중국어에서 동작의 완료된 상태가 지속된다는 의미를 나타내는 동태조사이다. 그러므로 위의 예문은 단지 동작의 지속한 상태를 '着'로 강조했을 뿐이다. 따라서 한국어 관형사형 어미 '-는'에 대응하는 중국어 표현은 '着……的'라고 할 수 있다.

(15)　가. 오늘은 <u>쉬는</u> 날이라…… (『숲은 잠들지 않는다 1』, p.81)

今天是<u>休息</u>天。(『叢林不眠』, p.67)

나. <u>날아가는</u> 동물의 그림이……

(『숲은 잠들지 않는다 1』, p.124)

<u>飛禽</u>之畵。(『叢林不眠』, p.105)

(15가, 나)처럼 중국어에서 '的'가 생략되는 경우가 있다. 한국어 관형어의 동사와 대응되는 중국어 동사가 자동사일 경우 관형어로 구성할 때보통 '的'를 쓰지 않는다. 이때 한국어의 관형사형 어미 '-는'에 대응하는 중국어 표현은 없다고 볼 수 있다.

5.2.2. '있-/없-'+'-는' 형

'있다', '없다' 또는 '재미있다', '재미없다'와 같은 '동사, 형용사와 결합한 한국어 관형사형 어미 '-는'과 이에 대응되는 중국어 표현을 살펴보도록 하겠다.

(16)　가. 경기도 소사에 <u>있는</u> 혼혈인들……

(『숲은 잠들지 않는다 1』, p.96)

在京畿道素砂的混血儿…… (『叢林不眠』, p.69)

나. 결론 없는 회의를…… (『숲은 잠들지 않는다 1』, p.96)
沒有結論的會議…… (『叢林不眠』, p.69)

다. 그는 누구보다도 씩씩하고 재미 있는 사람이었다.
(『원미동 사람들』, p.82)
他是个比誰都生机勃勃,比誰都有趣的人。
(『遠美村的人們』, p.66)

한국어에서 '있다', '없다'의 경우 현재의 뜻을 나타날 때 동사처럼 '−
는'과 활용된다. 한국어에서 '있다', '없다'가 관형어로 구성될 때는 현재의
상태, 모습 등 의미를 나타내려면 어간 뒤에 '−는'이 붙어야 한다. (16가,
나, 다)의 예문을 보면 이러한 경우에 한국어 관형사형 어미 '−는'과 대
응되는 중국어 표현이 '的'라는 것을 알 수 있다.

이상으로 한국어 관형사형 어미 '−는'에 대응하는 중국어 표현을 분석
한 결과를 정리하여 다음 〈표 22〉로 제시한다.

〈표 22〉 한국어 관형사형 어미 '−는'과 중국어 대응 표현

관형사형 어미	상황 유형	중국어 대응 표현
−는	동사와 결합할 경우	① ……的
		② 着……的
		③ ∅
	'있다/없다'와 결합할 경우	……的

5.3. 관형사형 어미 '−(으)ㄹ'에 대응하는 중국어 표현

관형사형 어미 '−(으)ㄹ'은 보통 동사와 결합하여 동사의 어간이나 '−

았-/-었-' 따위에 붙어 미래 또는 미확정된 일의 뜻을 나타내거나 추측, 예정, 의도 등의 뜻을 나타내는 어미이다. 중국어에서 '-(으)ㄹ'과 대응되는 표현은 그냥 '的'만으로는 표현할 수 없다. 한국어 관형사형 어미처럼 미래, 추측, 예정, 의도 등의 뜻을 나타내려면 미래 시간 혹은 추측, 예정, 의도 등의 뜻을 나타내는 중국어 부사나 조사도 같이 써야 한다.

5.3.1. 동사 어간 + '-(으)ㄹ' 형

동사와 결합한 한국어 관형사형 어미 '-(으)ㄹ'과 이에 대응되는 중국어 표현을 살펴보도록 하겠다.

> (17) 가. 오빠를 숨길 공간도…… (『숲은 잠들지 않는다 1』, p.47)
> 能够讓哥哥藏身的處所。(『叢林不眠』, p.31)
>
> 나. 목격자를 무너뜨릴 사람은……
> (『숲은 잠들지 않는다 1』, p.64)
> 能讓目擊者消失的人…… (『叢林不眠』, p.45)
>
> 다. 죄를 짓고 살 사람이 아니다. (『숲은 잠들지 않는다 1』, p.71)
> (他) 不是那种犯了罪還能坦然過日子的人。
> (『叢林不眠』, p.50)
>
> 라. 드라마의 막을 올릴 좋은 찬스가……
> (『숲은 잠들지 않는다 1』, p.75)
> 可能是劇目升起帷幕的良好時机。(『叢林不眠』, p.53)

위의 예문 (17가)에서 '숨길 공간'을 그냥 '的'를 붙여 '藏身的處所'로 번역한 것이 아니라 앞에 '能够'가 첨가되어 있다. (17나, 다)도 마찬가지로 '能'이 첨가되어 있고 (17라)에서는 '可能'이 첨가되어 있다. 위의 예문에서의 관형사형 어미 '-(으)ㄹ'은 미래에 미확정된 일, 가능성의 의미를 나타낸다. 이러한 경우에 대응되는 중국어 표현은 구조조사 '的'에 '能够', '能', '可能'과 같은 가능성을 나타내는 보조동사를 동사 앞에 같이 나타내야 한다. 따라서 한국어 관형사형 어미 '-(으)ㄹ'에 대응하는 중국어 표현이 '能够……的', '能……的', '可能……的'로 대응할 수 있다.

(18) 가. <u>못할</u> 일을 시키고 있다는 거……

『숲은 잠들지 않는다 1』, p.60)

讓做<u>不應該做的</u>事…… (『叢林不眠』, p.42)

나. 경찰이 <u>처리할</u> 문제…… (『숲은 잠들지 않는다 1』, p.253)

是警察<u>應該處理的</u>問題。(『叢林不眠』, p.194)

다. <u>갚아야 할</u> 사소한 액수의 빚들……

(『원미동 사람들』, p.28)

<u>該還的</u>小額債務…… (『遠美村的人們』, p.17)

위의 예문 (18가)에서 '못할 일'은 '하지 말아야 할 일'이란 뜻을 나타내고 (18나)에서 '처리할 문제'는 '처리해야 할 문제'란 뜻을 나타낸다. 이러한 경우에 중국어에서는 '該, 應該'라고 표현한다. 따라서 이러한 경우에 관형사형 어미 '-(으)ㄹ'에 대응하는 중국어 표현은 '的'뿐만 아니라 '該, 應該'과 같은 가능성을 나타내는 보조동사를 동사 앞에 같이 나타내야 한다. 즉, 한국어 관형사형 어미 '-(으)ㄹ'에 대응하는 중국어 표현이 '該……的, 應該……的'로 대응할 수 있다.

(19) 가. <u>할</u> 말들을…… (『숲은 잠들지 않는다 1』, p.60)

<u>想要說的</u>話…… (『叢林不眠』, p.42)

나. 방 한 칸 <u>얻을</u> 돈도 없었어요.

(『숲은 잠들지 않는다 1』, p.246)

連(要)租一間住房的錢都沒有。(『叢林不眠』, p.189)

　다. 먼 길을 갈 인부와 기사는……　(『원미동 사람들』, p.19)
　　　將要走遠路的工人和司机……　(『遠美村的人們』, p.9)

　라. 마침내 낳을 결심을 했다.　(『원미동 사람들』, p.80)
　　　終于做了要生下來的決心。(『遠美村的人們』, p.64)

　　예문 (19)의 관형사형 어미 '-(으)ㄹ'은 한국어에서 의지의 뜻을 나타
낸다. (19가)에서는 '할 말'을 '想要說的話'로 번역하였다. 여기에서 한국
어 관형사형 어미 '-(으)ㄹ'의 중국어 대응 표현이 '想要……的'로 되어
있다. (19나, 라)에서는 '-(으)ㄹ'의 중국어 대응 표현이 '要……的'로
되어 있고, (19다)에서는 '-(으)ㄹ'의 중국어 대응표현이 '將要……的'로
되어 있다. 한마디로 말하면 한국어에서 의지를 나타내는 관형사형 어미
'-(으)ㄹ'의 중국어 대응 표현은 구조조사 '的'에 소원을 나타내는 조동
사 '要', '將要', '想要' 등의 표현이 첨가된다. 물론 (19나)처럼 '要'가 첨가
되지 않아도 비문은 아니다.

　(20)　가. 기사가 짐을 쌓을 때마다……　(『원미동 사람들』, p.19)
　　　　　每当司机往車上堆行李的時候……

　　　　　　　　　　　　　　　　　　(『遠美村的人們』, p.9)
　　　나. 집을 비울 시한도 거지반 다한 때라서……

　　　　　　　　　　　　　　　　　　(『원미동 사람들』, p.19)
　　　　　搬家的期限快到了。(『遠美村的人們』, p.9)
　　　다. 눈깜짝할 사이에 가게 안으로 뛰어들었다.

　　　　　　　　　　　　　　　　　　(『원미동 사람들』, p.92)
　　　　　一眨眼的功夫跑進店里。(『遠美村的人們』, p.75)

　　예문 (20)의 관형사형 어미 '-(으)ㄹ'은 뒤에 오는 명사를 수식하면서

미래의 일이나 예정을 나타낸다. (20가, 나, 다)의 번역 사례를 보면 이러한 경우에 대응되는 중국어 표현은 조동사의 도움이 없이 '的'로 대응할 수도 있다는 것을 알 수 있다.

(21) 가. 이 여사라고 불렀을 때…… (『숲은 잠들지 않는다 1』, p.253)
      (以前) 叫李女士的時候…… (『叢林不眠』, p.195)

      나. 생활을 계속하고자 옷을 벗었을 때에 비한다면……
                                    (『숲은 잠들지 않는다 1』, p.222)
      爲了繼續上學而脫下衣服的時候相比……
                                              (『叢林不眠』, p.170)

      다. 혜인이 도착했을 시간이었다.
                                    (『숲은 잠들지 않는다 1』, p.213)
      這時間惠仁應該到了 (是惠仁該到了的時間).
                                              (『叢林不眠』, p.163)

      라. 살아나기를 원하지 않았을 엄마 마음은……
                                    (『원미동 사람들』, p.80)
      (曾經) 不希望我活下來的媽媽的心里
                                    (『遠美村的人們』, p.64)

예문 (21)처럼 관형사형 어미 '-(으)ㄹ'은 '-았/었-'과 결합해서 '-았을/-었을'의 형태로 관형어를 구성한다. 이는 보통 어떤 일이 과거에 실현되었으리라는 추측의 뜻을 나타낸다. 이에 대응되는 중국어 표현은 '-을'의 추측적 의미를 나타낼 뿐만 아니라 '-었-'이 가지고 있는 과거의 의미도 나타내야 한다. (21가)처럼 '以前'이라는 시간 부사가 첨가되어야 과거의 의미를 나타낸다. 이때 관형사형 어미 '-았을'과 대응되는 표현은 '以前……的'라고 할 수 있다. (21라)도 마찬가지로 '曾經'이라는 시간 부사가 첨가되어야 과거의 의미를 표현한다. (21나, 다)는 중국어 동태조사 '下', '了'를 붙여 과거의 의미를 표현한다. 이때 관형사형 어미 '-았을'과 대응되는 표현은 '……了的, ……下的'라고 할 수 있다.

(22) 가. 살_곳과 일터를…… (『숲은 잠들지 않는다 1』, p.96)
住處和工作…… (『叢林不眠』, p.70)

나. 출감했지만 갈_데가 있나. (『숲은 잠들지 않는다 1』, p.96)
出了監獄后沒有去處了。 (『叢林不眠』, p.70)

(22가)에서는 '살 곳'을 '住處'라고 번역하였다. 여기에서는 '的'가 실현되지 않았다. 예문을 보면 관형어의 수식자와 피수식자가 단음절인 어휘로 되어 있다는 것을 알 수 있다. 이러한 단음절인 경우 중국어에서 일반적으로 구조조사 '的'가 없이 바로 뒤에 오는 피수식어를 수식하여 관형어를 구성할 수 있기 때문에 '的'가 생략된다. (22가)에서 만약 '곳'을 '地方'이란 이음절인 어휘로 바꾸면 '的'을 붙여 '住的地方'으로 번역해야 한다. (22나)에서 만약 '데'를 '地方'으로 바꾸면 '的'를 붙여 '能去的地方'이라고 번역해야 한다. 따라서 이러한 경우에는 한국어 관형사형 어미 '-(으)ㄹ'의 중국어 대응 표현이 없다고 할 수 있다.

5.3.2. '이-/아니-'+'-(으)ㄹ'

'이다/아니다'와 결합한 한국어 관형사형 어미 '-(으)ㄹ'과 이에 대응되는 중국어 표현을 살펴보도록 하겠다.

(23) 가. 지명 손님일 경우에만…… (『숲은 잠들지 않는다 1』, p.76)
只有客人指名的時候…… (『叢林不眠』, p.53)

나. 주인이 아니었을 때는…… (『숲은 잠들지 않는다 1』, p.76)

不是主人的時候…… (『叢林不眠』, p.53)

예문 (23)의 '이다/아니다'와 결합한 한국어 관형사형 어미 '-(으)ㄹ'
은 시제의 의미가 없이 단지 뒤에 오는 체언을 수식하는 기능을 하기도
한다. (23가, 나)의 번역 사례를 보면 이러한 경우의 중국어 대응 표현은
'的'라고 할 수 있다.

이상으로 한국어 관형사형 어미 '-(으)ㄹ'에 대응하는 중국어 표현을
분석한 결과를 정리하면 다음 〈표 23〉과 같다.

〈표 23〉 한국어 관형사형 어미 '-(으)ㄹ'과 중국어 대응 표현

관형사형 어미	상황 유형	중국어 대응 표현
-(으)ㄹ	추측을 나타낼 경우	① 能够/能/可能……的
		② 該/應該……的
	예정을 나타낼 경우	要/將/將要/卽將……的
	의도를 나타낼 경우	想/要/想要……的
	-았/었을 경우	① 曾經/已經……的
		② 以前……的
		③ ……了的
		④ ……下的
	시제의 의미가 없을 경우	① ……的
		② ∅
	'이다/아니다'와 결합할 경우	……的

5.4. 관형사형 어미 '-던/었던'에 대응하는 중국어 표현

이 절에서는 한국어 관형사형 어미 '-던/-었던'의 중국어 대응 표현을 제시하고자 한다. '-던'은 용언의 어간, '이다/아니다'의 어간, 또는 어미 '-으시', '-었-', '겠-' 뒤에 붙어서 체언을 수식하고 관형어 역할을 하게하고 어떤 일이 과거에 완료되지 않고 중단되었다는 미완의 의미를 나타내거나 과거 상황을 회상하는 의미를 나타내는 관형사형 어미이다. '-던'의 중국어 대응 표현은 구조조사 '的' 외에 다른 표현이 첨가되어야 대응할 수 있다. 또한 '-던'과 '-었-'이 연결하여 '-었던'의 형태로 쓰여 과거회상을 나타내는데, 이에 해당하는 중국어 대응 표현은 또 무엇일까? 이 절에서는 분석 대상인 두 소설에 나타난 '-던'과 '-었던'의 중국어 대응 표현을 고찰해 볼 것이다.

5.4.1. 동사 어간 + '-던/-었던'

이 절에서는 관형사형어미 '-던/었던'이 동사와 결합한 관형어의 중국어 대응 표현을 분석하고자 한다.

5.4.1.1. 동사 어간 + '-던'

여기서는 중국어 번역본에서 '-던'이 동사와 결합힌 관형어의 중국어 대응표현을 제시한다.

첫째, '的'로 대응하는 경우

(24) 가. 그 분이 총장으로 <u>재직하던</u> 3년 전까지만 해도……

(『숲은 잠들지 않는다 1』, p.8)

就在她<u>做</u>校长<u>的</u>三年前…… (『叢林不眠』, p.2)

나. 그러나 민 변호사 부친은 그렇게 <u>그리던</u> 조국광복을
　　보지 못하고 1945년 봄에 죽었다.

(『숲은 잠들지 않는다 1』, p.23)

　　但是, 閔律師的父親却未能看見自己<u>期盼已久的</u>祖國
　　獨立, 于1945年春天去世。(『叢林不眠』, p.14)

다. 폐병이 깊어 피를 토하면서도 방파제 공사장으로 <u>나가</u>
　　<u>곤 하던</u> 어머니의 모습을 혜인은 아직도 기억했다.

(『숲은 잠들지 않는다 1』, p.45)

　　惠仁還淸楚地記得患有肺結核的媽媽吐着血還去防
　　波堤<u>工作的</u>情景。(『叢林不眠』, p.29)

라. 특히 김 사장과 애리가 호텔방으로 함께 들어가는 걸
　　미행하여 <u>확인하던</u> 날, (『숲은 잠들지 않는다 1』, p.67)
　　尤其, 尾隨金社長和艾麗, 最后親眼<u>核實</u>兩人双双進
　　入賓館房間的那天, (『叢林不眠』, p.47)

마. <u>없어지던</u> 날 나하고 11시까지 카사블랑카에 있었거든.

(『숲은 잠들지 않는다 1』, p.152)

　　<u>失踪的</u>那天我跟他在卡薩布蘭卡待到了11点。

(『叢林不眠』, p.115)

바. 시청앞역에서 <u>전철을 타고 가던</u> 때였다.

(『원미동 사람들』, p.22)

　　在<u>市政府站搭地鐵的</u>那一天。(『遠美村的人們』, p.12)

사. 멈칫멈칫 <u>사람들의 눈치나 살피던</u> 하루였다.

(『원미동 사람들』, p.34)

　　躊躇躊躇<u>看別人臉色的</u>一天。(『遠美村的人們』, p.23)

　　(24)의 예문을 보면 한국어 관형사형 어미 '-던'은 모두 중국어 구조조
사 '的'로 대응될 수 있다는 것을 알 수 있다. (24가)의 '재직하던'은 '做校

長的'로, (24나)의 '그리던'은 '期盼已久的'로, (24다)의 '나가곤 하던'은 '工作的'로, (24라)의 '확인하던'은 '核實的'로, (24마)의 '없어지던'은 '失踪的'로, (24바)의 '전철을 타고 가던'은 '搭地鐵的'로, (24하)의 '사람들의 눈치나 살피던'은 '看別人臉色的'로 대응된다.

둘째, '過ø/過的'로 대응하는 경우

> (25) 가. 그들은 생전의 이사장이 <u>쓰던</u> 바로 그 방에 마주앉아 있었다. (『숲은 잠들지 않는다 1』, p.57)
> 他們正面對面地坐在理事長生前用<u>過</u>的房間里
>
> (『叢林不眠』, p.235)
>
> 나. "대학 때 <u>입던</u> 거요." (『숲은 잠들지 않는다 2』, p.84)
> 是我讀大學時穿<u>過</u>的。(『叢林不眠』, p.258)
>
> 다. 유규하가 사용<u>하던</u> 방이었다.
>
> (『숲은 잠들지 않는다 2』, p.163)
> 那里曾是劉桂霞使用<u>過</u>的辦公室。(『叢林不眠』, p.318)
>
> 라. 이 여사가 <u>살던</u> 후암동 집은 거의 반파된 상태였어.
> (『숲은 잠들지 않는다 2』, p.207)
> 李女士過去住<u>過</u>的后岩洞的住房也坍塌得沒了形。
>
> (『叢林不眠』, p.352)

(25)의 예문은 한국어 관형사형 어미 '-던'이 '過ø/過的'로 대응하는 경우들이다. (25가)의 '쓰던'은 '用過的'로 대응되고, (25나)의 '입던'은 '穿過'로 대응되고, (25다)의 '사용하던'은 '使用過的'로 대응되고, (25라)의 '살던'은 '住過的'로 대응된다. '過ø/過的'는 '-한 적이 있다'의 뜻을 나타낸다, 즉 [과거], [회상] 등의 뜻을 나타낼 수 있으므로 '-던'은 관거나 회상의 뜻을 나타낼 때 '過ø/過的'로 대응될 수 있다.

셋째, '着ø/着的'로 대응하는 경우

(26)　가. 불편한 몸으로 <u>누워 있던</u> 이애리가 …… (『숲은 잠들지
　　　　　 않는다1』, p.124)
　　　　　 因身体不适而在床上<u>躺着的</u>李艾麗……

(『叢林不眠』, p.93)

　　　나. <u>신문을 넘기던</u> 쾅 여사가 낮게 외쳤다.

(『숲은 잠들지 않는다 1』, p.154)

　　　　 <u>翻着報紙的</u>邝女士低聲叫了一聲。(『叢林不眠』, p.116)

　　　다. <u>입질을 하던</u> 고기가 기어코 찌를 물고 내려간 것은 다
　　　　　 음 순간이었다. (『숲은 잠들지 않는다 1』, p.169)
　　　　　 <u>用嘴玩弄着</u>魚餌的魚, 終于咬上魚餌就是那一瞬間。

(『叢林不眠』, p.128)

　　　라. 박민호가 김인혁을 만나기 위해 <u>비 내리던</u> 저녁에 카사
　　　　　 블랑카를 떠날 때, (『숲은 잠들지 않는다 2』, p.22)
　　　　　 朴万浩在一个<u>下着雨的</u>夜里, 爲了見金仁赫离开了卡
　　　　　 薩布蘭卡的時候, (『叢林不眠』, p.208)

　　　마. 아직 멀었어요? 아내의 물음에 그는 진눈깨비 <u>흩날리</u>
　　　　　 <u>던</u> 그 토요일을 기억해 냈다. (『원미동 사람들』, p.22)
　　　　　 還遠嗎?妻子的問題讓他想起那个<u>飄着雪的</u>星期六。

(『遠美村的人們』, p.12)

(26)의 예문을 보면 한국어 관형사형 어미 '－던'이 중국어 구조 동사
'着ø/着的'로 대응되는 것을 알 수 있다. (26가)의 '누워 있던'은 '躺着的'
로, (26나)의 '신문을 넘기던'은 '翻着報紙的'로, (26다)의 '입질을 하던'은
'用嘴玩弄着的'로, (26라)의 '비 내리던'은 '下着雨的'로, (26마)의 '흩날
리던'은 '飄着雪的'로 대응할 수 있다. '着'는 동사 뒤에 붙어 '하고 있다',

'하고 있는 중이다' 등의 뜻을 나타내므로 '-던'은 진행이나 지속의 뜻을 나타날 때 '着ø/着的'로 대응될 수 있다.

넷째, '已經……的'로 대응하는 경우

(27)　가. <u>잊고 있던</u> 기억이 다시 느껴졌다. (『원미동 사람들』, p.176)
　　　　他又重新感覺到了<u>已經忘却的</u>記憶。

　　　　　　　　　　　　　　　　　　　　　　　(『遠美村的人們』, p.147)

　　　나. 가방에서 <u>꺼내던</u> 지갑을 다시 넣어버리고 말았다.

　　　　　　　　　　　　　　　　　　　　　　　(『원미동 사람들』, p.203)
　　　　他把<u>已經掏出來的</u>錢包重新放回包里。

　　　　　　　　　　　　　　　　　　　　　　　(『遠美村的人們』, p.175)

(27)의 예문을 보면 한국어 관형사형 어미 '-던'은 '已經……的'로 대응이 된다는 것을 알 수 있다. (27가)의 '잊고 있던'은 '已經忘却的'로 대응이 되고, (27나)의 '꺼내던'은 '已經掏出來的'로 대응될 수 있다. '已經……的'는 동작의 '이미, 점점'의 뜻을 나타내므로 '-던'은 [단절]의 뜻을 나타낼 때 '已經……的'와 대응할 수 있다.

다섯째, '正(在)/在……的'로 대응하는 경우

(28)　가. 아버지가 어머니를 찾아낸 건 <u>휴전되던</u> 해 수원에서였다고 해. (『숲은 잠들지 않는다 1』, p.23)
　　　　你爸爸<u>在休戰的</u>那一年, 在水原找到了你媽媽。

　　　　　　　　　　　　　　　　　　　　　　　(『叢林不眠』, p.13)
　　　나. <u>지루하고 지쳐 있던</u> 참이어서인지……

　　　　　　　　　　　　　　　　　　　(『숲은 잠들지 않는다 1』, p.103)
　　　　可能是因爲<u>正感覺疲倦的</u>緣故, (『叢林不眠』, p.75)

다. 허리춤에 차고 있던 수건을 머리에 둘러썼다.

(『숲은 잠들지 않는다 1』, p.170)

拿出挂在腰上的毛巾系在頭上。(『叢林不眠』, p.129)

라. 신문을 오리던 그녀가 먼저 학보에 실린 애 소솔 얘기
를 하는 것이다. (『숲은 잠들지 않는다 2』, p.255)

正在剪報紙的那个姑娘主動跟我說起了登在學報上
的那篇作品。 (『叢林不眠』, p.226)

(28)의 예문을 보면 한국어 관형사형 어미 '-던'은 '正(在)/在……的'
로 대응된다는 것을 알 수 있다. (28가)의 '휴전되던'은 '在休戰的'로, (28
나)의 '지루하고 지쳐 있던'은 '正感覺疲倦的'로, (28다)의 '허리춤에 차고
있던'은 '挂在腰上的'로, (28라)의 '신문을 오리던'은 '正在剪報紙的'로
대응할 수 있다. 중국어에서 '正在……的'는 '무엇을 하고 있다'의 뜻을
나타내므로, '-던'은 '진행'의 뜻을 나타낼 때 '正在……的'로 대응될 수
있다.

여섯째, '曾經/剛剛/剛才……(過)的'로 대응하는 경우

(29)　가. 한때 날리던 여배우 진혜련이야.

(『숲은 잠들지 않는다 1』, p.85)

那个女人是曾經紅极一時的女演員陳慧蓮。

(『叢林不眠』, p.61)

나. 여기 있던 미스 정인가 뭔가 하는, 좀전의 그 아가씨는
…… (『숲은 잠들지 않는다 1』, p.205)

看看剛才在場的什么鄭小姐吧,…… (『叢林不眠』, p.157)

(29)의 예문을 보면 '曾經/剛剛/剛才……(過)的'로 대응할 수 있다는
것을 알 수 있다. (29가)의 '한 때 날리던'은 '曾經紅极一時的'로 대응되

고, (29나)의 '여기 있던'은 '剛才在場的'로 대응된다. '曾經/剛剛/剛才……(過)的'는 중국어에서 과거 경험의 의미를 나타낸다. 그러나 '-던'이 과거 경험의 의미를 나타낼 때는 '曾經/剛剛……(過)的'로 대응될 수 있기는 하지만, 이때의 과거 경험은 역시 문맥에 의해 파생된 의미로 보아야 하며 '-던' 자체가 과거 경험의 의미를 갖고 있다는 것으로는 볼 수 없다. 여기에서는 소설 번역 자체가 스토리에 따른 문맥적 의미를 번역할 수밖에 없으므로, '-던'과 '過'가 대응되는 것으로 보인다.

일곱째, '了'로 대응하는 경우

(30)　가. 그 아가씨는 조금도 겁내지 않고 다 받아들이던 것이다. (『숲은 잠들지 않는다 1』, p.147)
　　　　那位小姐一点都沒有害怕, 全部都接受了。

(『叢林不眠』, p.119)

　　　나. 그는 혜인의 시선을 피해 급히 떠나던 것이었다.

(『숲은 잠들지 않는다 1』, p.228)

　　　　他避開惠仁的目光, 匆匆离開了。(『叢林不眠』, p.199)

(30)의 예문을 보면 한국어 관형사형 어미 '-던'은 중국어 '了'로 대응할 수 있다는 것을 알 수 있다. (30가)의 '받아들이던'은 '接受了'로 대응하고 (30나)의 '떠나던'은 '离開了'로 대응한다. '了'는 중국어에서 과거 동작, 변화가 이미 완료되었음을 나타내므로 '-던'은 완료의 뜻을 나타날 때 '了'로 대응할 수 있다.

이상으로 한국어 관형사형 어미 '-던'과 동사가 결합한 경우에 대응하는 중국어 표현을 분석한 결과를 정리하여 다음 〈표 24〉로 제시한다.

<표 24> 동사 어간+'−던'에 대응하는 중국어 표현

한국어 관형사형 어미	중국어 대응 표현
−던	① 的
	② 過ø/過的
	③ 着ø/着的
	④ 已經……的
	⑤ 正在/在……的
	⑥ 曾經/剛剛……(過)的
	⑦ 了

5.4.1.2. 동사 어간+'−었던' 형

여기서는 두 소설의 중국어 번역본에서 나온 동사와 결합된 관형사형 어미 '−었던'의 중국어 대응 표현을 분석하고자 한다.

첫째, '的'로 대응하는 경우

(31)　가. 오직 대학을 위해서만 희생적 외길을 걸어왔던 어머니
　　　　의 일생이 두서없이 떠올랐다.

(『숲은 잠들지 않는다 1』, p.18)

　　　　爲了大學操勞一生的媽媽的种种瑣事也毫无頭緒地
　　　　浮現在腦際里。(『叢林不眠』, p.10)

　　　나. 혜인이 생각해왔던 건 바로 그 점이었다.

(『숲은 잠들지 않는다 1』, p.41)

　　　　惠仁想到的就是這些。(『叢林不眠』, p.27)

　　　다. 수사관은 또한 최근에 있었던 여러 가지 오빠의 행동에
　　　　서 …… (『숲은 잠들지 않는다 1』, p.42)

　　　　檢察官還會根据哥哥身上最近出現的變化, ……

(『叢林不眠』, p.10)

라. 이애리와 함께 카사블랑카 무대에 섰던 어떤 혼혈인
남자친구도…… (『숲은 잠들지 않는다 1』, p.67)
還有同台演出的混血儿男演員…… (『叢林不眠』, p.47)

마. 여고를 다니기 위해 원장 아들로부터 받은 수모를 견뎠
던 것에 비하면…… (『숲은 잠들지 않는다 1』, p.104)
比起爲了讀女高而受盡院長獨生子的折磨……

(『叢林不眠』, p.76)

바. 이사짐을 풀었던 앞의 거리를 다음처럼 다시 묘사해
놓는다. (『원미동 사람들』, p.277)
重新描寫了他們卸下行李的那條街。

(『遠美村的人們』, p.247)

(31)의 예문을 보면 동사와 결합된 '-었던'은 중국어 '的'로 대응된다
는 것을 알 수 있다. (31가)의 '걸어왔던'은 중국어 '操勞的'로 대응하고,
(31나)의 '생각해왔던'은 중국어 '想到的'로 대응하고, (31다)의 '최근에
있었던'은 중국어 '最近出現的'로 대응하고, (31라)의 '무대에 섰던'은 중
국어 '同台演出的'로 대응하고, (31마)의 '수모를 견뎠던'은 중국어 '受
盡…的'로 대응하고, (31바)의 '이사짐을 풀었던'은 중국어 '卸下行李的'
로 대응한다.

둘째, '了ø/了的'로 대응하는 경우

(32)　가. 시대가 우리를 내쳤던 거지. (『숲은 잠들지 않는다 1』, p.23)
是那个時代遺弃了我們。(『叢林不眠』, p.13)

나. 1주일 전 이곳에 들어오며 뭉떵 잘라내고 웨이브 굵은
파마를 했던 것이다. (『숲은 잠들지 않는다 1』, p.74)
一周前到這里上班開始, 剪了發還燙了大波浪。

(『叢林不眠』, p.52)

다. 분석해 본 결과 몸의 염증난 데 그것이 <u>닿았던</u> 것 같다
고 했다. (『숲은 잠들지 않는다 1』, p.124)
根据分析結果是<u>沾上了</u>身体發炎症的部位而致。

(『叢林不眠』, p.92)

라. 사흘 후 범인이 그 야산에 <u>나타났던</u> 것이다. (『숲은 잠들
지 않는다 1』, p.187)
犯人終于在第三天在那里<u>現了身</u>。(『叢林不眠』, p.142)

마. 잠시 <u>가라앉았던</u> 매운 바람이 또 다시 씽씽 그들을 애
워싸며 함께 달렸다. (『원미동 사람들』, p.25)
暫時<u>停止了的</u>刺骨寒風又繞着他們一起迅疾地奔跑
起來。(『遠美村的人們』, p.14)

(32)의 예문을 보면 동사와 결합된 '－었던'은 중국어 '了'로 대응할 수
있다는 것을 알 수 있다. (32가)의 '내쳤던'은 '遺弃了'로 대응하고, (32나)
의 '굵은 파마를 했던'은 '燙了大波浪'로 대응하고, (32다)의 '닿았던'은
'沾上了'로 대응하고, (32라)의 '나타났던'은 '現了身'으로 대응하고, (32
마)의 '가라앉았던'은 '停止了的'로 대응한다. '了'는 동작 혹은 변화가 이
미 완료되었음을 나타내므로 '－었던'이 완료의 뜻을 나타낼 때는 '了Ø/
了的'로 대응할 수 있다.

셋째, '(曾/曾經)過/過的……的'로 대응하는 경우

(33)   가. 두 번이나 <u>실신했던</u> 어머니도 결국 자리보전하고 눕게
되었는데, (『숲은 잠들지 않는다 1』, p.11)
這一期間, <u>曾兩次昏厥過去的</u>媽媽終于臥床不起,

(『叢林不眠』, p.4)

나. 대학은 그렇다면 역사와 민족에게 바치고자 <u>했던</u> 어머
니의 순결한   성찬이 아니었단 말인가?

那么, 大學難道不是爲歷史和民族做過貢獻的媽媽純眞的願望嗎? (『叢林不眠』, p.12)

다. <u>낮에 있었던</u> 편집실에서의 일이 떠올랐다.

（『숲은 잠들지 않는다 1』, p.36)

他想起了<u>白天曾</u>在編輯室里<u>發生過的</u>事情。

（『叢林不眠』, p.23)

라. <u>주스를 담았던</u> 유리잔이 두 개 탁자 위에 있던 걸로 봐서…… (『숲은 잠들지 않는다 1』, p.53)

放在茶几上的兩个玻璃杯里<u>倒過果汁</u>,

（『叢林不眠』, p.35)

마. 당신 지난 번에 <u>살았던</u> 정릉의 현이네 집 아시죠?

（『원미동 사람들』, p.24)

上次你在貞陵的金鉉家<u>住過</u>, 還記得吧?

（『遠美村的人們』, p.13)

바. 그들 역시 원미동에 이주해온 틈입자를 자신들이 이사 올 때 <u>받았던</u> 시선으로 맞이할 준미가 되어 있다.

（『원미동 사람들』, p.28)

他們准備好以他們剛搬來時<u>接受過的</u>眼神來迎接搬到遠美村的人們。(『遠美村的人們』, p.248)

(33)의 예문을 보면 동사와 결합된 '–었던'은 중국어 '(曾/曾經) 過/過的……的'로 대응할 수 있다는 것을 알 수 있다. (33가)의 '실신했던'은 '曾……昏厥過的'로 대응하고, (33나)의 '바치고자 했던'은 '做過'로 대응하고, (37다)의 '낮에 있었던'은 '白天曾發生過的'로 대응하고, (33라)의 '주스를 담았던'은 '倒過果汁'로 대응하고, (33마)의 '살았던'은 '住過'로 대응하고, (33바)의 '받았던'은 '接受過的'로 대응한다. '(曾/曾經)過/過

的……的'는 과거 회상의 의미를 나타내므로 '‒었던'은 과거의 어느 상태를 회상할 때 '(曾/曾經)過/過的……的'로 대응할 수 있다.

넷째, '(曾/曾經)……着的'로 대응하는 경우

(34)　가. 어머니가 <u>가졌던</u> 한을 나는 이해할 수 있어요.

『숲은 잠들지 않는다 1』, p.26)

　　　　我能理解媽媽內心<u>深藏着的</u>悔恨。(『叢林不眠』, p.16)

　　나. 손에 <u>쥐고 있던</u> 술잔을 바닥에 떨어뜨리다.

『숲은 잠들지 않는다 1』, p.139)

　　　　<u>拿在手里着的</u>酒杯掉在了地上。(『叢林不眠』, p.117)

　　다. 입을 <u>다물었던</u> 그가 말하기 시작했다.

『원미동 사람들』, p.87)

　　　　<u>曾一直沉默着的</u>他開始說話了。(『遠美村的人們』, p.73)

(34)의 예문을 보면 동사와 결합된 '‒었던'은 중국어 '曾/曾經……着的'로 대응할 수 있다는 것을 알 수 있다. (34가)의 '어머니가 가졌던'은 '媽媽內心深藏着的'로 대응하고, (34나)의 '손에 쥐고 있던'은 '拿在手里着的'로 대응하고, (34다)의 '입을 다물었던'은 '曾一直沉默着的'로 대응한다. '曾/曾經……着的'는 과거의 행동이 진행하고 있는 상태의 뜻을 나타내므로, '‒었던'은 과거 시각의 행동이 진행하고 있는 상태를 나타낼 때는 '曾/曾經……着的'로 대응할 수 있다.

다섯째, '剛剛……的'로 대응하는 경우

(35)　가. 꼼꼼히 <u>싸놓았던</u> 짐을 다시 풀어놓고 뒤지기 시작했다.

『원미동 사람들』, p.89)

　　　　<u>剛剛仔細包好的</u>行李又重新解開開始翻找。

『遠美村的人們』, p.76)

나. <u>닫았던</u> 창문을 다시 열어놓고 밖으로 내다보았다.

(『원미동 사람들』, p.127)

把<u>剛剛關上</u>的窗戶重新打開后向外望去。

(『遠美村的人們』, p.103)

(35)의 예문을 보면 동사와 결합된 '－었던'은 중국어 '剛剛……的'로 대응할 수 있다는 것을 알 수 있다. (35가)의 '싸놓았던'은 중국어 '剛剛……包好的'로 대응하고, (35나)의 '닫았던'은 중국어 '剛剛關上的'로 대응한다. '剛剛……的'는 과거의 행동이 완료되었다는 의미를 나타내므로 '－던'은 행동의 완료의 의미를 나타낼 때 '剛剛……的'로 대응할 수 있다.

이상으로 한국어 관형사형 어미 '－었던'과 동사가 결합한 경우에 대응하는 중국어 표현을 분석한 결과를 정리하여 다음 〈표 25〉로 제시한다.

〈표 25〉 동사 어간＋'었던'에 대응하는 중국어 표현

한국어 관형사형 어미	중국어 대응 표현
－었던	① 的
	② 了ø/了的
	③ (曾/曾經) 過/過的……的
	④ (曾/曾經)……着的
	⑤ 剛剛……的

5.4.2. 형용사 어간＋'－던/－었던'

이 절에서는 관형사형 어미 '－던/었던'이 형용사와 결합한 관형어의 중국어 대응 표현을 분석하고자 한다.

5.4.2.1. 형용사 어간 + '-던'

여기서는 중국어 번역본에서 나온 '-던'과 형용사가 결합한 관형어의 중국어 대응 표현을 분석하고자 한다.

첫째, '的'로 대응하는 경우

   (36)   가. 겨울바람 칼날 같던 길고긴 방파제를 걸어 떠나던
              날…… (『숲은 잠들지 않는다 2』, p.64)
              迎着刀割一般的寒風走在防波堤的那天……

                                   (『叢林不眠』, p.240)

        나. 이선경 여사가 그렇게 고대하고 갈망하던 그가……

                               (『숲은 잠들지 않는다 2』, p.207)

            李鮮京焦急等待的劉議員…… (『叢林不眠』, p.351)

(36)의 예문을 보면 한국어 형용사와 결합한 '-던'은 중국어에서 '……的'로 대응될 수 있다는 것을 알 수 있다. (36가)의 '칼날 같던'은 '刀割一般的'로 대응하고, (36나)의 '고대하고 갈망하던'은 '焦急等待的'로 대응한다.

둘째, '了'로 대응하는 경우

   (37)   가. 나도 보고 싶던 참이니까. (『숲은 잠들지 않는다 2』, p.65)
            我也想你了。(『叢林不眠』, p.241)

        나. 며칠 동안 계속하여 춥던 날씨가 좀 풀리기 시작한다.
           (『숲은 잠들지 않는다 2』, p.97)
           天气寒冷了好几天, 開始暖和起來了。

                                 (『叢林不眠』, p.273)

(37)의 예문을 보면 한국어 형용사와 결합한 '-던'은 '了'와 대응할 수

있다는 것을 알 수 있다. (37가)의 '보고 싶던'은 '想你了'로 대응하고, (37나)의 '춥던'은 '寒冷了'로 대응한다. '了'는 동작의 완료의 뜻을 나타낼 수 있으므로 '–던'이 완료의 뜻을 나타날 때는 '了'로 대응할 수 있다고 본다.

셋째, '以前……的'로 대응하는 경우

(38)　가. 성격이 활발하던 그가 그때부터 말이 없어졌다.

『원미동 사람들』, p. 286)

以前性格活潑的他, 從那時起開始沉默寡言了。

(『遠美村的人們』, p. 250)

　　　나. 아무것도 모르던 그들은…… (『원미동 사람들』, p. 232)
　　　　　以前什么也不知道的他們…… (『遠美村的人們』, p. 108)

(38)의 예문을 보면 한국어 형용사와 결합한 '–던'은 중국어에서 '以前……的'로 대응할 수 있다는 것을 알 수 있다. (38가)의 '활발하던'은 '以前性格活潑的'로 대응할 수 있고 (38나)의 '모르던'은 '以前……不知道的'로 대응할 수 있다. '以前'은 중국어에서 과거의 의미를 나타내는 부사이다. 과거의 의미를 강조하는 의미에서 '以前'이란 부사가 첨가된다. 한국어에서 '–던'이 과거의 의미를 나타낼 경우 '以前……的'로 대응할 수 있다.

이상으로 한국어 관형사형 어미 '–던'과 형용사가 결합한 경우에 대응하는 중국어 표현을 분석한 결과를 정리하여 다음 〈표 26〉으로 제시한다.

〈표 26〉 형용사 어간＋'–던'에 대응하는 중국어 표현

한국어 관형사형 어미	중국어 대응 표현
–던	① 的
	② 了
	③ 以前……的

5.4.2.2. 형용사 어간 + '- 었던'

여기서는 두 소설의 중국어 번역본에서 나온 '- 었던'이 형용사와 결합된 관형어의 중국어 대응 표현을 제시하고자 한다.

첫째, '的'로 대응하는 경우

(39)　가.　어머니는 <u>가난하고 무지했던</u> 이 땅을 구원하기 위해‥‥‥ (『숲은 잠들지 않는다 1』, p.27)
為了拯救<u>貧窮而又无知的</u>這片土地‥‥‥

(『叢林不眠』, p.16)

　　나.　혜인의 <u>고통스러웠던</u> 과거 말인데,

(『숲은 잠들지 않는다 2』, p.53)
那是惠仁埋在內心的<u>痛苦的</u>經歷。(『叢林不眠』, p.232)

　　다.　처음엔 <u>무심했던</u> 혜인도‥‥‥ (『숲은 잠들지 않는다 2』, p.68)
<u>剛開始沒怎么在意的</u>惠仁‥‥‥ (『叢林不眠』, p.244)

　　라.　그 말을 할 때의 <u>고통스러웠던</u> 그의 모습을 혜인은 잊을 수 없었다. (『숲은 잠들지 않는다 2』, p.102)
惠仁无法忘記他說這些話的時候那<u>痛苦的</u>表情。

(『叢林不眠』, p.102)

(39)의 예문을 보면 형용사와 결합된 '- 었던'은 중국어 '的'로 대응할 수 있다는 것을 알 수 있다. (39가)의 '가난하고 무지했던'은 중국어 '貧窮而又无知的'로 대응되고, (39나, 라)의 '고통스러웠던'은 중국어 '痛苦的'로 대응되고, (39다)의 '무심했던'은 중국어 '沒怎么在意的'로 대응된다.

둘째, '了ø/了的'로 대응하는 경우

(40)　가.　이애리는 남자 관계가 꽤 <u>복잡했던</u> 것 같아요.

好像李艾麗与男人的關系相当夏雜了。

(『叢林不眠』, p.47)

나. 너무 신경이 예민했던 탓이었다.

(『숲은 잠들지 않는다 1』, p.102)

怪自己太神經過敏了。(『叢林不眠』, p.74)

다. 하기야 박만호 사건에 대해 사장님이 너무 자신만만했
던 게 실수라면 실수였지요. (『숲은 잠들지 않는다 2』, p.84)
您可能對朴万浩的案件過于自信了, 也許這正是您致
命的失誤。(『叢林不眠』, p.256)

라. 그 하숙집 딸의 나이가 우리와 비슷했던 데다가 얼굴도
소문나게 예뻤기 때문이다. (『숲은 잠들지 않는다 2』, p.254)
因爲那个姑娘与我們年齡相仿了的,而且長得也很標
致。(『叢林不眠』, p.386)

마. 그때 참 착했던 거 같다. (『숲은 잠들지않는다 2』, p.258)
那時感覺自己太單純了。 (『叢林不眠』, p.390)

(40)의 예문을 보면 형용사와 결합된 '-었던'은 중국어 '了ø/了的'로
대응할 수 있다는 것을 알 수 있다. (40가)의 '복잡했던'은 중국어 '夏雜
了'로 대응되고, (40나)의 '신경이 예민했던'은 중국어 '太神經過敏了'로
대응되고, (40다)의 '자신만만했던'은 중국어 '自信了'로 대응되고, (40라)
의 '비슷했던'은 중국어 '相仿了的'로 대응되고, (40마)의 '착했던'은 중국
어 '單純了'로 대응된다. '了'는 중국어에서 동사 혹은 형용사 뒤에 붙어
동작 혹은 변화가 이미 완료되었다는 뜻을 나타내므로 '-었던'이 완료의
뜻을 나타낼 때는 '了'로 대응할 수 있다.

셋째, '曾/曾經······過的'로 대응하는 경우

(41) 가. 즐거웠던 순간이 많았던 방인데······

『숲은 잠들지 않는다 1』, p.203)

這里曾有很多歡樂過的記憶······ (『叢林不眠』, p.155)

나. 그동안 의문스러웠던 여러 가지 사항들이 틀니처럼 한
꺼번에 들어 맞았다. (『숲은 잠들지 않는다 2』, p.133)
之前曾經疑惑過的所有疑点就將迎刃而解。

(『叢林不眠』, p.295)

다. 모든 걸 없었던 걸로 은폐하자고 제안했지만 이선경
여사는 내 말을 들으려고 하지 않았다.

(『숲은 잠들지 않는다 2』, p.208)

就当什么事都不曾發生過(的事), 可是李鮮京女士却
不愿听從我的建議。 (『叢林不眠』, p.353)

(41)의 예문을 보면 형용사와 결합된 '-었던'은 중국어 '曾/曾經······
過的'로 대응할 수 있다는 것을 알 수 있다. (41가)의 '즐거웠던'은 중국어
'曾······歡樂過的'로 대응되고, (41나)의 '의문스러웠던'은 중국어 '曾經
疑惑過的'로 대응되고, (41다)의 '없었던'은 중국어 '不曾發生過的'로 대
응된다. '曾/曾經······過的'는 과거의 경험 상태를 나타내므로 '-었던'은
과거의 어떤 경험을 나타낼 때 '曾/曾經······過的'로 대응될 수 있다.

넷째, '······之后的'로 대응하는 경우

(42) 가. 몸이 불편했던 근래에는 종합대학으로 승격시키기 위
해······ (『숲은 잠들지 않는다 1』, p.8)
健康出了問題之后的近几年, 她也爲了把學校升格爲
綜合大學······ (『叢林不眠』, p.2)

나. 뭔가 <u>고민이 많았던</u> 듯 초췌한 표정으로 찾아온 여자는

（『숲은 잠들지 않는다 2』, p.174)

她顯出一副<u>經過深思熟慮之后的</u>憔悴的面容。

（『叢林不眠』, p.326)

(42)의 예문을 보면 형용사와 결합된 '－었던'은 중국어 '……之后的'로 대응할 수 있다는 것을 알 수 있다. (42가)의 '불편했던'은 중국어 '健康出了問題之后的'로 대응되고, (42나)의 '고민이 많았던'은 중국어 '經過深思熟慮之后的'로 대응된다. 그러나 이러한 경우는 소설 번역의 특성상 '之后'를 첨가된 것으로 이해해야 할 것이다. '之后'가 없이 '的'만으로도 대응이 되기 때문이다. (42가)의 '불편했던'을 '之后'를 빼고 '健康出了問題的'로 번역해도 틀린 문장은 아니다. (42나)도 마찬가지로 '고민이 많았던'을 '經過深思熟慮的'로 번역해도 틀린 문장은 아니다. 문맥적 의미에 따라 번역 기법을 사용하여 중국어 번역에 '之后'를 첨가한 것으로 본다.

이상으로 한국어 관형사형 어미 '－었던'과 형용사가 결합한 경우에 대응하는 중국어 표현을 분석한 결과를 정리하여 다음 〈표 27〉로 제시한다.

〈표 27〉 형용사 어간+'－었던'에 대응하는 중국어 표현

한국어 관형사형 어미	중국어 대응 표현
－었던	① 的
	② 了ø/了的
	③ 曾/曾經……過的
	④ ……之后的

5.4.3. '이-/아니-'+'-던/었던' 형

여기에서는 중국어 번역본에서 나온 '-던/었던'과 '-이-/아니-'가 결합된 관형어의 중국어 대응표현을 제시한다.

5.4.3.1. '이-/아니-'+'-던' 형

(43)　가. <u>사교적이던</u> 그의 포커판 매너가 생각났다.

(『숲은 잠들지 않는다 1』, p.104)

很<u>善于交際的</u>金社長的身影浮現在眼前。

(『叢林不眠』, p.76)

　　나. 혼혈 여가수 살해범으로 <u>수배 중이던</u> 서웅기가 ……

(『숲은 잠들지 않는다 1』, p.154)

<u>被警方通緝的</u>殺害混血女歌手的嫌疑犯徐雄奇

(『叢林不眠』, p.116)

　　다. 그나마 그가 <u>빈털터리이던</u> 시절이 있었음으로 해서 가능한 일이라고 존은 생각했다.

(『숲은 잠들지 않는다 1』, p.206)

幸亏他<u>曾經一无所有</u>, 所以才可能這樣。

(『叢林不眠』, p.157)

　　라. 인애대학 <u>이사장이던</u> 이선경……

(『숲은 잠들지 않는다 1』, p.56)

<u>曾經是仁愛大學理事長的</u>李鮮京……

(『叢林不眠』, p.234)

(43가)에서의 '사교적이던'은 '善于交際的'로 대응하고, (43나)의 '수배 중이던'은 '被警方通緝的'로 대응한다. (43가, 나)에서의 '이-/아니-'와 결합한 '-던'은 '…的'와 대응할 수 있다는 것을 알 수 있다. (43다)의

'빈털터리이던'은 '曾經一无所有的'로 대응한다. 여기에서는 '−한 적이 있다'란 과거의 의미를 강조하는 뜻으로 부사 '曾經'이 첨가되었다. (43 라)의 '이사장이던'은 '曾經是理事長的'와 대응한다. 즉, 한국어 관형사형 어미 '−던'은 '이−/아니−'와 결합할 경우 중국어의 '的', '曾經…(的)', '曾經是……的'로 대응할 수 있다.

이상으로 한국어 관형사형 어미 '−던'과 '이−/아니−'가 결합한 경우에 대응하는 중국어 표현을 분석한 결과를 정리하여 다음 〈표 28〉로 제시한다.

〈표 28〉 '이−/아니−'+'−던'에 대응하는 중국어 표현

한국어 관형사형 어미	중국어 대응 표현
−던	① 的
	② 曾經……(的)
	③ 曾經是……的

5.4.3.2. '이−/아니−'+'−었던' 형

여기서는 '−었던'이 '−이−/아니−'와 결합한 관형어의 중국어 대응 표현을 분석하고자 한다.

(44)　가. 이사장의 장남이었던 영문과 유 교수가……

(『숲은 잠들지 않는다1』, p.103)

身爲理事長長子的英文系劉敏榮敎授……

(『叢林不眠』, p.75)

　　　나. 이선경 전이사장의 법률고문이었던 민 변호사였다.

(『숲은 잠들지 않는다 1』, p.129)

還有曾是李鮮京前理事長法律顧問的閔律師。

다. 유규하와 유민영의 <u>어머니였던</u> 이선경 이사장이……

身爲劉桂霞和劉敏榮<u>母親的</u>李鮮京前理事長……

라. 거실의 커튼도 잘 정돈된 상태가 <u>아니었던</u> 걸로 봐

서…… (『숲은 잠들지 않는다 1』, p.166)

從客廳里的窗帘<u>沒有整理好的</u>狀態來看……

마. 전세 계약 기간이 <u>6개월이었던</u> 때부터

<u>從六个月租期的</u>時候開始…… (『遠美村的人們』, p.16)

(44)의 예문을 보면 '이다/아니다'와 결합된 '－었던'은 중국어 '的'로 대응할 수 있다는 것을 알 수 있다. (44가)의 '장남이었던'은 중국어 '長子的'로 대응되고, (44나)의 '법률고문이었던'은 중국어 '法律顧問的'로 대응되고, (44다)의 '어머니였던'은 중국어 '母親的'로 대응되고, (44라)의 '잘 정돈된 상태가 아니었던'은 중국어 '沒有整理好的'로 대응되고, (44마)의 '6개월이었던'은 중국어 '六个月租期的'로 대응된다. 따라서 한국어 관형사형 어미 '－었던'과 '이－/아니－'와 결합한 경우에 대응하는 중국어 표현은 '的'라는 것을 알 수 있다.

이상으로 한국어 관형사형 어미 '－(으)', '－는', '－(으)ㄹ', '－던', '－었던'에 대응하는 중국어 표현을 분석한 결과를 정리하여 다음 〈표 29〉로 제시한다.

<표 29> 한국어 관형사형 어미에 대응하는 중국어 표현

관형사형 어미	상황 유형	중국어 대응 표현
-(으)ㄴ	동사와 결합할 경우	①着……的
		②以前/之前/昨天……過的,
		③了……的
		④在……的
		⑤(剛剛)……的
		⑥∅
	형용사와 결합할 경우	①……的
		②∅
	서술격조사와 결합할 경우	①是……的
		②∅
		③……的
-는	동사와 결합할 경우	①……的
		②着……的
		③∅
	'있다/없다'와 결합할 경우	……的
-(으)ㄹ	추측을 나타낼 경우	①能够/可能/能……的
		②該/應該……的
	예정을 나타낼 경우	要/將/將要/卽將……的
	의도를 나타낼 경우	想/要/想要……的
	-았/었을 경우	①曾經/已經……的
		②以前……的
		③……了的
		④……下的
	시제의 의미가 없을 경우	①……的
		②∅

		−던	−었던
−던	'이다/아니다'와 결합할 경우	……的	
	동사와 결합할 경우	① 的	① 的
		② 過ø/過的	② 了ø/了的
		③ 着ø/着的	③ (曾/曾經)過/過的……的
		④ 已經……的	④ 曾/曾經……着的
		⑤ 正在/在……的	⑤ 剛剛……的
		⑥ 曾經/剛剛……(過)的	
		⑦ 了	
	형용사와 결합할 경우	① 的	① 的
		② 了	② 了ø/了的
		③ 以前……的	③ 曾/曾經……過的
			④ ……之后的
	'이다/아니다'와 결합할 경우	① ……的	……的
		② 曾經……的	
		③ 曾經是……的	

위의 표를 보면 다음과 같은 결과를 내릴 수 있다.

첫째, 관형사형 어미 '−(으)ㄴ'과 동사가 결합할 경우 '以前/之前/昨天……過的', '着……的', '在……的', '了……的', '(剛剛)……'로 대응이 되거나 대응 표현이 없는 경우도 있다. 형용사와 결합할 경우는 '的'로 대응되거나 대응 표현이 없는 경우가 있다. 서술격조사와 결합할 경우도 '……的', '是……的', 혹은 대응 표현이 없는 경우가 있다.

둘째, 관형사형 어미 '−는'이 동사와 결합하여 현재 혹은 진행을 나타낼 경우는 '……的', '着……的'로 대응이 되거나 대응 표현이 없는 경우가 있다. 한국어에서 '있다, 없다'의 경우 현재의 뜻을 나타날 때 동사처럼 '−는'과 활용된다. 한국어에서 '있다', '없다'는 관형어로 구성될 때 현재의 상태, 모습 등의 뜻을 나타내려면 어간 뒤에 '-는'이 붙어야 한다. 이러한 경우에 대응되는 중국어 표현이 '……的'라는 것을 알 수 있다.

셋째, 관형사형 어미 '-(으)ㄹ'이 추측을 나타낼 경우에는 '能够/可能/能……的', '該/應該……的'로 대응되고, 예정을 나타낼 경우에는 '要/將/將要/即將……的'로 대응되고, 의도를 나타낼 경우에는 '想/要/想要……的'로 대응된다. '-았/었을' 경우에는 '曾經/已經……的'로 대응되거나 '以前……的', '……了的', '……下的'로 대응되는 경우가 있다. 또한 시제의 의미가 없을 경우에는 '……的'로 대응되거나 대응 표현이 없는 경우가 있다. 또한 '이다/아니다'와 결합할 경우에는 '……的'로 대응한다.

넷째, '-던'과 '-었던'은 모두 '的'의 의미를 갖고 있으므로 동사와 결합하든 형용사와 '이다/아니다'와 결합하든 다 중국어에서 '的'로 대응이 되는 경우가 많다. '-던'이 동사와 결합할 경우에는 '的' 외에도 '過ø/過的', '着ø/着的', '已經……的', '正在/在……的', '曾經/剛剛……(過)的', '了'로 대응할 수 있다. '-던'이 형용사와 결합할 경우에는 '……的', '了', '以前……的'로 대응할 수 있고 '-던'이 '이-/아니-'와 결합할 경우에는 '……的', '曾經……的', '曾經是……的'로 대응할 수 있다.

다섯째, '-었던'은 동사와 결합할 때 '的' 외에도 '了ø/了的', '(曾/曾經)過/過的……的', '曾/曾經……着的', '剛剛……的'로 대응할 수 있다. 형용사와 결합할 경우에는 '的' 외에도 '曾/曾經……過的', '了ø/了的', '……之后的'로 대응할 수 있다. '이-/아니-'와 결합할 경우에는 '……的'로만 대응할 수 있다.

VI

한국어 복합 관형어의
중국어 대응 표현

VI. 한국어 복합 관형어의 중국어 대응 표현

앞에서 서술한 바와 같이 여러 개의 관형어가 피수식어 앞에 나타나서 같이 피수식어를 수식하는 겹친 구성의 관형어를 복합 관형어라고 부른다. 중국어에서도 이렇게 한 수식구조에서 두 개 이상의 관형어 항으로 이루어진 관형어는 다항관형어(多項定語)라고 한다(안연령 2011:63). 한국어와 중국어가 문장을 구성하는 데 일정한 어순 규칙을 지켜야 되는 것처럼 관형어가 여럿이 겹쳐 쓰여 긴 복합 관형어가 생성할 경우에도 각 관형어 사이에 일정한 순서가 있다. 임의로 그 순서를 바꾸면 문장의 수식 구조가 달라지거나 비문이 될 수 있다. 그러나 한국어 겹침 구조에서는 어순 배열이 상대적으로 자유롭다는 특징을 보이고 있지만 중국어 다항관형어의 어순은 한국어와 달리 엄격한 어순 규칙을 따라야 한다. 이러한 차이점으로 인해 한국어와 중국어를 제2외국어로 학습하는 학습자에게 관형어를 사용할 때 오류를 범하기 쉽다.

또한 보통 두 언어 간의 복합 관형어 겹침 구조를 대조하려면 두 관형어의 수식구조와 어순의 측면에서 연구를 진행해야 한다. 그러나 한국어와 중국어간 관형어 겹침 구조의 수식 구조가 거의 같게 나타난다고 결론을 내렸기 때문에[1] 본 장에서는 복합 관형어의 어순을 중심으로 고찰하고자 한다. 기존의 연구를 토대로, 한국어 복합 관형어의 겹침 구조를 '관형사+관형사', '관형사+체언 관형어', '용언+관형사', '체언 관형어+용언', '용언+용언'의 다섯 가지 유형으로 나누어서, 분석 대상인 두 소설책의 원본과 번역본의 용례를 통해 이에 중국어 대응 표현을 분석하고자 한다.

---

1) 한국어와 중국어의 관형어 겹침 구조의 수식 관계로 봤을 때는 거의 같은 구조로 나타난다(안연령 2011:79).

6.1. '관형사 + 관형사'에 대응하는 중국어 표현

본 절에서는 김봉모(1992:190-196)에서 제시한 관형사 겹침 구조의 양상에 따라 '지시 – 수량', '수량 – 성상', '지시 – 성상', '지시 – 수량 – 성상'으로 나누어 , 이에 대응되는 중국어 대응 양상을 살펴보도록 한다. 앞에서 언급한 바와 같이 보통 한국어의 '지시 관형사'는 중국어에서 '대사'와 대응되고, 한국어의 '수 관형사'는 중국어에서 '수사' 또는 '수사 + 양사'와 대응되고, 한국어의 '성상 관형사'는 중국어에서 '형용사'와 대응된다.

첫째, 지시 + 수량

(1)　　가. 저 열 손가락에 …… (『원미동 사람들』, p.142)
　　　　나. 那 十个 手指上 …… (『遠美村的人們』, p.121)
　　　　다. *열 저 손가락
　　　　라. *十个 那 手指上

　　(1)은 '지시 관형사 + 수 관형사'의 복합 관형어 겹침 구조이다. (1가)의 한국어는 '지시 – 수량 – 피수식어'의 순서로 배열되었고 (1나)의 중국어는 '지시대사 – 수량사 – 피수식어'의 순서로 배열된 문장이다. 이에 우리는 중국어와 한국어 모두 지시를 나타내는 관형어가 수를 나타내는 관형어의 앞에 위치한다는 것을 알 수 있다. 따라서 지시 관형어가 수 관형어의 위치가 바뀐 한국어와 중국어 (1다)와 (1라)는 모두 성립하지 않는다.
　　이로부터 지시하는 대상을 가리키는 지시관형사 '이, 그, 저'와 수 관형사가 겹친 복합 관형어 어순에 대응하는 중국어의 어순은 '지시대사 – 수량사 – 피수식어'임을 유추할 수 있다.

(2)　　가. 그런 두 책
　　　　나. *那樣的兩本書

다. 兩本那樣的書

(3) 가. 어떤 두 책
나. 哪兩本書
다. *什么樣的兩本書
라. 兩本什么樣的書

(2가)는 '상태, 모양, 성질 따위가 그러한'을 나타내는 지시 관형사 '그런'과 수 관형사가 겹친 복합 관형어 구조이다. 이에 대응하는 중국어로 '지시대사-수량사'의 순서로 구성된 (2나)는 성립하지 않으나, '수량사-지시대사'의 순서로 결합된 (2다)는 성립한다. 그러나 한국어에서 '이런', '그런', '저런'은 중국어에서 '這樣的', '那樣的'로 대응할 수 있다. 앞에서 언급한 바와 같이 중국어 대사는 문장에서 기타 어구를 대체하는 품사이다. 중국어에서 '這樣', '那樣'과 같은 어휘는 지시대사로 분류됨과 동시에 '的'이 첨가되어 형용사를 대체하는 기능을 하고 있다. 그러므로 (2나)는 기본적으로 '형용사-수사-양사-피수식어'의 순서로 배열된 관형어이다. 중국어에서 형용사와 수량사가 함께 관형어로 쓰일 때는, 형용사가 수량사 뒤에 오는 것이 기본 어순이므로, (2나)는 성립하지 않는다. (2다)처럼 수사구 '兩本'이 형용사를 대체하는 지시대사 '那樣的'의 앞에 위치하는 것이 바른 문장이다.

(3)은 한국어에서 '주어진 여러 사물 중 대상으로 삼는 것이 무엇인지'를 나타내는 지시관형사 '어떤'이 수관형사와 복합관형어를 구성한 문장이다. (3가)에 대응하는 중국어 표현은 (3나)이다. 한국어의 '어떤'이 '주어진 여러 사물 중 대상으로 삼는 것이 무엇인지'를 나타낼 때에는 중국어에서 의문대사 '哪'와 대응하며, '사람이나 사물의 특성, 내용, 상태, 성격이 어떠한지'를 나타낼 때에는 형용사를 대체하는 '什么樣' 또는 '怎么

樣, '怎樣' 등으로 대응할 수 있다. (3라)의 중국어는 어법적으로는 성립하나, (3가)에 대응하는 중국어 표현은 아니다. 중국어에서는 형용사가 수량사 뒤에 오는 것이 기본 어순이므로 (3다)는 틀린 문장이다.

둘째, 수량 + 성상

(4)　가. 두 헌 옷 ······ (『원미동 사람들』, p.202)
　　　나. 兩件旧衣服······ (『遠美村的人們』, p.178)
　　　다. ＊헌 두 옷
　　　라. ＊旧兩件衣服
　　　마. 헌 # 두 옷

(4)는 '수 관형사＋성상 관형사'의 복합 관형어 겹침 구조이다. (4가)는 '수량－성상－피수식어'의 순서로 배열된 한국어 복합 관형 구조이다. 한국어의 성상 관형사는 사물의 성질이나 상태를 나타내는 것이므로, 중국어에서는 형용사와 대응이 된다. (4나)는 이에 대응하는 중국어 번역문인데, '수사－형용사－피수식어'의 순서로 배열되었다. 그리고 수량과 성상을 나타내는 관형어의 자리를 도치하면 (4다, 라)처럼 한국어와 중국어 모두 비문이 된다. 그러나, 한국어에서 성상 관형사와 수 관형사 사이에 휴지를 두면 (4마)처럼 성립하지만, 중국어에서는 한정성 관형어는 반드시 묘사성 관형어 앞에 위치해야 하기 때문에 형용사 관형어가 수량사 관형어 앞에 위치해서는 안 된다.

셋째, 지시 + 성상

(5)　가. 그 새 주인은 금년내로 이사를 오겠다는 것이었고
　　　　　　　　　　　　　　　　　　　　 (『원미동 사람들』, p.21)
　　　나. 那新主人称年內一定要搬過來。(『遠美村的人們』, p.10)
　　　다. ＊새 그 주인은

라. ＊新的那个主人

(6)　　가. 이 옛 친구는
　　　　나. 這位老朋友
　　　　다. ＊옛 이 친구는
　　　　라. ＊老這位朋友

　　(5가)와 (6가)는 '듣는 이에게 가까이 있거나 듣는 이가 생각하고 있는 대상을 가리키는' 지시 관형사 '그'와 '말하는 이에게 가까이 있거나 말하는 이가 생각하고 있는 대상을 가리키는' 지시 관형사 '이'가 성상 관형사와 복합 관형어를 이룬 겹침 구조이다. (5나)와 (6나)는 이에 대응하는 중국어 번역문으로 '지시대사-형용사-피수식어'의 순서로 배열되었다. 그리고 지시를 나타내는 관형어와 성상을 나타내는 관형어의 지리가 도치된 (5다, 라)는 모두 성립하지 않는다. 여기에서는 한국어와 중국어 모두 지시를 나타내는 관형어가 성상을 나타내는 관형어의 앞에 위치해야 한다는 것을 알 수 있다.

넷째, 지시＋수량＋성상

(7)　　가. 저 두 새 책 가운데
　　　　나. 那几本新書中
　　　　다. ＊두 저 새 책 가운데
　　　　라. ＊兩本那新書中
　　　　마. ＊새 저 두 책 가운데
　　　　바. ＊新的那兩本書中

　　(7)은 '지시 관형사＋수 관형사＋성상 관형사'의 복합 관형어 겹침 구조이다. (7가)의 한국어는 '지시-수량-성상-피수식어'의 순서로 배열된 관형사 겹침 구조들이고, (7나)의 중국어 번역문은 '대사-수사-양사

－형용사－피수식어'의 순서로 배열된 문장이다. 그리고 자리가 도치되면 (7다, 라, 마, 바)처럼 중국어와 한국어에서 모두 어색한 문장이 된다. '지시 관형사＋수 관형사＋성상 관형사'의 복합 관형어일 경우에는 한국어와 중국어에서는 모두 같은 어순으로 배열된다는 것을 알 수 있다.

이상으로 한국어 관형사와 관형사 간의 겹침 구조에 대응하는 중국어 관형어의 어순 배열을 살펴본 결과는 다음 〈표 30〉과 같이 정리할 수 있다.

〈표 30〉 한국어 '관형사＋관형사' 관형어 어순의 중국어 대응 표현

어순\결합 구조	한국어 어순	중국어 어순
관형사 + 관형사	지시－수량－중심어	대명사－수사(구)－중심어
		수사(구)－대명사(的)－중심어
	수량－성상－중심어	수사(구)－형용사－중심어
		구별사(的)－형용사－중심어
	지시－성상－중심어	대명사－형용사－중심어
	지시－수－성상－중심어	대명사－수사－형용사－중심어

첫째, 한국어에서 두 관형사가 동시에 실현될 경우 '지시－수량', '지시－성상', '수량－성상'이 기본 구조이고, 세 관형사가 동시에 겹칠 경우에는 '지시－수량－성상'이 기본 구조이다. 한국어에서 '지시－수량－피수식어'는 중국어에서 '대사－수사(구)－피수식어'의 어순으로 대응할 수 있다. 그러나 한국어 지시 관형사에 속한 '이런', '그런', '저런', '어떤', '무슨', '다른' 등 관형사는 사람이나 사물의 성질이나 상태를 가리키는 기능을 가지므로 중국어에서는 이러한 관형사에 구조조사 '的'가 붙으면 형용사로 대체할 수 있어서 수사가 형용사의 앞에 위치하는 원칙으로 '수사－형용사－피수식어'의 순서로 대응된다.

둘째, 한국어의 성상 관형사는 중국어에서 형용사와 대응되므로 '수량-성상-피수식어'에 대응되는 중국어 어순은 '수사-형용사-피수식어'이다.

셋째, 한국어에서의 '지시-성상-피수식어' 어순에 대응하는 중국어 어순은 '대사＋형용사＋피수식어'이다.

넷째, '지시-수-성상-피수식어' 어순에 대응하는 중국어 어순은 '대사-수사-형용사-피수식어'이다.

6.2. '관형사＋체언 관형어'에 대응하는 중국어 표현

본 절에서는 한국어 관형사와 체언 관형어의 복합 관형어 구조를 '지시 관형사＋체언 관형어＋피수식어', '수 관형사＋체언 관형어＋피수식어', '성상 관형사＋체언 관형어＋피수식어' 등 세 가지로 나누어 이에 대응되는 중국어 관형어의 어순을 살펴보도록 한다.

첫째, 지시 관형사＋체언 관형어

(8) 가. 이 나라의 금속 문화는 (『원미동 사람들』, p.44)
    나. 這个國家的金屬文化 (『遠美村的人』, p.31)
    다. 나라의 이 금속 문화는
    라. 國家的這个金屬文化

(8가)는 '지시 관형사＋체언 관형어＋피수식어'의 복합 관형어 구조이다. '지시-체언-피수식어'의 어순으로 배열된 문장이고 (8나)의 중국어 번역문도 마찬가지로 '대사-명사-피수식어'의 순서로 배열된 문장이다. 두 관형어의 자리가 도치되면 (8다, 라)처럼 비문은 아니지만 수식

관계에 따라 의미가 달라진다. (8가)의 지시 관형사 '이'는 먼저 '나라'를 수식하고 다시 피수식어 '금속 문화'를 수식하지만, (8다)는 지시 관형사 '이'가 먼저 피수식어와 중심구를 구성한 다음에 체언 관형어 '나라'와 다시 중심구를 확장한 것이므로 의미가 달라진다. 이것은 (8라)의 중국어에서도 마찬가지이다.

체언이 앞에 오는 '체언 관형어＋관형사＋피수식어'의 구성은 체언 관형어의 수식을 받는 중심구가 관형사와 피수식어를 중심구로 확장된 겹침 구조이다. 관형사는 체언 앞에 위치하여 체언을 지시하거나 성질, 상태 등의 특성을 나타내므로 뒤따르는 체언과 긴밀하게 연결되어 먼저 관형 구성을 이룬다는 점이 한국어와 중국어의 공통적인 특징이다.

(9)　가. 그 오늘 회의는 취소하도록 하자.
　　　나. 今天的那个會議取消吧
　　　다. ＊那个今天的會議取消吧

(10)　가. 봄날의 그 아름다운 나비들
　　　나. 春天的那些美麗蝴蝶
　　　다. ＊那些春天的美麗蝴蝶

(9가)의 '오늘'이 먼저 '회의'를 수식하고, 다음 '그'가 '오늘 회의'를 수식하는 구조이다. 즉, '지시대사−시간명사−피수식어'의 어순이다. 중국어에서는 지시대사가 피수식어의 범위를 제한하는 제한성 관형어에 속하고, 시간명사도 피수식어의 시간을 제한하는 제한성 관형어 역할을 한다. 그러나 지시대사와 시간명사가 겹칠 경우에는 시간 범위가 더 크므로 보통 시간명사가 앞에 오고 지시대사가 뒤에 오는 것이 원칙적이다. 그러므로 (9나)처럼 '시간명사−지시대사−피수식어'의 순서로 배열된 것이 바른 문장이고 (9다)는 어색한 문장이다.

(10가)는 '그'가 '아름다운 나비들'을 먼저 수식하고, 다음 '봄날'이 '그 아름다운 나비들'을 수식하는 구조이다. 이에 대응하는 중국어로는 (10나)가 바른 문장이고, (10다)는 어색한 문장이다.

둘째, 수 관형사＋체언 관형어

　(11)　가. 모든 만화 영화의 주인공은 슈퍼맨이다.

(『원미동 사람들』, p.39)

　　　　　나. 所有動畫片的主角是超人。(『遠美村的人』, p.27)

　　　　　다. 만화 영화의 모든 주인공은 슈퍼맨이다.

　　　　　라. ＊動畫片的所有的主角是超人。

　(12)　가. 대학의 모든 문제를 고총장과 상의해 결정해왔다.

(『숲은 잠들지 않는다 1』, p.13)

　　　　　나. 所有大學問題都和高校長商量決定。

(『叢林不眠』, p.95)

　　　　　다. 모든 대학의 문제를 고총장과 상의해 결정해왔다.

　　　　　라. ＊大學的所有問題都和高校長商量決定。

　(11)은 수 관형사와 체언의 관형어 겹침 구조이다. 여기에서 원문의 문장 문맥에 따라 '모든'은 '만화 영화'를 수식하는 것이 아니라 '만화 영화의 주인공'을 수식한다. (11가)는 '수 관형사－체언 관형어－피수식어'의 어순으로 배열된 문장이다. '(11나)의 중국어를 보면 '대사－명사－피수식어'의 겹침 구조이다. 중국어에서 '所有'는 뒤에 오는 '動畫片'과 직접적으로 관계를 맺는 것이 아니라 '主角'와 직접적으로 관계를 맺는 것이므로 원문의 뜻에 따라 (11나)로 대응하는 것이 올바른 문장이다. 그러나 두 관형어의 어순을 도치하면 (11다)처럼 한국어에서는 비문이 아니지만 (11라)의 번역문은 어색한 문장이 된다. 따라서 한국어 '수 관형사－체언 관형어－피수식어'의 어순에 대응하는 중국어 표현은 '대사－명사－피수

식어'이라는 것을 알 수 있다.

(12가)는 '체언 관형어－수 관형사－피수식어'의 어순으로 배열된 문장이다. 이 순서 그대로 중국어로 번역하면 (12라)처럼 어색한 문장이된다. 여기에서도 '所有'는 뒤에 오는 '大學'와 직접적으로 관계를 맺는것이 아니라 '問題'와 직접적으로 관계를 맺는 것이다. 따라서 (12가)의한국어 '체언 관형어－수 관형사－피수식어'의 복합 관형어 어순과 달리 중국어에서는 '대사－명사－피수식어'의 어순으로 되어 있다. 이를통해 한국어 수 관형사와 체언의 관형어 겹침 구조의 어순은 자유롭지만 중국어에서는 수사가 명사의 앞에 위치하는 것이 기본이라는 것을알 수 있다.

(13)　가. 대학교의 한 교수가 그렇게 말했다.
　　　나. ＊大學的一位教授說。
　　　다. 一位大學教授說。

(14)　가. 그는 우리 대학교의 한 교수이다.
　　　나. 他是我們學校的一位教授。
　　　다. ＊他是一位我們學校的教授

중국어에서 명사가 관형어로 쓰일 때, 그 명사가 피수식어의 성질이나직위 등을 나나날 때에는 수량 관형어보다 피 수식어에 가까이 위치한다.(13가)의 대학교는 소속을 나타내는 명사가 아니라 그 교수가 '어떠한교수인가'를 한정 묘사하는 역할을 하므로 중국어에서는 수사의 뒤에 오는 것이 기본이다. 또한 중국어에서는 소속이나 소유자를 나타낼 때에는수량 관형어보다 피수식어에 멀리 위치한다. (14가)에서 보듯이 '我們學校'는 소속관계를 나타내므로 문장의 맨 앞에 위치하는 것이 기본이다.따라서 (13나)와 (14다)는 모두 어색한 문장이다.

셋째, 성상 관형사＋체언 관형어

(15)　가. 새 신부의 장롱은 (『원미동 사람들』, p.29)
　　　나. 新娘的大衣柜。 (『遠美村的人』, p.18)
　　　다. 신부의 새 장롱은
　　　라. 新娘的新大衣柜。

(15가)는 '성상 관형사＋체언 관형어'의 복합 관형어 구조이다. 한국어에서는 '성상－체언－피수식어'의 어순으로 배열된 문장이다. 여기에서는 '새'가 '장롱'을 수식하는 것이 아니라 '신부'를 수식하는 구조이다. 또한 '신부'의 '신'이 중국어에서 이미 '새'의 의미가 포함되어 있으므로 의미가 반복되기 때문에 '新的新娘'으로 번역하지 않고 (15나)처럼 번역해야 정확한 문장이다. (15라)로 번역하면 틀린 문장은 아니지만 뜻이 달라진다. (15다)처럼 두 관형어의 자리를 도치해도 한국어나 중국어에서 모두 성립된 문장이지만 '새'가 '신부'를 수식하는 것이 아니라 '장롱'을 수식하는 것으로 의미가 달라진다.

(16)　가. 새 건물의 임자가
　　　나. 新建筑物的主人
　　　다. 건물의 새 임자가
　　　라. 建筑物的新主人

(16가)도 마찬가지로 '성상 관형사＋체언 관형어'의 복합 관형어 구조이다. (16가)는 '성상－체언－피수식어'의 어순으로 배열된 문장이다. (16나)의 중국어 번역문을 보면 한국어와 마찬가지로 '형용사－명사－피수식어'의 배열 순서로 된 문장이다. 그리고 수식 관계를 보면 (16가)와 (16나)는 모두 앞에 있는 성상 관형사가 먼저 체언 관형어와 중심구를 구성한 다음에 피수식어와 다시 수식하는 확장 구조이다. 그러나 (16다)

처럼 자리를 도치하면 수식관계가 바뀌므로 의미가 달라진다. (16라)의 중국어도 마찬가지이다.

따라서 한국어의 성상관형사와 체언 관형어가 결합한 복합 관형어 어순 '성상-명사-피수식어'에 대응하는 중국어도 한국어와 마찬가지로 '형용사-명사-피수식어'의 순서로 배열된다는 것을 알 수 있다.

이상으로 한국어 '지시 관형사+체언 관형어'의 복합 관형어 구조에 대응하는 중국어 어순을 살펴본 결과는 다음과 같다.

〈표 31〉 한국어 '지시 관형사+체언 관형어' 어순의 중국어 대응 표현

결합 구조 \ 어순	한국어 어순	중국어 어순
지시 관형사 +체언 관형어	지시-체언-중심어	대사-명사(的)-중심어
		시간명사-대사-중심어
	체언-지시-중심어	대사-명사(的)-중심어
		시간명사(的)-대사-중심어
수 관형사 +체언 관형어	수량-체언-중심어	수사-명사(的)-중심어
		소속명사(的)-중심어
	체언-수량-중심어	수사-명사(的)-중심어
성상 관형사+체언	성상-체언-중심어	명사(的)-형용사-중심어

첫째, 한국어 '지시-체언-피수식어'의 어순에 대응되는 중국어 어순은 한국어와 마찬가지로 '대사-명사-피수식어'의 순서로 배열된다. 두 관형어의 자리를 도치하면 (8다, 라)처럼 비문은 아니지만 수식 관계에 따라 의미가 달라진다. 그러나 지시대사와 시간명사가 겹칠 경우에는 시간 범위가 더 크므로 보통 시간명사가 앞에 오고 지시대사가 뒤에 오는 것이 원칙적이다. 즉, '시간명사-지시대사-피수식어'의 순서로 배열되는 것이 기본이다.

둘째, 한국어 '수 관형사＋체언의 관형어'의 겹침 구조에 대응되는 중국어는 한국어와 마찬가지로 '대사－명사－피수식어' 어순으로 배열된다. 그러나 두 관형어의 어순을 도치하면 한국어에서는 비문이 아니지만 중국어에서는 수사가 보통 명사의 앞에 위치하는 것이 기본이라 어색한 문장이 된다. 또한 중국어에서는 소속관계를 나타내는 명사는 문장의 맨 앞에 위치해야 하는 것이 기본이다.

셋째, 한국어 '성상－명사－피수식어'에 대응하는 중국어도 한국어와 마찬가지로 '형용사－명사－피수식어'의 순서로 배열된다. 이것은 한국어와 중국어에서 모두 앞에 있는 성상 관형사가 먼저 뒤에 오는 체언 관형어와 중심구를 구성한 다음에 피수식어를 다시 수식하는 확장 구조이기 때문이다.

6.3. '용언＋관형사'에 대응하는 중국어 표현

본 절에서는 한국어 관형사와 용언 관형어의 복합 관형어 구조를 '용언 관형어＋지시 관형사＋피수식어', '용언 관형어＋수 관형사＋피수식어', '용언 관형어＋성상 관형어＋피수식어' 등 세 가지로 나누고 또 용언 관형어를 동사와 형용사로 나누어 이에 대응되는 중국어 관형어의 수식 구조 및 어순을 살펴보도록 한다.

첫째, 용언＋지시 관형사

(17)　가.　노래를 부르는 그 여자 모습 (『숲은 잠들지 않는다1』, p.40)
　　　나.　她唱歌的模樣。(『叢林不眠』, p.26)
　　　다.　＊唱歌的她的模樣。

(17가)는 '용언 관형어+관형사+피수식어'의 관형어 겹침 구조이고, 어순은 '용언-관형사-피수식어'로 배열되어 있다. (17나)의 중국어 번역문은 '지시대사-동사-피수식어'의 어순으로 배열된 문장이다. 중국어에서 지시대사는 피수식어의 범위를 제한하는 제한성 관형어에 속하고 동사는 피수식어의 동작을 묘사하는 묘사성 관형어에 속하므로 지시대사가 먼저 오고 동사는 뒤에 오는 것이 바른 문장이다. (17다)는 동사가 지시대사의 앞에 위치하였으므로 어색한 문장이 된 것이다.

(18)　가. 그 어처구니없는 수수께끼 속에서라도 묵묵히 나아가
　　　　는 외에 다른 도리는 없었다. (『원미동 사람들』, p.13)
　　　나. 除了默不吭聲忍受那荒謬的謎語，別无他法。

(『遠美村的人們』, p.3)

　　　다. 어처구니없는 그 수수께끼
　　　라. ＊荒謬的那个謎語。

(19)　가. 슬픈 이 세상을 떠나다.
　　　나. 离開這个悲哀的世界。
　　　다. ＊离開悲哀的這个世界。

(18가)의 어순은 '지시 관형사-형용사-피수식어'로 배열되어 있고, (18나)의 중국어 번역문은 '지시대사-형용사-피수식어'의 어순으로 배열되어 있다. (18다)는 한국어에서 지시대사와 형용사의 자리가 도치되어도 바른 문장이지만 (18라)는 어색한 문장이 된 것이다. (19가)는 '형용사-지시 관형사-피수식어'로 배열된 문장이다. (19나)도 마찬가지로 '형용사-지시대사-피수식어'의 어순으로 된 문장이다. 그러나 (19다)처럼 지시대사와 형용사의 자리를 도치하면 비문이 된다.

한국어에서는 대상을 지시하는 지시 관형사와 형용사가 함께 관형어를

구성하는 경우, 형용사가 앞에 올 수도 있고 지시 관형사가 뒤에 올 수도 있다. 그러나 중국어에서는 대상을 지시하는 지시대사와 형용사가 함께 관형어를 구성하는 경우 늘 지시대사가 형용사 앞에 와야 한다. 따라서 형용사가 지시 대사 앞에 놓인 (18라)와 19(다)는 성립하지 않는다.

둘째, 용언＋수 관형사

    (20)   가. 기어가는 한 마리의 벌레. (『원미동 사람들』, p.111)

              나. 一只爬行的虫子。(『遠美村的人』, p.91)

              다. ＊爬行的一只虫子。

(20가)는 동사와 수 관형사가 결합한 복합 관형어 구조이다. '동사－수 관형사－피수식어'의 어순으로 배열된 반면에 (20나)의 중국어 번역문에 서는 '수사－동사－피수식어'의 순서로 배열된다. 중국어에서는 수사 혹 은 수사구는 피수식어의 수량을 한정하는 한정성 관형어에 속한다. 동사 는 피수식어의 동작을 묘사하는 묘사성 관형어이다. 일반적으로 중국어 에서 한정성 관형어와 묘사성 관형어가 같이 쓰이는 경우 한정성 관형어 가 묘사성 관형어의 앞에 위치한다. 그러므로 동사 관형어가 수량구 관형 어 앞에 놓인 (20다)는 성립하지 않는다.

    (21)   가. 이 세계에 대한 한 작은 경고이다.

                                     (『원미동 사람들』, p.285)

              나. 對這个世界的一个小小的警告。(『遠美村的人們』, p.255)

              다. ＊對這个世界的小小的一个警告。

    (22)   가. 원미동이라는 한 자그마한 동네……

                                       (『원미동 사람들』, p.285)

              나. 叫做遠美村的這小小的村子。(『遠美村的人們』, p.255)

              다. ＊叫做遠美村的小小的這村子。

(22가)는 형용사와 수 관형사가 결합한 복합 관형어 구조이다. '수 관형사－형용사－피수식어'의 어순으로 배열되었다. 이에 대한 중국어 번역문 (22나) 역시에 '수량구－형용사－피수식어'의 순서로 배열되었다. 중국어에서는 수사나 사량구는 피수식어의 수량을 한정하는 한정성 관형어에 속하고, 형용사는 피수식어의 성질이나 상태를 묘사하는 묘사성 관형어에 속한다. 중국어에서 한정성 관형어가 묘사성 관형어의 앞에 위치하는 것이 기본이므로, 수사나 수량구는 보통 형용사의 앞에 위치한다. 그러므로 형용사가 수량구 앞에 놓인 (22다)는 성립하지 않는다. (23다)도 마찬가지로 묘사성 관형어인 '小小的'가 한정성 관형어인 '這' 앞에 놓였기 때문에 성립하지 않는다.

셋째, 용언＋성상 관형사

   (24)   가. 잃어버린 헌 장갑

            나. 丟了的旧手套。

            다. ＊旧的丟了的手套。

   (25)   가. 귀여운 새 장난감

            나. 可愛的新的玩具。

            다. 新的可愛的玩具

(24가)는 한국어 '용언＋성상 관형사＋피수식어'의 복합 관형어 구조이다. '동사－성상 관형사－피수식어'의 어순에 비해 중국어는 (24나)처럼 '동사－형용사－피수식어'의 어순으로 배열된다. 동사는 형용사의 앞에 위치해야 하므로 (24다)는 어순 배열이 잘못되어서 생긴 오류이다. (25가)는 '형용사－성상 관형사－피수식어'로 된 문장이다. 중국어의 번역문 (25나)를 보면 '형용사－형용사－피수식어'의 어순으로 된 문장이다. 두 형용사는 모두 피수식어를 수식하는 것이므로 자리를 도치해도

(25다)처럼 문장이 성립된다.

이상으로 한국어 '지시 관형사＋체언 관형어'의 복합 관형어 구조에 대응하는 중국어 어순을 살펴본 결과는 다음 〈표 32〉와 같다.

〈표 32〉 한국어 '용언＋관형사' 관형어 어순의 중국어 대응 표현

어순 결합 구조	한국어 어순	중국어 어순
동사 관형어 ＋관형사	동사－지시－중심어	대사－동사(구)－중심어
	동사－수량－중심어	수사(구)－동사(구)－중심어
	동사－성상－중심어	동사(구)－형용사－중심어
형용사 관형어 ＋관형사	형용사－지시－중심어	대사－형용사－중심어
	형용사－수량－중심어	수사(구)－형용사－중심어
	형용사－성상－중심어	형용사－형용사－중심어

첫째, '용언 관형어＋지시 관형사＋피수식어'의 관형어 겹침 구조에서는 한국어 '동사－지시 관형사－피수식어'에 대응되는 중국어 어순은 '대사－동사－피수식어'이고 한국어 '형용사－지시 관형사－피수식어'에 대응되는 중국어 어순은 '지시대사－형용사－피수식어'의 어순으로 배열되어 있다. 중국어에서 지시대사는 피수식어의 범위를 제한하는 제한성 관형어에 속하고 형용사는 피수식어의 상태와 성질을 나타내는 묘사성 관형어이므로 지시대사가 먼저 오고 형용사가 뒤에 오는 것이 기본이다.

둘째, 용언과 수 관형사가 결합한 복합 관형어 구조에서 '동사－수 관형사－피수식어'의 어순으로 배열된 한국어에 대응되는 중국어 어순은 '수사－동사－피수식어'이다. 한국어 '형용사－수 관형사－피수식어'의 중국어 대응 순서는 '수사－형용사－피수식어'이다. 중국어에서는 수사 혹은 수사구는 피수식어의 수량을 한정하는 한정성 관형어에 속한다. 동사는 피수식어의 동작을 묘사하는 묘사성 관형어이다. 중국어에서 한정

성 관형어가 묘사성 관형어의 앞에 위치하는 것이 기본이므로 수사는 보통 동사의 앞에 위치한다.

셋째, 한국어 '동사ー성상 관형사ー피수식어'의 어순에 대응하는 중국어 어순은 '동사ー형용사ー피수식어'이다. 동사(구)는 형용사의 앞에 위치해야 한다. 한국어 '형용사ー성상 관형사ー피수식어'의 어순에 대응되는 중국어 어순은 '형용사ー형용사ー피수식어'이다. 두 형용사는 모두 피수식어를 수식하는 것이므로 자리를 도치해도 문장이 성립된다.

6.4. '체언 관형어+용언'에 대응하는 중국어 표현

한국어에서 '체언 관형어+용언' 복합 관형어 겹친 구조는 '체언 관형어+용언 관형어'와 '용언+체언 관형어'의 두 배열 순서가 모두 가능하다. 본 절에서는 용언을 동사와 형용사로 구분해서 각 구조에 대응하는 중국어 대응 양상을 살펴보도록 하겠다.

첫째, 체언 관형어+동사

> (26) 가. 아이들의 떠드는 소리 (『원미동 사람들』, p.57)
>   나. 孩子們的喧嘩聲。(『遠美村的人們』, p.43)
>   다. 떠드는 아이들의 소리
>   다. * 喧嘩的孩子們的聲音

> (27) 가. 환호하는 관중들의 아우성 소리를 들었다.
>   (『숲은 잠들지 않는다 1』, p.63)
>   나. 听見了觀衆們的歡呼聲。(『叢林不眠』, p.43)
>   다. * 听見了歡呼的觀衆們的聲音。

(26가)는 '체언 관형어－동사－피수식어'의 어순으로 배열된 복합 관형어 구조이다. (26다)처럼 두 관형어의 자리를 도치해도 바른 문장이 된다. 그러나 (26나)의 중국어에서는 '명사－동사－피수식어' 어순이 바른 문장이지만 자리를 도치하면 (26다)처럼 비문이 된다. 여기에서 '아이들'은 소속관계를 나타내는 관형어이다. 중국어에서는 소속을 나타내는 관형어는 피수식어의 소속관계를 나타내는 제한성 관형어에 속한다. 소속을 나타내는 명사는 관형어의 맨 앞에 나타나는 것이 기본이기 때문이다.

마찬가지로 (27가)는 '동사－체언－피수식어'의 어순으로 된 문장이다. 한국어와 같은 어순으로 배열된 (27다)는 비문이고 '명사－동사－피수식어'의 어순으로 된 (27나)가 바른 문장이다.

둘째, 체언 관형어＋형용사

(28)　가. 아내의 조그만 글씨가 (『원미동 사람들』, p.19)

　　　　나. 妻子小小的字体。(『遠美村的人們』, p.9)

　　　　다. ＊小小的妻子的字体。

(29)　가. 대학당국의 확실한 대답을 듣고 싶습니다.

　　　　　　　　　　　　　　　　　(『숲은 잠들지 않는다 1』, p.63)

　　　　나. 想听學校当局的明确答夏 (『叢林不眠』, p.43)

　　　　다. ＊想听明确的學校当局的答夏。

(28가)는 '체언 관형어－형용사－피수식어'의 어순으로 된 복합 관형어의 겹침 구조이다. (28나)의 중국어 번역문도 마찬가지로 '명사－형용사－피수식어'의 어순으로 된 관형어이다. 중국어에서는 소속관계를 나타내는 관형어 '아내'가 먼저 앞에 오고 형용사가 뒤에 오는 것이 기본이므로 (28다)처럼 자리를 도치하여 '형용사－명사－피수식어'의 어순으로

되면 의미가 다르므로 정확한 번역문이 아니다. (29다)도 마찬가지로 형용사가 명사의 앞에 위치하였으므로 어색한 문장이 되는 것이다.

이상으로 한국어에서 '체언 관형어＋용언' 복합 관형어 겹친 구조에 대응하는 중국어 어순을 살펴본 결과는 다음과 같다.

〈표 33〉 한국어 '체언＋용언' 관형어 어순의 중국어 대응 표현

어순 결합 구조	한국어 어순	중국어 어순
체언＋동사	체언－동사－중심어	(소속)명사－동사－중심어
	동사－체언－중심어	(소속)명사－동사－중심어
체언＋형용사	체언－형용사－중심어	(소속)명사－형용사－중심어
	형용사－체언－중심어	형용사－명사－중심어

첫째, 한국어 '체언－동사－피수식어'의 어순에 대응되는 중국어 어순은 '명사－동사－피수식어'이다. 중국어에서는 소속을 나타내는 명사는 관형어의 맨 앞에 나타나는 것이 기본이기 때문이다. 마찬가지로 자리를 도치한 '동사－체언－피수식어'의 어순에 대응하는 중국어 어순도 '명사－동사－피수식어'의 어순으로 되는 것이 기본이다.

둘째, 한국어 '체언 관형어－형용사－피수식어'의 어순에 대응되는 중국어 어순은으로 '명사－형용사－피수식어'의 어순으로 된 관형어이다. 중국어에서는 소속관계를 나타내는 명사가 먼저 앞에 오고 형용사가 뒤에 오는 것이 기본이다. 자리를 도치하여 '형용사－명사－피수식어'의 어순으로 되면 형용사가 뒤에 오는 체언을 먼저 수식하므로 의미가 달라진다.

6.5. '용언 + 용언'에 대응하는 중국어 표현

본 절에서는 '용언 + 용언' 관형어 겹침 구조를 용언의 하위 범주인 동사와 형용사로 나누어서 이에 대응되는 중국어 대응 양상을 살펴보고자 한다.

첫째, 동사 + 동사

(30)　가. 거리에서 뒹굴고 노는 꼬마들 (『원미동 사람들』, p.5)

　　　나. 街頭打滾 玩着 的 小孩們。(『遠美村的人們』, p.50)

　　　다. *거리에서 뒹구는 노는 꼬마들

(31)　가. 미래를 이끌어갈 자라는 청소년들이 (안연령 2011;31)

　　　나. 引領未來的正在成長的靑少年們

　　　다. 자라는 미래를 이끌어갈 청소년들이

　　　라. 正在成長的引領未來的靑少年們。

(30)은 '동사 + 동사 + 피수식어'의 복합 관형어 겹침 구조이다. (30다) 처럼 한국어에서는 한 피수식어가 동시에 두 동작을 나타내는 것은 불가능한 일이다. (30가)처럼 '뒹구는'을 '뒹굴고, 뒹굴면서, 뒹굴며'로 바뀌면 바른 문장이 된다. 중국어에서는 이러한 제한이 없이 두 동작이 동시에 한 피수식어를 수식할 수 있다. 그러나 (31가)처럼 한국어에서 시제가 서로 다른 경우에는 별개의 행동으로 인식되므로 문법적이 표현이 되는 것이다. (31나)의 중국어를 보면 한국어와 마찬가지로 '동사 - 동사 - 피수식어'의 어순으로 된 문장이다. (31다, 라)처럼 자리를 도치해도 두 언어가 모두 성립된다.

둘째, 형용사＋형용사

   (32) 가. 아름다운 젊은 여인 (『숲은 잠들지 않는다 1』, p.66)

         나. 漂亮年輕的女人。(『叢林不眠』, p.49)

         다. 젊은 아름다운 여인

         라. 年輕漂亮的女人。

   (33) 가. 저 꺼벙한 젊은 친구 (『원미동 사람들』, p.129)

         나. 那邋遢的年輕人。(『遠美村的人們』, p.107)

         다. 저 젊은 꺼벙한 친구

         라. 那年輕又邋遢的人。

(32가, 다)의 한국어는 '형용사－형용사－피수식어'의 어순으로 배열되어 있고 중국어도 마찬가지로 '형용사－형용사－피수식어'의 어순으로 배열된다. 두 관형어의 자리를 도치해도 모두 성립된 문장이다. 그리고 (33)을 보면 한국어와 중국어에서 모두 형용사끼리 겹칠 때는 두 형용사가 각각 피수식어를 수식하는 구조를 형성하므로 자리는 도치해도 문장이 성립된다.

셋째, 동사＋형용사

   (34) 가. 가족들이 기다릴 새로운 집…… (『원미동 사람들』, p.14)

         나. 有家人等待的新家。(『遠美村的人們』, p.)

         다. 새로운 # 가족들이 기다릴 집 *

         라. * 新的家人等待的家

   (35) 가. 길모퉁이에서 먹었던 밍밍한 설렁탕

                                 (『원미동 사람들』, p.23)

         나. 在胡同里吃過的沒滋沒味的牛雜湯。

                                 (『遠美村的人們』, p.12)

다. 밍밍한 # 길모퉁이에서 먹었던 설렁탕

라. *沒滋沒味的在胡同里吃過的牛雜湯

(34, 35)는 한국어에서 '동사＋형용사＋피수식어'의 복합 관형어 겹침 구조이다. 모두 '동사－형용사－피수식어'의 어순으로 배열된 문장이다. 중국어에서도 마찬가지로 (34나)는 '주술구－형용사－피수식어'의 어순이고 (35나)는 '동사구＋형용사＋피수식어'의 어순이다. 그러나 (34다)와 (35다)에서 보듯이 한국어에서 두 관형어를 도치하면 휴지를 둔 전제에서는 모두 바른 문장이지만 중국어에서는 주술구는 항상 형용사의 앞에 위치해야 하므로 (34라)와 (35라)처럼 배열 순서가 바뀌면 비문이 되는 것이다. 한국어에서는 동사와 형용사가 동시에 피수식어를 수식할 때는 '동사－형용사'가 기분 어순이고 중국어에서는 동사구와 주술구가 형용사 앞에 위치하는 것이 기본 어순이라는 것을 알 수 있다.

지금까지 살펴 본 한국어 '용언＋용언'의 복합 관형어 구조에 대응하는 중국어 어순은 다음과 같다.

〈표 34〉 한국어 '용언＋용언' 관형어 어순의 중국어 대응 표현

어순 결합 구조	한국어 어순	중국어 어순
동사＋동사	동사－동사－중심어	동사(구)－동사(구)－중심어
형용사＋형용사	형용사－형용사－중심어	형용사－형용사－중심어
동사＋형용사	동사－형용사－중심어	동사(구)－형용사－중심어

첫째, 한국어 '동사－동사－피수식어'의 어순에 대응하는 중국어 어순은 '동사－동사－피수식어'의 어순이다. 한국어에서는 시제가 동일한 경우에 피수식어가 동시에 두 동작을 나타내는 것은 불가능한 일이지만 중국어에서는 이러한 제한이 없이 두 동작이 동시에 한 피수식어를 수식할

수 있다.

둘째, 한국어 '형용사＋형용사＋피수식어'의 복합 관형어 구조에서는 한국어와 중국어는 모두 '형용사－형용사－피수식어'의 어순으로 배열된다. 두 관형어를 자리를 도치해도 모두 성립된 문장이다.

이상으로 한국어 복합 관형어의 겹침 구조를 '관형사＋관형사', '관형사＋체언', '용언＋관형사', '체언＋용언', '용언＋용언'의 다섯 가지로 나누어서 이에 대응하는 중국어 표현을 살펴보았다. 한국어와 중국어 복합 관형어를 대조 분석한 결과는 다음과 같다.

첫째, 한국어와 중국어가 문장을 구성하는 데 일정한 어순 규칙을 지켜야 되는 것처럼 관형어가 겹치는 경우도 일정한 순서 규칙을 지켜야 한다. 임의로 자리바꿈을 하면 문장의 수식 구조가 달라지거나 비문이 될 수도 있다.

둘째, 중국어 관형어는 한국 관형어와 마찬가지로 피수식어를 수식하는 기능을 한다. 또한 중국어 관형어의 위치는 한국어 관형어와 마찬가지로 피수식어 앞에 위치한다. 한국어의 관형어는 피수식어인 피수식어 체언 앞에 위치하는데 중국어 관형어도 피수식어인 주어와 목적어의 앞에 나타난다는 점에서 일치된다.

셋째, 복합 관형어에서는 교착어인 한국어가 중국어에 비해 어순 배열에서 엄격하지 않고 상대적으로 자유롭다는 특징을 보이고 있다. 즉, 복합 관형어 구조에서 한국어는 어미나 격조사를 통해 나타내기 때문에 한국어가 중국어보다 상대적으로 자유롭다. 중국어의 다항관형어에서는 업격한 어순 배열 규칙이 있다는 특징을 보이고 있다.

넷째, 한국어에서는 두 관형사가 동시에 실현될 경우 '지시－수량', '지시－성상', '수량－성상'이 기본 어순이고, 세 관형사가 동시에 겹칠 경우에는 '지시－수량－성상'이 기본 어순이다. 그리고 상황에 따라 관형어가 쉽게 앞이나 뒤에 배열하는 것이 가능하다. 이에 비해 중국어에서는 '제한성 관형어-수량사(구)-묘사성 관형어'의 순서로 배열하는 것이 일반적이다. 여기서 중국어의 제한성 관형어는 한국어의 지시 관형어와 비슷하여 사물의 성질이나 상태 등을 의미하는 대상을 지시하거나 제한하는 관형어이고 중국어의 묘사성 관형어는 한국어의 성상 관형사와 비슷하게 사물의 성질이나 상태 등을 표시해 준다. 그 외에 중국어의 수량사도 한국어의 수 관형사와 같이 사물의 수량을 의미한다. 즉, 중국어 관형어의 대개 어순은 '소속관계의 명사나 대사-수량사(구)-주술구-동사(구)-형용사(구)-피수식어'의 순서로 배열되는 것이 일반적이다. 물론 상황에 따라 특수한 배열 순서도 많지만 여기에서는 언급하지 않겠다.

다섯째, 중국어 관형어의 구성 성분을 보면 관형어를 구성하는 범주는 상대적으로 넓은 것으로 볼 수 있다. 중국어의 명사(구), 동사(구), 수사, 양사, 대사, 형용사, 주술구 등이 모두 관형어를 구성할 수 있다. 이러한 구성 성분이 관형어로 쓰일 때는 구조조사 '的'이 관형어와 피수식어 사이에 놓이는 경우가 많다.

VII

결 론

Ⅶ. 결 론

지금까지 한국어 관형어와 이에 대응하는 중국어 표현을 연구 대상으로 삼고 형태론적, 통사론적으로 그들의 쓰임과 사용 양상을 분석하였다. 한국어 관형어와 중국어 대응 양상은 매우 복잡하고, 그 용법에 있어서도 많은 차이를 보인다. 따라서 한국어와 중국어를 제2언어로 배우는 학습자들에게는 어려운 학습 내용에 속한다고 할 수 있다. 목표어의 관형어를 제대로 이해하지 못하면 실제 언어 사용에서 혼란을 야기하고 오류를 범할 수 있다. 한국어 관형어와 중국어의 대응 표현 체계를 밝힐 수 있다면 한국어와 중국어를 제2언어로 학습하는 학습자에게 관형어를 체계적으로 이해하고 실제 문장이나 발화에서 관형어 사용상 오류를 줄이고 더 정확하게 관형어를 사용할 수 있도록 하는 데에 도움이 될 것이다.

이에 본 연구에서 관형사 관형어, 체언 관형어, 용언 관형어, 복합 관형어의 네 가지로 나누어서 논술한 결과를 요약하면 다음과 같다.

제3장에서 한국어 관형사 관형어의 중국어 대응 표현에 대해 분석한 결과는 다음과 같다. 첫째, 한국어 지시 관형사와 이에 대응하는 중국어 대응어는 모두 다 뒤에 오는 명사를 수식하여 관형어를 구성하는 기능을 한다는 점에서 공통점을 가지고 있지만, 의미면에서 한국어 지시 관형사에 대응하는 중국어 표현은 하나의 단어로 일대일 대응하는 경우도 있고 대응 표현이 복잡하여 문맥에 따라 다양한 단어로 대응하는 경우도 있다.

한국어 고유어 지시 관형사 관형어의 결합 구조를 보면 한국어 고유어 지시 관형사가 일반명사와 결합하는 반면에 중국어 대사는 명사와 결합하지만 그 사이에 양사가 삽입되어 있다는 것이 규칙이다. 또한 양사가 생략되어 보통명사와 직접 결합을 하는 수도 있고 중국어 대사와 명사

사이에 '的'가 첨가되어 '대사+的+명사'로 대응하는 경우도 있다. 또한 특수한 경우에 수사가 삽입되어 '대사+수사+양사+명사'의 구성으로 대응하는 경우도 있지만 극히 제한적이다. 또한 특수한 경우에 한국어 '지시 관형사+명사' 구성은 중국어 '명사+명사', '명사+的+명사', '형용사+的+명사'와 대응하는 경우도 있다. 또한 한국어 한자어 지시 관형사 관형어의 결합 구조를 보면 한국어 한자어 지시 관형사가 일반 명사와 결합하는 양상을 보이지만 이에 대응하는 중국어 표현은 '대사+명사', 혹은 '대사+양사+명사'이다.

둘째, 한국어 수 관형사에 대응하는 중국어 표현은 대부분 다 '일대일'로 중국어의 수사로 표현이 가능하지만 '여러', '온갖', '몇몇' 등은 중국어에서 여러 가지 대응 표현을 가지고 있다. 또한 한국어 수 관형사에 대응되는 중국어의 품사는 대부분 수사로 나타나지만 그 중 '모든', '온', '온갖', '갖은' 등은 중국어 형용사로 대응되고, '여러', '몇몇' 등은 중국어 대명사로도 대응할 수 있다. 그러나 '몇', '몇몇', '여러', '첫' 등 수 관형사는 중국어에서 단어로 대응할 수 없고 구로 대응하는 경우도 있다. 또한 한국어의 수 관형사는 단독적으로 관형어를 이룰 수 있는 반면에 중국어 수사는 단독적으로 관형어를 이룰 수없는 것이 특징이다. 한국어 고유어 수 관형사는 '일반명사+수 관형사+의존명사'의 구조가 아무런 제약을 받지 않는다. 그러나 중국어에서는 '명사+수사+양사'의 결합 구조는 거의 사용되지 않고 사람이나 사물을 나열하여 강조하는 뜻을 표현할 경우에만 사용한다. 한국어 고유어 수 관형사의 결합 양상은 '고유어 수 관형사+일반명사', '고유어 수 관형사+의존명사', '고유어 수 관형사+의존명사+일반명사', '고유어 수 관형사+ 의존명사+의+일반명사'이지만, 이에 대응하는 중국어 결합 양상의 일반적인 경우는 '수사+양사+명사', '명사+수사+양사'이고, 특별한 경우는 '대사(형용사)+명사', '대사+양사+

명사', '형용사+的+명사', '대사+양사+的+명사'이다.

한국어 한자어 수 관형사에 대응되는 중국어 표현은 대부분 다 중국어의 수사로 표현이 가능하지만 그 중 '근', '총'은 중국어에서 수사가 아니라 부사로 쓰이는 특수한 경우가 있다. 또한 한국어 한자어 수 관형사 관형어의 결합 양상은 '일반명사+한자어 수 관형사+단위성 의존명사'와 '한자어 수 관형사+의존명사+일반명사', '한자어 수 관형사+의존명사+의+일반명사'로 되어 있지만 이에 대응하는 중국어 결합 양상은 일반적인 경우는 '수사+양사+명사'와 '수사+양사+的+명사'이고, 특별한 경우는 '부사+수사+양사+명사'로 대응하는 경우도 있다.

셋째, 한국어 고유어 성상 관형사에 대응하는 중국어는 품사적으로 대부분 형용사이지만 '맨' 같은 경우는 중국어에서 부사로 대응된다. 그리고 한국어 고유어 성상 관형사 관형어의 결합 양상은 '고유어 성상 관형사+일반 명사'로 되어 있지만 이에 대응하는 중국어 형용사의 결합 양상은 일반적인 경우는 '형용사+的+명사', '형용사+명사'이고, 특별한 경우는 '부사+명사'로 대응한다. 또한 한국어 한자어 성상 관형사에 대응하는 중국어는 품사적으로 대부분 형용사이지만 '단' 같은 경우는 중국어에서 형용사 역할을 하지 않고 부사의 역할을 한다. 또한 한국어 한자어 성상 관형사 관형어의 결합 양상은 '한자어 성상 관형사+일반 명사'이지만, 중국어 대응 결합 양상은 고유어 성상 관형어와 마찬가지로 '형용사+명사', '형용사+的+명사'가 일반적인 경우이고 특별한 경우는 '부사+명사'로 대응한다. 또한 '고(故)', '양대(兩大)', '일대 (一大)' 등 한자어 성상 관형사는 중국어에서 단어로 대응할 수 없고 구로 대응하는 경우도 있다.

제4장에서는 한국어 체언 관형어의 중국어 대응 표현을 분석하였다. 첫째, 한국어 관형격 조사 '의'의 실현이 필수적, 수의적, 제한적 경우에

대응하는 중국어 표현을 고찰한 결과, 조사 '의'는 중국어 '的', 'Ø' 성분과 대응하고 있다. 그리고 한국어에서 조사 '의'가 수의적으로 나타날 경우에 대응하는 중국어 표현은 일반적으로 '的'가 필수로 출현해야 한다. 이처럼 한국어에서 선행 명사와 후행 명사 사이의 의미 관계를 쉽게 파악할 경우에 조사 '의'가 필수적으로 필요하지 않은 반면에, 중국어에서는 '的'가 생략되면 단순한 단어 나열 관계가 되어버려 정확한 의미를 나타낼 수 없다. 또한 동격 구성과 통사적 복합어의 경우는 일치된 현상이 나타난다.

둘째, 한국어 'N1-적 N2' 구조의 중국어 대응 표현은 '的'가 첨가되어 'N1-的 N2'로 대응할 수도 있고, 'N1-X-的 N2' 구조로도 대응할 수도 있다. 구체적으로 'N1-性的N2', 'N1-式的N2', 'N1-型的N2', 'N1-化的N2', 'N1-式的N2', 'N1-上的N2'로 대응할 수 있다. 또한 'N1-적 N2'가 'N1-的 N2'로 혹은 'N1-X-的 N2'로 대응하지 않고 삭제형 'Ø'로 표현하는 경우도 있다.

제5장에서는 한국어 관형사형 어미 '-(으)', '-는', '-(으)ㄹ', '-던', '-었던'에 대응하는 중국어 표현을 분석한 결과는 다음과 같다.

첫째, 관형사형 어미 '-(으)ㄴ'과 동사가 결합할 경우 '以前/之前/昨天……過的', '着……的', '在……的', '了……的' '(剛剛)……'으로 대응되거나 대응 표현이 없는 경우도 있다. 형용사와 결합할 경우는 '的'로 대응되거나 대응 표현이 없는 경우가 있다. 서술격조사와 결합할 경우도 '……的', '是……的', 혹은 대응 표현이 없는 경우가 있다.

둘째, 관형사형 어미 '-는'이 동사와 결합하여 현재 혹은 진행을 나타낼 경우는 '……的', '着……的'로 대응이 되거나 대응 표현이 없는 경우가 있다. 형용사와 결합할 경우에는 대응 표현이 없다고 할 수 있다.

셋째, 관형사형 어미 '-(으)ㄹ'이 추측을 나타낼 경우에는 '能够/可能/

能……的', '該/應該……的'로 대응되고, 예정을 나타낼 경우에는 '要/將/將要/即將……的'로 대응되고, 의도를 나타낼 경우에는 '想/要/想要……的'로 대응된다. '-았/었을' 경우에는 '曾經/已經……的'로 대응되거나 '以前……的', '……了的', '……下的'로 대응되는 경우가 있다. 또한 시제의 의미가 없을 경우에는 '……的'로 대응되거나 대응 표현이 없는 경우가 있다. 또한 '이-/아니-'와 결합할 경우에는 '……的'로 대응한다.

넷째, '-던'과 '-었던'은 모두 '的'의 의미를 가지고 있으므로 동사와 결합하든 형용사와 '이/아니-'와 결합하든 다 중국어에서 '的'로 대응이 되는 경우가 많다. '-던'이 동사와 결합할 경우에는 '的' 외에도 '過ø/過的', '着ø/着的', '已經……的', '正在/在……的', '曾經/剛剛……(過)的', '了'로 대응할 수 있다. '-던'이 형용사와 결합할 경우에는 '……的', '了', '以前……的'로 대응할 수 있고 '-던'이 '이-/아니-'와 결합할 경우에는 '……的', '曾經……的', '曾經是……的'로 대응할 수 있다.

다섯째, '-었던'은 동사와 결합할 때 '的' 외에도 '了ø/了的', '(曾/曾經)過/過的……的', '曾/曾經……着的', '剛剛……的'로 대응할 수 있다. 형용사와 결합할 경우에는 '的' 외에도 '曾/曾經……過的', '了ø/了的', '……之后的'로 대응할 수 있다. '이-/아니-'와 결합할 경우에는 '……的'로만 대응할 수 있다.

제6장에서는 한국어 복합 관형어에 대응하는 중국어 표현을 제시하고 대조 분석한 결과는 다음과 같다.

첫째, 한국어와 중국어에서 복합 관형어의 경우 모두 일정한 어순 규칙을 지켜야 한다. 임의로 자리를 도치하면 문장의 수식 구조가 바뀌어져 뜻이 달라지거나 비문이 될 수도 있다.

둘째, 중국어 관형어는 한국 관형어와 마찬가지로 피수식어를 수식 제한하는 기능을 한다. 또한 중국어 관형어의 위치는 한국어 관형어와 마찬가지로 피수식어 앞에 위치한다. 한국어의 관형어는 피수식어 체언 앞에 오는데 중국어 관형어도 피수식어인 주어와 목적어의 앞에 위치한다는 점에서 일치된다.

셋째, 복합 관형어에서는 교착어인 한국어가 어순 배열에서 엄격하지 않고 상대적으로 중국어보다 자유롭다는 특징을 보이고 있다. 즉, 복합 관형어 구조에서 한국어는 어미나 격조사를 통해 관형어를 이룰 수 있기 때문에 한국어가 중국어보다 상대적으로 자유롭다. 중국어의 다항관형어에서는 엄격한 어순 배열 규칙이 있다는 특징을 보이고 있다.

넷째, 한국어에서는 두 관형사가 동시에 나타날 경우 '지시-수량', '지시-성상', '수량-성상'이 기본 어순이고, 세 관형사가 동시에 겹칠 경우에는 '지시-수량-성상'이 기본 어순이다. 그리고 상황에 따라 관형어의 자리를 쉽게 앞이나 뒤에 도치하여 배열하는 것이 가능하다. 이에 비해 중국어에서는 '제한성 관형어-수량사(구)-묘사성 관형어'의 순서로 배열하는 것이 일반적이다. 여기서 중국어의 제한성 관형어는 한국어의 지시 관형어와 비슷하여 사물의 대상을 지시하거나 제한하는 관형어이고 중국어의 묘사성 관형어는 한국어의 성상 관형사와 비슷하여 사물의 성질이나 상태 등을 표시해 주는 관형어이다. 그 외에 중국어의 수량사도 한국어의 수 관형사와 같이 사람과 사물의 수량을 나타낸다. 즉, 중국어 관형어의 대개 어순은 '소속관계의 명사나 대사-수량사(구)-주술구-동사(구)-형용사(구)-피수식어'의 순서로 배열되는 것이 일반적이다.

다섯째, 중국어 관형어의 구성 성분을 보면 관형어를 구성하는 범주는 상대적으로 넓은 것으로 볼 수 있다. 중국어의 명사, 동사, 수사, 양사, 대사, 또한 명사구, 동사구, 주술구 등이 모두 관형어를 구성할 수 있다. 이러한 구성 성분이 관형어로 쓰일 때는 구조 조사 '的'가 관형어와 피수식어 사이에 실현되는 경우가 많다.

　이상으로 한국어 관형어의 중국어 대응 표현을 연구하였다. 하지만 본 논의는 아래와 같은 부족한 점들이 있다. 첫째는 한국어 관형어를 유형별로 나누어 의미 대응을 하였으나 모든 관형어를 일일이 예문을 통해 제시를 하지 않았고 또한 한국어 관형어 대응 표현의 의미 기능을 더 많은 예문을 제시하여 검증하지 못한 것이 아쉬움이 남는다. 둘째는 한·중 관형어 겹침 구조에 있어, 두 언어 간에는 비슷한 점이 있다. 그러나 두 언어가 서로 다른 계통에 속하고, 연구자들의 초점이 다르기 때문에 복합관형어 어순 대응을 연구하는 데는 아직도 문제점이 많이 존재한다. 필자는 향후 이러한 한계점들을 연구 과제로 삼아 지속적으로 보완해 갈 것이다.

참고문헌

【국내 자료】

〈단행본〉

강명윤(1992), 『국어통사론의 제문제』, 한신문화사.

강현화 외(2003), 『대조분석론: 한국어 · 스페인어 문형 대조를 바탕으로』,
　　　서울: 역락.

고영근 · 구본관(2008), 『우리말 문법론』, 집문당.

고영근 · 남기심(1995), 『표준 국어 문법론』, 탑출판사.

김광해(1995a), 『국어 어휘론 개설』, 집문당.

김광해(1995b), 『어휘 연구의 실제와 응용』, 집문당.

김두봉(1924), 『깁더 조선말본』, 탑출판사.

김민수(1971), 『국어문법론』, 일조각.

김봉모(1992), 『국어 매김말의 문법』, 태학사.

김선효(2011), 『한국어 관형어 연구』, 도서출판 역락.

김윤경(1967), 『중등말본』, 문호사.

김차균(1990), 『우리말 시제와 상의 연구』, 태학사.

나진석(1971), 『우리말의 때매김 연구』, 과학사.

남기심 · 고영근(1993/2008), 『표준국어문법론』, 탑출판사.

남기심(2009), 『표준 국어문법론』(개정판), 탑출판사.

민현식(1999), 『국어 문법 연구』, 도서출판 역락.

서병국(1967), 『국어문법론고』, 학문사.

서정수(1978), 『국어구문론 연구』, 탑출판사.

서정수(1994), 『국어문법』, 한양대학교 출판원.

서정수(1996), 『(수정증보판)국어문법』, 한양대학교 출판원.

심재기(1982), 『국어어휘론』, 집문당.

왕문용 · 민현식(1993), 『국어문법론의 이해』, 개문사.

이강주(1993), 『한국어의 의미와 문법』, 삼지원.

이관규(1999), 『학교문법론』, 월인.

이기문 · 감수(2003), 『동아 새 국어사전』제5판, 두산동아출판사.

이병모(1995), 『의존명사의 형태론적 연구』, 학문사.

이익섭(2005), 『한국어문법』, 서울대학교 출판부.

이익섭 · 남기심(1988), 『국어문법론 I』, 한국방송통신대학 출판부.

이익섭 · 임홍빈(1983), 『국어문법론』, 학연사.

장경희(1986), 『現代國語의 樣態疇研究』, 탑출판사.

丁聲樹(2003), 『현대중국어문법론』, 學古房.

정열모(1946), 『신편고등문법』, 한글문화사.

정인승(1968), 『표준고등말본』, 신구문화사.

정희정(2000), 『한국어 명사 연구』, 한국문화사.

주시경(1910), 『국어문법』, 박문서관.

최경봉(1998), 『국어명사의 의미 연구』, 태학사.

최현배(1961), 『우리말본』, 정음사.

최현배(1985/1991), 『우리말본』, 정음문화사.

한영목(2004), 『우리말 문법의 양상』, 역락.

허 웅(1983), 『국어학』, 샘문화사.

〈논문〉

강병진(2005), "현대 중국어 관형어 연구", 성균관대학교 대학원 석사학위
논문.

강연임(1996), "한국어 격조사 '의'의 연구", 충남대학교 대학원 석사학위
논문.

경 연(2011), "한국어 접미사 '적'과 중국어 구조조사 '的'의 대조 연구", 창
원대학교 대학원 석사학위논문.

관흔흔(2016), "한국어 '－던'과 '－었던'의 중국어 대응 표현 연구", 동국대
학교 대학원 석사학위논문.

권우진(2000), "'적(的)'의 기능에 대한 연구", 한양대학교 대학원 석사학위

논문.

권혜숙(2009), "중국어 관형어에 대한 연구", 공주대학교 교육대학원 석사학
　　위논문.

근보강(2010), "한·중 분류사 대조와 한국어 분류사 교육: 유형론적 의미
　　대조와 어휘 습득 난이도를 중심으로",『한국어문화학』7-2, 국제한
　　국언어문화학회, 1-21.

김광해(1981), "'의'의 연구", 서울대학교 대학원 석사학위논문.

김광해(1984), "'의'의 의미",『문법연구』5, 문법연구회, 161-228.

김　군(2013), "한국어 관형사의 중국어 대응 양상 연구", 숭실대학교 대학원
　　석사학위논문.

김기복(1999), "국어의 관형어 연구", 충남대학교 대학원 박사학위논문.

김기혁(1990), "관형 구성의 통어 현상과 의미 관계",『한글』209, 한글학회,
　　59-98.

김명희(1987), "{의}의 의미 기능",『언어』12-2, 한국언어학회, 248-260.

김민국(2009), "통사론적 과정과 형태론적 과정의 생산성",『한국언어문학』
　　70, 한국언어문학회, 103-132.

김민정(2009), "한국어와 중국어 관형절 대조 연구", 부산외국어대학교 대학
　　원 석사학위논문.

김봉모(1978a), "매김말의 겹침 구조 연구",『문창어문논집』15, 문창어문학
　　회, 50-76.

김봉모(1978b), "매김말의 기능",『한글』162, 한글학회, 19-38.

김봉모(1979), "매김말의 변형연구",『동아논총』16, 동아대학교, 61-86.

김봉모(1983), "국어 매김말 연구", 부산대학교 대학원 박사학위논문.

김선효(2002), "현대 국어의 관형어 연구", 서울대학교 대학원 박사학위논문.

김선효(2007), "한국어 학습자의 관형격조사 '의'의 사용 실태 분석", 국제한
　　국어교육학회 학술대회논문집, 201-217.

김소정(2007), "모국어가 한국어인 중국어학습자를 위한 的의 교육문법 연
　　구", 전북대학교 교육대학원 석사학위논문.

김승곤(1996), "관형격조사고",『겨레어문학』15-1, 겨레어문학회, 65-75.

김영복(2005), "현대 중국어 수사 연구", 군산대학교 대학원 석사학위논문.

김영송(1973), "관형변형 연구", 『논문집』 16, 부산대학교, 29-56.

김영욱(1994), "불완전 계열에 대한 형태론적 연구", 『국어학』 24, 국어학회, 87-109.

김영태(1972), "관형사고", 『경남학보』 5, 경남대학교.

김용석(1986), "접미사 '－적'의 용법에 대하여", 『배달말』 11, 배달말학회, 73-90.

김일환(1996), "국어의 관계절 연구", 고려대학교 대학원 석사학위논문.

김정화(2008), "관형격 조사 '의'의 교육 방안 연구", 경희대학교 대학원 석사학위논문.

김창근(1979), "매김씨와 앞가지의 구별", 『국어교육논집』, 부산시교육위원회.

김창식(1984), "관형어의 통어구조와 결합관계", 『논문집』 6-1, 안동대학교, 41-56.

김형기(1965), "'국민의 할바'라는 '국민의'는 과연 주어인가?", 『논문집』 4, 충남대학교, 1-20.

남기심(1972), "현대국어 시제에 관한 문제", 『국어국문학』 55-57, 국어국문학회 213-238.

노순점(2005), "중국어 수사의 어법특징 및 기능: 한국어에서의 중국어 수사 교육", 순천향인문과학논총』 16, 順天鄕大學校 人文科學硏究, 161-173.

도수희(1976), "'이, 그, 저'의 품사문제", 『어문연구』 9, 어문연구회, 81-96.

목정수(2007), "한국어 조사 '의'의 문법적 지위와 의미 기능에 대하여", 국어교육 123, 한국어교육학회, 437-470.

맹주억(1992), "한중 중간언어의 연구: 음운론을 중심으로", 한국외국어대학교 대학원 박사학위논문.

박기덕(1983), "한국어의 관형절에 대한 연구", 『언어와 언어학』 9, 한국외국어대학교, 53-64.

박양구(2002), "한국의 관형어", 『한성어문학』 21, 한성대학교 한성어문학회, 133-146.

변정민(2008), "관형격 구성의 특성과 유형에 관한 연구", 『새국어교육』 79, 한국국어 교육학회, 523-546.

서정목(1977), "15세기 국어 속격의 연구", 서울대학교 대학원 석사학위 논문.

서정수(1968), "국어 기본부문과 명사구적의 생성 문법적 분석", 『어학연구』 4-2, 서울대학교 언어교육원, 29-56.

서태룡(1979), "내포와 접속", 『국어학』 8, 국어학회, 109-135.

성광수(1972), "불가양성 관형격에 대하여", 『어문학』 27, 한국어문학회, 125-140.

성광수(1973), "국어 관형격 구성", 『국어국문학』 58-60, 국어국문학회, 217-235.

송효빈(1998), "국어 관형어의 중출현상 연구", 충남대학교 대학원 석사학위 논문.

신선경(1999), "명사구 형성과 속격 표지 '-의'", 『울산어문논집』, 13-14, 울산대학교, 55-80.

신선경(2001), "'의'의 실현 양상에 대한 일고찰", 『국어연구의 이론과 실제』, 이광호교수회갑기념논총 간행위원회, 태학사, 202-223.

신효필(1994), "한국어 관계구문의 통사와 의미구조: 통합문법적 접근", 서울대학교 대학원 박사학위논문.

심재기(1979), "관형화의 의미기능", 『어학연구』 15-2, 서울대학교 어학연구소, 109-121.

심재기(1981), "국어 어휘의 통사적 기능변환에 관한 연구", 서울대학교 대학원 박사학위논문.

안경화·양명희(2005), "일본어권 한국어 학습자를 대상으로 한 조사 '의'의 교수 방안", 『이중언어학』 29, 이중언어학회, 195-223.

안동환(1981), "우리말 관형절에 있어서의 '-었-'과 '∅'의 시제 표시 기능", 『한글』 171, 한글학회, 3-28.

안 씬(2009), "한국어와 중국어의 어순 대비 연구", 충남대학교 대학원 석사학위논문.

안연령(2011), "한·중 관형어 대비 연구", 충남대학교 대학원 석사학위 논문.

양동휘(1978), "국어 관형절의 시제", 『한글』 162, 한글학회, 205-221.

영정정(2018), "한국어와 중국어 어순 비교를 통한 교육 방안 연구", 강원대 학교대학원 석사학위논문.

오경화(2011), "중국인 학습자의 한국어 쓰기 오류 분석 연구", 호남대학교 대학원 석사학위논문

왕옥주(2011), "중국어 '的'에 대응하는 한국어 표현 연구", 인제대학교 대학 원 석사학위논문.

왕용문(1989), "명사 관형구성에 대한 고찰", 『주시경학보』 4, 주시경학회, 탑출판사.

유효려(2006), "한국어와 중국어의 지시어 비교 연구", 목표대학교 대학원 석사학위논문.

이관규(2002), "국어의 문장 구성에 대한 연구와 전망", 『한국어학』 16, 한 국어학회, 105-147.

이광연(2013), "한국어 조사 '의'의 통사와 의미 – 중국어 조사 '的'과의 대조 를 중심으로", 서울시립대학교 대학원 석사학위논문.

이광호(1976), "중세국어 속격어미의 고찰: 주어격·목적어격·속격을 중심 으로", 『국어국문학』 70, 국어국문학회, 27-46.

이득춘(1994), 「한국 한자어와 중국어의 대조에서 나타나는 구조적 및 의미 적 차이」, 제5차국제한국어교육학술대회.

이빙청(2013), "중국인 학습자를 위한 한국어 관형사형 어미의 교육방안 연 구", 인하대학교 교육대학원 석사학위논문.

이사교(2009), "한·중 지시어 대조 고찰: '아·그·저'와 '這·那'를 중심으 로", 전남대학교 대학원 석사학위논문.

이운태(1987), "관형격 조사 '의'의 의미와 기능", 충남대학교 대학원 석사학 위논문.

이정택(2003), "관형사의 품사설정 문제", 『한말연구』 13, 한말연구학회,

167-187.

이진경(2006), "한국어 학습자의 관형사형 어미 사용 연구", 연세대학교 교육대학원 석사학위논문.

이현규(1979), "국어관형사의 사적 연구", 『대학논문집』9, 韓社大學, 53-84.

이현규(1987), "셈매김씨에 대하여", 『한글』 196, 한글학회, 175-194.

이현우(1995), "현대 국어의 명사구의 구조 연구", 서울대학교 대학원 박사학위논문.

이화범(2002), "현대중국어 관형어 後置에 관한 小考", 『중국언어연구』14, 한국중국언어학회, 53-68.

이효상(1995), "다각적 시각을 통한 국어의 시상체계 분석", 서울여자대학교 대학원 석사학위논문.

임 룡(2013), "한국어와 중국어의 지시어 대조 연구-'이, 그, 저'와 '這, 那'를 중심으로", 영남대학교 대학원 석사학위논문.

임명순(1992), "현대 한어 정어와 중심어의 결합관계에 대한 고찰", 전남대학교 대학원 석사학위논문.

임홍빈(1981), "존재 전제와 속격표지[의}", 『언어와 언어학』 7, 한국외국어대학교, 61-78.

장 천(2014), "중국인 학습자 한국어 관형사형 어미 오류 연구", 경희대학교 대학원 석사학위논문.

장춘뢰(2012), "중국인 학습자를 위한 관형사형 어미의 교육방안 연구", 전남대학교 대학원 석사학위논문.

정건진(2011), "-적(的)의 용법에 대한 한중 대조", 한양대학교 대학원 석사학위논문.

정소영(2007), "중등학교에서의 관형어 지도 방안 연구", 부산외국어대학교 교육대학원 석사학위논문.

정영주(1989), "우리말 매김씨 연구", 건국대학교 대학원 박사학위논문.

정향란(2007), "한국어 조사 '의'의 실현 양상과 해당 중국어 표현의 대조", 『이중언어학』 33, 이중언어학회, 245-268.

정희진(1999), "관형어의 지도 방안에 관한 연구: 초등학생을 대상으로", 서울교육대학교 교육대학원 석사학위논문.

조미경(1992), "현대국어의 관형사 연구", 전남대학교 교육대학원 석사학위논문.

조수현(2010), "언어 교육: 한국어 학습자들의 관계절 사용 양상 연구", 『비교문화연구』 19, 경희대학교, 359-388.

조순애(2011), "중국어 '這/那'와 한국어 '이/그/저'의 대비 연구", 충남대학교 대학원 석사학위논문.

조영임(1990), "漢語助詞'的'硏究", 전남대학교 대학원 석사학위논문.

주 위(2018), "한국어 관형사와 중국어 대응어 대조 연구", 연세대학교 대학원 박사학위논문.

주 천(2012), "한국어 격조사 '의'와 중국어 '的'의 대조 연구", 창원대학교 대학원 석사학위논문.

진봉매(2010), "한중 분류사 및 수량표현구의 대비 연구", 아주대학교 대학원 석사학위논문.

최경봉(1995), "국어 명사 관형구성의 의미결합 관계에 대한 고찰", 『국어학』 26, 국어학회, 33-58.

최서원(2009), "한국어 관형사형 어미 교육 방안", 부산외국어대학교 대학원 석사학위논문.

최웅환(2013), "관형사의 문법적 특징", 『어문학』 121, 한국어문학회, 107-136.

최유택(2002), "국어 관형사의 특성에 대한 연구", 충남대학교 교육대학원 석사학위논문.

최유택(2014), "국어 관형어 연구", 충남대학교 대학원 박사학위논문.

최종원(2011), "한국어 지시 관형사의 통합 관계 연구", 울산대학교 대학원 석사학위논문.

최청화(2014), "한국어 관형사와 중국어 구별사 대조 연구", 서울시립대학교 대학원 석사학위논문.

최현배(1959), "조선의 말밑", 『人文科學』 4, 연세대학교 인문과학연구소, 53-68.

한송화(1999), "수사와 수량사구", 『사전편찬학연구』9, 연세대학교 언어정
　　　보 개발연구원, 265-289.

한영목(1980), "국어관형사의 연구", 『장암 지헌영선생 고회 기념 논총』, 형
　　　설출판사.

한영목(1985), "관형사와 접두사에 관한 연구", 『목원대학교논문집』 8, 목원
　　　대학교, 105-127.

혜　정(2012), "한국어와 중국어 어순 대조 연구 – 문장성분과 관련하여",
　　　세명대학교 대학원 석사학위논문.

호　결(2011), "한국어와 중국어 지시어에 관한 대조 연구: 한국어 '이, 그,
　　　저'와 중국어 '這, 那'를 중심으로", 한양대학교 대학원 석사학위논문.

홍선희(1987), "국어 관형어의 연구", 충남대학교 대학원 석사학위논문.

홍순성(1981), "수식어와 피수식의 관계에 대하여", 『한국학논집』8, 계명대
　　　학교 한국학연구원, 1-19.

홍윤표(1969), "十五世紀國語의 格硏究", 서울대학교 대학원 석사학위
　　　논문.

【국외 자료】

〈단행본〉

丁聲樹 等(1999), 『現代漢語語法講話』, 商務印書館.

金　秦(1988), 『新漢語語法』, 桂陽大學出版社.

劉月華·潘文娛(2002), 『實用現代漢語語法』, 台灣師大書苑.

劉月華(1984), 『定語的分類和多項定語的語順』, 安徽教育出版社.

劉月華 等(2001), 『實用現代漢語語法』, 商務印書館.

劉月華 等(2005/2010), 『實用現代漢語語法(增訂本)』, 商務印書館.

劉　伶·黃智顯·陳秀珠(1994), 『中國語言學槪論』, 중문출판사.

柳英綠(1992), 『朝漢語語法對比』, 延邊大學出版社.

陸慶和(2006), 『實用對外漢語敎學語法』, 北京大學出版社.

胡欲樹(1962), 『現代漢語』, 上海出版社.

洪心衡(1981), 『現代漢語語法概要』, 广東人民出版社.

施春宏(2015), 『漢語基本知識 (語法篇)』, 北京語言大學出版社.

王　力(1984), 『中國語言學史』, 中國圖書刊刊行社.

邢福義(1997), 『漢語語法學』, 東北師范大學出版社.

朱德熙(1982/1999), 『語法講義』, 商務出版社.

竺家宁(1999), 『漢語詞匯學』, 台灣五男圖書出版公司.

〈논문〉

崔美敬(2009), "韓漢定語對比以及韓國學生的漢語定語的偏誤分析", 上海
　　師范大學 碩士學位論文.

陳曉雯(2007), "韓漢動詞性定語對比研究", 延邊大學 碩士學位論文.

儲澤祥・劉街生(1997), "'細節顯現'与'副＋名'", 語文建設 第6期.

劉丹靑(2008), "漢語名詞性短語的句法類型特征", 中國語文 第1期.

劉　君(2012), "中韓定語對比研究", 靑島大學, 碩士學位論文.

廖秋忠(1992), "現代漢語幷列名詞性成分的語順", 中國語文, 第3期.

馬慶株(1995), "多重定名結构中形容詞的類別和次序", 中國語文, 第5期.

潘曉東(1981), "淺談定語的易位現象", 中國語文, 第4期.

浦馨予(2014), "韓國漢語學習者漢語多項定語語序偏誤研究—以韓國大學
　　中國通商學院 高級學生偏誤爲例", 云南大學, 碩士學位論文.

舒欣茹(2012), "語言類型學視覺下的漢韓名詞下位范疇對比", 上海外國
　　語大學碩士學位論文.

吳善子(2006), "漢語區別詞与韓語冠形詞對比研究", 延邊大學 碩士學位
　　論文.

許　婷(2014), "留學生多項定語語序偏誤分析及敎學建議", 中國人民大學,
　　專業碩士學位論文.

叶玉龍(2015), "漢韓語序對比研究—以定狀補爲中心", 對外經濟貿易大學
　　碩士學位論文.

于根元(1991), "副＋名", 語文硏究与應用(1), 19－22.

應叢杉(2015), "韓國來華留學生多項定語語序的偏誤研究", 安徽大學, 碩

士學位論文.

朱德熙(1983), "自指和轉指——漢語名詞化標記'的, 者, 所, 之'的語法功能
    和語義功能", 方言 1, 16－31.

張誼生(1996), "名詞的語義基础及功能轉換与副詞修飾名詞", 語言教學与
    研究 4.

Johansson & Hofland(1994), "Coding and aligning the English-Norwegi
    an Parallel Corpus. In A Aijmet et al(eds)". Languagein Contrast,
    1(2), 87-112.

【사전】

국립국어연구원(1999), 『표준 국어 대사전』, 두산동아출판사.

中國社會科學院語言研究所詞典編輯室(2005), 『現代漢語詞典』第七版, 商
    務印書館.

【사이트】

국립국어원 표준국어대사전: http://stdweb2.korean.go.kr

네이버 중국어 사전: http://cndic.naver.com